人性

馬斯洛——著

□□濤，馬良誠——譯

能達到的境界

□態人格、自我實現、社會感情、需求層次，

馬斯洛的人類心理學

The
Farther Reaches
Of Human
Nature

□類絕大多數欲望和衝動都是互相關聯的，

□使人類的是始終不變的、遺傳的、本能的需求，

□們是人類天性中真正的內在本質，文化無法扼殺它們，只能抑制。

目 錄

目錄

第二章　創造人性的境界

目錄

前言

馬斯洛說：「我們時代的根本疾患是價值的淪喪……這種危險狀態比歷史上任何時候都嚴重。」

他認為，生活的富足和社會的繁榮，科學技術的進步和文化教育的普及，民主政治的形成和真誠美好的願望，都沒有帶給人民真正的和平、友誼、寧靜和幸福，這主要是因為物質財富的追求越來越成為社會主流，而對精神價值的渴望卻一直未能獲得滿足。人們普遍認為：這個社會值得信仰和為之終身奉獻的東西太少了，人人都為物質財富的目標而奮鬥，一旦得到了，他們很快就會發現這種追求的虛幻性，進而陷入精神崩潰的絕望。馬斯洛指出許多「成功人士」患有「成功精神症」，驚呼在我們的時代，「文明已經發展到了一個真正瀕臨災難的階段了」。

馬斯洛在探討人性能夠達到多高境界的新問題時，他深深意識到傳統科學否認人的價值的極其危險性和全部科學非道德技術化的嚴重後果。他發現傳統科學具有太多的懷疑論、太冷酷、非人性。他認為傳統科學一直宣稱它只關注事實的認知，而不是「一種意識形態，或一種倫理或一種價值體系，它無法幫助人們在善惡之間做出選擇」。當涉及到人性對事實的認知時，科學常常表現出一種對潛能、對理想可能性的盲目性。馬斯洛要求科學不能排斥價值，要從人性事實的研究中提供給人們生命的意義和理想。

馬斯洛認為一般科學模式都是承啟於事物、物體、動物以及局部過程的非人格科學，因此我們認知和理解整體與單一的人物和文化時，它是有限的、不充足的。非人格模式的科學無法解決個人、單一和整體的問題。他認為科學是一種人的事業。作為一種社會事業，它應具有目標、目的、倫理、道德、意圖等因素，認為科學本身就是一部倫理學法規，一種價值系統。主

前言

張將價值如事實般得到科學的研究，將價值研究作為一種科學研究，將價值研究轉向人性內部，使價值研究深深植根於人性現實的土壤。

馬斯洛認為傳統科學具有很大的局限性，它無法一般地解決個人的問題，以及價值、個性、意識、美、超越和倫理的問題。從原則上來說，科學應產生出各種規範的心理學，諸如心理治療心理學、個人發展心理學、烏托邦社會心理學，以及宗教、工作、娛樂、閒暇、美學、經濟學、政治學等方面的心理學。這種科學是採取心理分析，使其潛力充分發揮。馬斯洛的真正意圖是在擴展科學研究的範圍，主要是將科學與價值結合起來進行科學研究。

馬斯洛致力於有關人性的科學事實的蒐集，試圖使價值論的研究立足於科學的基礎之上進而成為「價值科學」，以使他的人本主義心理學根本有別於古典的人道主義。

馬斯洛科學與價值的理論大多以筆記、談話、試驗、演講等方式闡述，整個思想顯得比較分散，時間跨度較大，缺少集中歸納總結，而且引用了很多比較晦澀的內容，致使我們一般讀者難以全面掌握馬斯洛的深刻思想，這不能不說是一大遺憾。

為了全面系統地介紹馬斯洛的科學與價值理論，本人在馬斯洛著作《科學心理學》和《存在心理學探索》的基礎上，根據一般閱讀習慣，結合現代成功勵志思想，進行條分縷析和歸納總結，採用通俗易懂的表達方式，既突出了馬斯洛的科學價值的思想，又便於讀者閱讀掌握和運用。當然，馬斯洛的整個思想非常博大精深，本書在此只是拋磚引玉，如有不正之處，敬請讀者批評指正。

相信本書能啟迪讀者，並能充分地指引自己的動機與行為，指引自己的認知與創造，指引自己的科學與心理，指引自己樹立科學的世界觀和價值觀。

導論

　　亞伯拉罕・哈羅德・馬斯洛（Abraham Harold Maslow），出生於美國一個猶太移民家庭，美國著名社會心理學家、人格理論家和比較心理學家。1967年至1968年任美國人格與社會心理學會主席和美國心理學會主席。

　　馬斯洛是人本主義心理學的主要創始人，被稱為「人本主義心理學之父」。他主張「以人為中心」的心理學研究，研究人的本性、自由、潛能、動機、經驗、價值、創造力、生命意義、自我實現等對個人和社會富有意義的問題。他從人性論出發，強調一種新人形象，強調人性的積極向善，強調社會、環境應該允許人性潛能的實現。主張心理學研究中應給予主觀研究方法一定的地位，並應突出整體動力論的重要。

　　馬斯洛反對佛洛伊德（Sigmund Freud）精神分析的生物還原論和華生（John B.Waston）行為主義的機械決定論。馬斯洛把人的本性和價值提到心理學研究的首位，具有重要的理論意義，對於組織管理、教育改革、心理諮商和心理治療具有重要的實用價值。需求層次論在他的心理學體系中占據基礎性地位，自我實現論則為他心理學體系的核心。

　　馬斯洛以人性為特徵的心理學形成了心理學史上的「第三思潮」，猛烈地衝擊著西方的心理學體系。《紐約時報》發表評論說：「第三思潮」是人類了解自身過程中的又一塊里程碑。

　　1933年，馬斯洛在威斯康辛大學（University of Wisconsin System）獲得博士學位，主要從事教學和研究工作。1943年，馬斯洛發表了〈動機理論引言〉（*Preface To Motivation Theory*）和〈人類動機理論〉（*A theory of Human Motivation*）兩篇論文，第一次把現代心理學各個流派，包括佛洛伊德主義、華生行為主義、格式塔心理學和有機體理論等綜合起來，提出了心理需求層次理論基本框架，即生理需求、安全需求、歸屬和愛的需求、尊重的需求、

導論

自我實現的需求、認識的需求、對美的需求、發展的需求，在學術界令人耳目一新。馬斯洛在研究人類動機時，始終強調整體動力論的貫徹，並將研究重點放在全人類共有的、作為似本能天性的基本需求研究之上。這為他的自我實現心理學發展奠定了基礎，也是人本主義心理學思想的萌芽。

馬斯洛隨後在自我實現理論的基礎上，又提出了要以最優秀的人作為研究對象，而不能像佛洛伊德那樣以心理變態者、精神病患者作為研究對象，也不能像華生行為主義學派那樣以小白鼠為研究對象，他選定了兩組人作為研究對象，概括了自我實現者的 13 個特徵。他指出自我實現的人並非十全十美，但他們卻是一種價值觀的楷模。

馬斯洛還提出「價值失調」理論，提出當時社會存在的許多常見精神疾病現象的治療，主要包括權力狂、固執偏見、心浮氣躁、缺乏興趣，特別是沒有生活目的和生活意義等現象。

總之，到 1951 年，馬斯洛的需求層次理論和自我實現理論已經逐漸成熟。同年，馬斯洛出版了《動機與人格》（*Motivation and Personality*）一書，這本書使馬斯洛成為了著名人士，被公認為心理學領域最重要的一部學術著作，這也是馬斯洛的經典力作。

馬斯洛接著研究「高峰經驗」。他從自我實現者那裡發現他們往往頻繁地感受到極度地喜悅，體驗到心醉神迷的美妙感受。這些美妙體驗有的來自大自然，有的來自音樂，有的來自兩性生活。馬斯洛認為這不是一種迷信，而是自我實現者的一種成功享受。高峰經驗使個人的認知能力發生了根本性的轉化，由缺失性認知發展到存在性認知，達到了對存在價值的領悟和認知。自我的特性達到了相對完善的狀態，在這一狀態中，人們共享了自身最高程度的同一性。因此，高峰經驗是自我實現的短暫過程，是自我實現的重要途徑。他相信每個人的這種潛力都存在，認為這種現象是可以用科學來解

釋清楚的，這才應該是心理學研究的主要任務。

　　1957 年，關於人類價值觀新知識的第一屆科學會議在麻省理工學院召開。馬斯洛在會上提出了他對價值觀的看法，強調價值觀是可以科學地進行研究的。他認為人們生存的基本需求得不到滿足，就會嚴重傷害到他們作為人的感情，他們就會形成不健康的價值觀，因為這是由人的本性決定的。

　　1961 年，馬斯洛提出了「優心態群體」理論，他提出由一千個自我實現者和他們的家庭組成「優心態群體」，這就是一個理想的社會。在這個理想社會環境下，人類天生的本能就可以得到越來越多的表現，就會實現他的思想。

　　1961 年，馬斯洛在佛羅里達大學發表了「關於心理健康的一些新問題」的著名演講，他認為幽默與自嘲對心理具有重要作用，幽默能夠釋放人的潛能。他隨後出版了《存在心理學》（*Existential Psychology*），諸如「高峰經驗」、「自我實現」、「需求層次論」、「缺失需求」、「存在需求」等概念非常流行，成了美國 1960 年代的主要時代精神。

　　1962 年，馬斯洛為了學術研究，他親自到安德魯·凱依的非線性管理系統工廠進行調查。他把自己在工廠的調查研究寫成了《夏天的筆記》，最早以《人本管理》（*Humanistic Management*）為名印刷出版，在學術界和企業界流傳。在書中他闡述了有關管理學方面的嶄新思想，提出了許多很有價值的人性觀念，如開明管理、領導心理、綜效原則、人力資本、員工動機、開拓創新、革新會計、企業評判等觀點。這些管理思想幾乎成了現代管理與組織的基本原則，成了現代管理理論的基礎和重要組成部分。1964 年，馬斯洛發表了《宗教信仰、價值觀和高峰經驗》（*Religions, Values, and Peak Experiences*）一書，在書中他認為高峰經驗是有組織的宗教的精華，闡述了他對宗教信仰的看法。

導論

　　1966 年，馬斯洛當選為美國心理學會主席，這表明他的心理學理論受到了廣泛的重視。他又出版了《關於科學的心理學：一種探索》，對當時主流科學及其基礎進行了批判。接著又出版了《關於超越性動機的理論 —— 人類價值的生物學基礎》，對人類天生的創造性、勇於接受挑戰等高層次需要作了進一步分析，提出了存在價值理論。

　　馬斯洛涉及非常廣泛，在許多領域都進行過探索和研究。他主要著作有1954 年出版的《動機與人格》、1962 年出版的《存在心理學探索》、1964年出版的《宗教、價值與高峰經驗》、1956 年出版的《人本管理》、1966 年出版的《科學心理學》、1971 年出版的《人性能達的境界》等，這些著作顯示了他成熟的超個人的人本主義心理學思想。

　　馬斯洛廣泛的研究從自我實現心理學原理出發，大大超過了心理學研究的範圍，涉及到管理學、經濟學、社會學、倫理學、教育學、宗教、哲學、美學等領域，提出了對於社會、教育、管理、宗教等進行變革的構想，進而形成了內在教育論、心理治療論、社會變革論和優美心靈管理論等理論學說。馬斯洛的需求層次和作為最高動機力量的自我實現等概念非常有名，是他的主要貢獻。

　　1971 年 6 月，馬斯洛於加利福尼亞門羅公園逝世，享年 60 歲。

　　馬斯洛的心理學被稱為「第三思潮」，是相對於在他之前兩大思潮而言的。以佛洛伊德為代表的精神分析學「第一思潮」和以華生為代表的行為主義「第二思潮」。馬斯洛的「第三思潮」無論在思想內容、研究方法和研究對象上，還是在心理治療方法上，都是對佛洛伊德學說和行為主義理論的突破和揚棄，他打破了佛洛伊德的心理學和華生的行為主義心理學，提出了一套更為進步的人類理論。

　　佛洛伊德心理學體系最基本的特徵，就是來源於佛洛伊德本人的醫學臨

床實驗。研究的對象主要是精神病患者和心理變態者。馬斯洛曾說:「如果一個只潛心研究精神錯亂者、精神病患者、心理變態者、罪犯、越軌者和精神脆弱者,那麼他對人類的信心將越來越小,他會變得越來越『現實』,眼光會越來越低,對人的期望也會越來越小……因此,對畸形的、發育不全的、不成熟的和不健康的人進行研究,就只能產生畸形的心理學和哲學。這一點已經是日益明顯了。一個更普遍的心理科學應該建立在對自我實現人的研究上。」

華生的行為主義心理學體系最基本的特徵,就是認為人是由低等動物偶然進化而來的。其研究的對象是白鼠、猴子和鴿子等動物。馬斯洛對此指出:「行為主義者關於人只有遺傳的生理衝動的結論,最根本的原因就是大多數研究都是在老鼠身上進行的,而老鼠除了生理動機之外顯然很少有別的什麼動機了。人畢竟不是更大一些的白鼠、猴子和鴿子,既然動物有其獨特的天性,人類也應有自己的特點。」

對於佛洛伊德的精神分析和華生的行為主義,馬斯洛並沒有採取排斥,他說:「研究精神病患者是有價值的,但是是不夠的;研究動物是有價值的,但也是不能夠的。」可見馬斯洛學說的包容性。

馬斯洛為了研究人的特點和人的潛力,他比喻說:「如果你想知道一個人跑一英里最快能用多少時間,你不會去研究一般的跑步者,你研究的是更出色的跑步者,因為只有這樣的人才能使你知道人在更快地跑完一英里上所具有的潛力。」馬斯洛對於人的潛力研究,就是「不斷發展的那一部分」。

馬斯洛首次把「自我實現的人」和「人類潛力」的理論引入心理學研究的範疇。自我實現的人是人類中的最好典範,是「不斷發展的一小部分」。他們心理健全,能充分開拓並運用自己的天賦、能力、潛力。他們也有最基本的需求,但他們在充分享受這些需求達到滿足的同時,並沒有成為這些需

求的俘虜。馬斯洛在對他所認為是優秀個人的思想、行為和精神狀態進行大量研究之後，提出了人類具有精神健康的共同特點。

馬斯洛「第三思潮」理論的獨到之處在於一反當時科學時尚，堅決指出人類具有共同價值觀和道德標準，而且他認為這些準則具有科學的根據，可以透過對人類中的優秀代表進行研究找到。

馬斯洛一生都堅持一種人道主義哲學，以便能夠幫助人們了解和啟動對於激情、創造力、倫理、愛、精神和其他只屬於人類特性的追求能力。他的心理學不僅具有重要的理論價值，而且具有重要的實用功能。他的學說被廣泛地運用到教育、醫療、防止犯罪和吸毒行為以及企業管理等領域，產生了良好的效益。

馬斯洛學說具有超前性，他曾說：「有時候我有一種感覺，好像我的研究是在跟我曾孫的曾孫對話，當然，前一個曾孫都還沒有出世哩。那是對於他們愛的一種表達，給他們留下的不是金錢，而是一些事實上關愛的話語，一些零零碎碎的建議，是我的一些教訓，對他們可能有一些用處。」

美國學術界認為，21 世紀，馬斯洛將取代佛洛伊德和華生，成為心理學界最有影響的先驅人物。

柯林‧威爾森（Colin Henry Wilson）說：「自馬斯洛去世以後 25 年當中，他的名聲沒有一點下降跡象，而與此同時，佛洛伊德和榮格的聲名卻遍體鱗傷，布滿彈痕，我認為這是非常重要的一點。我相信，這是因為，在馬斯洛的思想當中，最有意義的東西，在他自己那個時代都還沒有顯露出來。它的重要性是在未來，在 21 世紀一定會顯露出來。」

我們發現，在馬斯洛的整個思想中，有許多研究、認識及思想在當時都是遠遠超前的。幾十年過去了，我們今天聽起來仍然感到非常新鮮，就好像現在一些工作和思想反倒都過時了一樣。馬斯洛有關要求自我實現的員工、

培養客戶忠誠、樹立領導風範和把不確定性作為一種創造力源泉的主張，描繪出了我們今天的數位化時代的圖景，顯得非常深刻。

　　馬斯洛研究的就是我們今天生活的這個世界，就是我們這個數位化時代。在這個充滿激烈競爭的世界裡，人的潛力成為了各行各業、各個組織、各個機構競爭的主要力量。

　　對於這個充滿競爭的時代和社會，我們每一個人都希望調動自身的一切積極因素，健全自我人格，發揮自我潛能、實現自我價值，享受人生幸福、追求人生的真正成功。這不能不說馬斯洛的學說也適應了我們每一個追求人生成功者的需求。

導論

第一章　探索生命的需求

人是一個統一的、有組織的整體，人的絕大多數欲望和衝動都是互相關聯的，驅使人類的是若干始終不變的、遺傳的、本能的需求，它們是人類天性中真正的內在本質，文化不能扼殺它們，只能抑制它們。因此，人們的行為受生命需求的支配，這是生命和生存的本能需求，只有滿足了這種需求，才有人的生命和人的生存。

一位作曲家必須作曲，一位畫家必須繪畫，一位詩人必須寫詩，否則他始終都難安靜。一個人能夠成為什麼，他就必須成為什麼，他必須忠實於他自己的本性。

—— 馬斯洛

在有效的理論中，不存在諸如肚子、嘴或生殖器的需求，而只有這個人的需求，是約翰·史密斯需求吃東西而不是他的肚子需求吃東西，並且，感到滿足的是整個人，而不僅僅是他的一部分。

作為個體化整體性的人

　　有一個問題在這裡必須要聲明一下，我們所提到的人是一個有機整體，是一個一體化有組織的社會最小單元。心理學家非常同意這個理論上的聲明，然後又平靜地開始在實際的實驗中忽視它。只有理解了它是實驗上和理論上的現實，合理的實驗和動機理論才會成為可能。在動機理論中，包含許多具體的要點。

　　例如，受到影響的是個人的整體而非局部。在有效的理論中，不存在諸如肚子、嘴或生殖器的需求，而只有這個人的需求，是約翰·史密斯需要吃東西而不是他的肚子需要吃東西，並且，感到滿足的是整個人，而不僅僅是他的一部分，食物平息了約翰·史密斯的飢餓感而不是他的肚子的飢餓感。

　　如果實驗者們把約翰·史密斯的飢餓感看成是他的消化系統的功能，那麼他們就忽略了當一個人感到飢餓時，他不僅在腸胃功能方面有所變化，而且在他所具有的大部分功能方面都有所變化。他的感覺改變了（他會比其他時候更容易發現食物）；他的記憶改變了（他會比其他時候更容易回憶起一頓美餐）；他的情緒改變了（他比其他時候更緊張、激動）；他思想活動的內容改變了（他更傾向於考慮獲得食物，而不是解一道代數題）；這些內容可以擴大到生理和精神方面的有其他的感官能力和功能。換句話說，當約翰·史密斯飢餓時，他被飢餓所主宰，他是一個不同於其他時候的人。

　　不管是從理論上講，還是從實際上看，把飢餓當作所有其他動機狀態的典型都是不切合實際的，因為透過嚴密的科學邏輯分析可知，追求飢餓驅動是特殊的而不是一般的。以格式塔派（完形心理學，Gestalt psychology）和哥爾德斯坦派（Goldstein）的心理學家的方式來看，它比其他動機更孤立；其他動機比它更常見。最後，它與其他動機的不同還在於它有一個已知的軀體基礎，這對於動機狀態來說是少有的。

　　那麼更直接、更常見的動機有哪些呢？透過對日常生活過程的反省，我們能夠很容易地發現它們。意識以外的往往是對衣服、汽車、友誼、交際、讚揚、名譽以及類似事物的欲望。習慣上，這些欲望被稱為次級的或文化的驅力，並且被視為與那些真正「值得重視的」或原始的驅力（即生理需求）各屬不同等級，實際上，就我們本身而言，它們更重要，也更常見。因此，用它們其中之一而不是飢餓衝動來作典型才恰當。

　　通常的設想往往是：所有驅力都會仿效生理驅力。但在這裡可以公正地斷言，這點永遠不會成為事實，絕大多數驅力不是孤立的，不能把它們部位化，也不能將其視作當時機體內發生的唯一事情。典型的驅力、需求或欲望不會並且可能永遠不會與一個具體的、孤立的、部位化的軀體基礎有關係。典型的欲望顯而易見的是整個人的需求，選擇這類的衝動作為研究的範例會更好一些。比如，選擇對金錢的欲望，或者選擇更基本的欲望，而不是選擇單純的飢餓驅力，或更具體的局部目標。

　　從我們掌握的全部證據來看，也許可以說，不管我們對於飢餓衝動有多麼深的知識，都不能幫助我們全面理解愛的需求。的確，一個更強有力的斷言有可能成立，即：透徹研究飢餓衝動與全面了解愛的需求相比，我們能夠透過後者更多的解釋普遍的人類動機（包括飢餓驅力本身）。

　　這一點使我們聯想起格式塔心理學家經常對單一性這個概念進行的批判性分析。其實，比愛的驅力似乎要簡單的飢餓驅力並不那麼簡單。透過選擇相對獨立於機體整體的孤立的事例活動，既可以獲得單一性的顯現，也可以輕而易舉地證明一個重要的活動幾乎與個人身上所有其他重要的方面都有動力關係。

　　那麼，為什麼要選擇在這個意義上根本不普遍的活動呢？難道只是因為用通常的（但不一定是正確的）分離、還原的實驗技術更容易對付它，或者它對於其他活動具有獨立性，我們就選出這種活動並加以特別注意嗎？假如

我們面臨這樣的選擇：一方面，解決實驗上簡單然而價值甚微或意義不大的問題；另一方面，解決實驗上極為困難但是非常重要的問題；我們理所當然會選擇後者。

　　綜上所述，在研究人的動機需求，應選擇一般的而非特殊的動機實例。對人而言，前者能更加明顯地反應整個的需求。

　　也就是說，我們面臨一個與心理病理學中的症狀的作用十分相似的狀況，這些症狀的重要性並不在於它們本身，而在於它們最終意味著什麼，或者說，在於它們最終的目標或結果是什麼，在於它們要幹什麼或者它們的作用可能是什麼。

正確對待人的生存欲望

　　認真分析我們平時生活中的種種欲望，不難發現，它們之間有一個共同的特點，即：它們通常是達到目的的手段而非目的本身。例如，我們需要錢，目的是買一輛汽車，原因是鄰居有汽車，而我們又不願意覺得低人一等，所以我們也需要一輛，這樣我們就可以維護自尊心並且得到別人的愛和尊重。當分析一個有意識的欲望時，我們往往發現可以究其根源，即，追溯該人的其他更基本的目的。

　　也就是說，我們面臨一個與心理病理學中的症狀的作用十分相似的狀況，這些症狀的重要性並不在於它們本身，而在於它們最終意味著什麼，或者說，在於它們最終的目標或結果是什麼，在於它們要做什麼或者它們的作用可能是什麼。研究症狀本身價值並不大，但是研究症狀的動力意義卻是重要的，因為這樣做成果卓越。例如，它使心理治療成為可能。談到一天中數十次在我們的意識中閃過的特定的欲望，比它們本身重要的是它們所代表的東西，它們所導致的後果，以及我們透過更深入的分析了解到它們的最終意義。

如果再深入分析，我們可以總結出一個特點，即，欲望總是最終導向一些我們不能再追究的目標或者需求，導致一些需求的滿足。這些需求的滿足似乎本身就是目的，不必再進一步證明或者辯護。在一般人身上，這些需求的特點是，經常不能直接看到，但經常是繁雜的有意識欲望的一種概念的引申，也就是說，動機的研究在某種程度上必須是人類的終極目的、欲望或需求的研究。

這些事實意味著更合理的動機理論的又一個必要性。既然這些目的在意識中不易直接見到，我們就不得不立即解決無意識動機的問題。僅僅仔細研究有意識動機的生活常常會遺漏許多與有意識中看到的東西同等重要或更重要的方面。精神分析學反覆論證過，一個有意識的欲望與它下面潛藏的最終的無意識目標之間的關係完全是直接的。的確，就像在反應形成中所表現的，這種關係實際上可能是否定的。最終，我們可以斷言，無意識生活是合理動機理論中不可缺少的一部分。

充足的人類學證據表明，全人類的基本欲望或最終欲望不完全像他們有意識的日常欲望那樣各不相同。其主要原因在於，兩種不同的文化中能提供兩種完全不同的方法來滿足基本特定的欲望。

同原動力塑造不同欲望

充足的人類學證據表明，全人類的基本欲望或最終欲望不完全像他們有意識的日常欲望那樣各不相同。其主要原因在於，兩種不同的文化中能提供兩種完全不同的方法來滿足基本特定的欲望。讓我們以自尊心為例，在一個社會裡，一個人靠成為好獵手來滿足自尊心；而在另一個社會中，卻要靠當一個偉大的醫生、勇猛的武士，或者一個十足鐵石心腸的人等等來滿足欲望。

因此，如果我們從根本上考慮問題，或許可以這樣認為，這個人想要成為好獵手的欲望與那個人想要成為好醫生的欲望有著同樣的原動力和根本目的。這樣我們就可以斷定，把這兩個看起來不相關的有意識欲望歸於同一範疇，而不是根據單純的行為將它們分為不同的範疇，這將會有益於心理學家。顯然，目標本身遠比通向這些目標的條條道路更具有普遍性，原因很簡單，這些道路不會受特定的文化局部所制約。

促動狀態是一個行為特殊的與眾不同的狀態，與機體內發生的其他情況界線分明。然而，合理動機的理論的設想卻是一切機體狀態的普通特點，即，動機是連續不斷的、無休止的、起伏的，也是複雜的。

作為管道的生命意欲行為

透過研究精神病理學，我們了解到一個有意識的欲望或一個有動機的行為的特性，並且和欲望與文化的特性同出一源，即，這個欲望或行為可能造成一種管道的作用，透過這個管道，其他意欲便得以表現。

這一點可以從幾個方面來證明。例如，眾所周知，性行為與有意識的性慾所暗含的、無意識的目的可能是極為複雜的。其實某個社會中男子的性慾可能是確立自己男子自信的欲望，而在另一個社會或其他社會裡，性慾則可能代表了吸引注意力的欲望，或者對於親密感、友誼、安全、愛的欲望，或者這些欲望的任何幾種組合。

在潛意識裡，所有這些人的性慾可能有著相同的內容，而且他們可能都會錯誤地認為自己追求的僅僅是性滿足。但是，最重要的是我們已經知道這是錯誤的，而且我們也懂得，認真對待這個性慾和性行為所根本上代表的東西——並不是該人在意識中認為它們所代表的東西，對於理解人是有益的，這既適用於預備行為也適用於完成行為。

另一類同樣可以證明這一點的證據是，人們發現，一個單一的精神病理學症狀可以同時代表幾種不同的甚至是相對立的欲望。患臟躁症者的手臂可能象徵著報復、憐憫、愛和尊重的願望的滿足。單純根據行為方式來考慮第一例中的有意識願望或第二例中的表面症狀，意味著我們武斷地拒絕了完整地理解個人行為和動機狀態的可能性。因此，我們要特別指出的是，若一個行為或者有意識的願望只有一個動機，那是不同尋常的、非普遍性的。

從某種角度來講，幾乎有機體的任何一個事態本身就是一個促動狀態。如果我們說一個人失戀了，這是指什麼呢？靜態心理學會很好地解答這個問題，但是動力心理學會以豐富的經驗論證這句話所表達多得多的含義，這種感情會同時在整個機體的肉體和精神兩方面引起反應。例如，失戀還意味著緊張、疲憊和不愉快，而且，除了當時與機體其餘部分的關係之外，這樣的狀態自然地、不可避免地導致許多其他情況的發生：重新贏得感情的強烈欲望，各種形式的自衛努力，以及故意的增長等等。因此，很明顯，我們要想解釋「此人失戀了」這句話所暗含的狀態，就必須加上許許多多的描述來說明此人由於失戀而遭遇了什麼事情，換句話說，失戀的感情本身就是一個促動狀態。

目前流行的關於動機的概念一般是或至少是出自於這樣的假設：促動狀態是一個行為特殊的與眾不同的狀態，與機體內發生的其他情況界線分明。然而，合理動機的理論的設想卻是一切機體狀態的普通特點，即，動機是連續不斷的、無休止的、起伏的，也是複雜的。

無休止的需求是人的特性，但並非所有的需求都會得到滿足，只有極少數會達到完全滿足的狀態。一個欲望滿足後，另一個會迅速出現並取代它的位置，當這個被滿足了，還會有一個站到突出位置上來。

人總是在希望著什麼

　　無休止的需求是人的特性，但並非所有的需求都會得到滿足，只有極少數會達到完全滿足的狀態。一個欲望滿足後，另一個會迅速出現並取代它的位置，當這個被滿足了，還會有一個站到突出位置上來。人總是在希望著什麼，這是貫穿他整個一生的特點。這樣，我們就有必要研究所有動機之間的關係，同時，如果我們要使研究取得廣泛的成果，就必須放棄孤立的動機單位。

　　內驅力或欲望的出現所激起的行動，以及因目的物的獲得而引起的滿足，通通加在一起，僅僅給我們提供了一個擷自動機構成單位的總體合成物的人為的、孤立的、單一的例子。這種動機的出現實際上總是取決於整個有機體所可能具有的其他所有動機的滿足或非滿足狀態。需要某種東西本身就說明已經存在著其他需求的滿足。假如大部分時間我們都飢腸轆轆，假如我們不斷地為乾渴所困擾，假如我們一面對臨迫在眉睫的災難的威脅，或者，假如所有人都恨我們，我們就不會要去作曲、發明數學方法、裝飾房間或者打扮自己。

　　動機理論的創立者們注意到以下兩個事實：除了以相對地或遞進的方式外，人類從不會感到滿足；需求似乎按某種優勢等級自動排列，這兩個事實卻從未給予過合理的重視。

　　這樣列表的荒謬還在於，表中內驅力的排列連孤立分散的數字的算術和這樣的形式也算不上，相反，它們是按具體特徵排列的。換句話說，一個人在表內列上多少個內驅力完全取決於他對這些內驅力進行分析的具體性程度。

生存需求安排表的荒謬之處

種種情況表明，為內驅力或需求製作分解式表格的計畫應堅決予以取消，因為各種不同的原因顯示，這樣的表可靠性在理論上是很短暫的。

首先，它們意味著各種內驅力均等，即，在力量的強度以及出現的可能性上的均等。然而這並不正確，因為任何一種欲望浮現於意識中的偶然性，取決於其他更具優越性的欲望的滿足或者不滿足狀態。各種特定的內驅力出現的偶然性有極大的區別。

其次，這樣列表意味著這些內驅力中的每一種都與其餘的內驅力不相干。而事實上它們並不是以任何一種類似的形式相互孤立的。

再次，以行為為基礎制定的一覽表，已完全將內驅力的全部動力性質置之度外。例如，它們在有意識和無意識兩方面可能是不同的；一種特定的內驅力實際上可能是幾種表達自己欲望的途徑等等。這樣列表的荒謬還在於，表中內驅力的排列連孤立分散的數字的算術和這樣的形式也算不上，相反，它們是按具體特徵排列的。

換句話說，一個人在表內列上多少個內驅力完全取決於他對這些內驅力進行分析的具體性程度。實際的圖景並不是很多木棒依次排列，而是猶如一套木箱，一個大木箱內裝 3 個小木箱，這 3 個木箱子又各自裝有 10 個木箱，這 10 個箱子又分別裝有 50 個更小的木箱，依此類推。或者可以再作一個比喻，彷彿是對一塊組織的剖面進行各種倍數的放大。這樣我們談到某種要求滿足或平衡的需求時，可以更明確地說是吃的需求，再具體些，填滿肚子的需求直至對蛋白質的需求及某種特定蛋白質的需求等等。

我們現在掌握的一覽表，大都不加區別地包括進了在不同放大倍數上的需求。由於這種混淆，造成了一些一覽表可能包括 3 種或 4 種需求，另一些則包括數百種需求。如果我們願意，我們可以有這樣一種內驅力一覽表，它

包括從 1 至 100 萬的任何一個數量的內驅力，其多少完全取決於分析的具體程度。我們應該了解到，如果我們試圖討論基本的欲望，就應該將它們清楚地理解為分屬不同系列，不同的基本類型或者基本範疇。也就是說，這樣一種基本目標的列舉應是抽象的分類而不是編成目錄的一覽表。

並且，互不相融的關係似乎已非常明顯地展現在已經公布的內驅力的一覽表之間。然而事實上，它們之間不但沒有相互的排斥，而且它們的相互重疊甚至使我們幾乎不可能完全清楚和嚴格地把某一內驅力同其他內驅力分開。在對內驅力理論的任何評論中也應指出，內驅力概念本身多半出自對生理需求的過分關注。在對待這些需求時，區別刺激物、有動機的行為、目的物是非常容易的。但是，當我們談到愛的欲望時，要區分內驅力和目的物卻不會那麼簡單，在這裡，內驅力、欲望、目的、主動性似乎都是另外一回事。

內省地出現在意識中的內驅力、動機行為，甚至被明確追求的目的物或結果，它們沒有一個可作為人類動機生活的動力分類的扎實基礎。

人類動機生活分類的基礎

可利用的證據的重要性似乎向我表明，任何動機生活分類所依據的唯一堅固的根本的基礎是基本的目標或需求，而不是任何一般的刺激物意義上的內驅力一覽表（是「吸引」而不是「推動」）。在心理學的理論建設中，強調不斷變化，在這種不斷變化中只有基本的目的保持不變。我們早已討論過的考慮就支持這一論點，不必進一步證明。既然我們已經看到有動機的行為可以表示很多東西，它自然就不是一個分類的良好的基礎，同樣，特殊的目的物也不是分類的良好基礎。

一個對食物有欲望的人，以適當方式獲取食物，然後吃和咀嚼食物，實際上這可能是在尋求安全而不是食物；一個正在經歷性慾、求愛、完全性行

為的全部過程的人，也許實際上是在尋求尊重，而不是性慾的滿足。

內省地出現在意識中的內驅力、動機行為，甚至被明確追求的目的物或結果，它們沒有一個可作為人類動機生活的動力分類的扎實基礎，但願僅僅靠邏輯的排除過程，最後給我們留下主要為無意識的基本的目的或需求，以作為動機理論分類的扎實基礎。

如果我們仔細觀察人類的性生活，就可以發現，純粹的內驅力本身是由遺傳決定的，但是，對象的選擇以及行為的選擇卻一定是在生活的歷史過程中獲得或透過學習取得的。

動機需求的核心問題

依賴於以動物做實驗的是行為派心理學家動機領域的特點。不言而喻，白鼠不是人，但是，之所以將此再強調一遍，因為動物實驗的結果經常被作為我們對於人性的理論研究所必須依據的基本材料。當然，動物資料對於研究心理學很有助益，但使用時必須謹慎和明智。

在我看來，動機理論必須以人為中心，而不是以動物為中心。進一步的一些考慮與這個論點相關聯。首先讓我們討論本能的概念。本能的定義就是一個動機單位，在這個動機單位裡，內驅力，有動機的行為，以及目的物或者目標效果都明顯地由遺傳所決定。沿種系階梯上升，我們所解釋的本能就有一種逐步消失的傾向。例如，對於白鼠，按照我們的定義，可以公正地說，它們有飢餓的本能、性本能、母性本能。當然猴子性本能已肯定存在。

對於人類，按照我們的定義，這種本能都已消失，在它們的位置上只留下遺傳反射、遺傳內驅力、自發學習、有目的行為中的文化學習以及目的物選擇中的文化學習等的混合物。因此，如果我們仔細觀察人類的性生活，就可以發現，純粹的內驅力本身是由遺傳決定的，但是，對象的選擇以及行為

的選擇卻一定是在生活的歷史過程中獲得或透過學習取得的。

　　如果我們追隨種系階梯不斷上升，那麼，我們將愈加重視口味而忽略飢餓。例如，對於食物的選擇，在白鼠那裡，變易性少得多，而在猴子那裡又比在人那裡更少有變易性。

　　最後，當我們沿種系的階梯上升，本能逐漸減退，以作為適應文化的工具的依賴將越來越大。為了認清這些事實，我們不得不使用動物資料。舉例而言，僅僅由於我們人類遠遠更像猴子而不是白鼠因此我們寧願選擇猴子而不是白鼠作為動機實驗的對象。不能以任何低級的、甚至更簡單的動物為出發點看待這個理論，而必須以高級動物特別是人類為出發點。在動物身上所獲得的很大一部分發現被證明只適於動物而不適於人。

　　研究人的動機要先從研究動物開始是毫無根據的。對於隱藏在這種貌似簡單、普遍的謬誤後面的邏輯，或更確切地說，對邏輯的背離、哲學家、邏輯學家，以及科學家在各自的多種領域內都已給予了足夠的證據，就像研究地質學、心理學或者生理學不必先研究數學一樣，研究人也不必先研究動物。

　　如果我們接受科夫卡（Kurt Koffka）對地理和心理環境所做的區別，那麼理解一個地理環境怎樣變成一個心理環境的唯一令人滿意的方法就是：理解這個心理環境的組織原則，是處於這個特殊環境中的機體的現有目標。

影響有機體動機的因素

　　我們討論一下有機體所處的情境或環境是很有必要的。我們必須立即承認，如果不與環境和他人發生連繫，人類動機幾乎不會在行為中得以實現。任何動機理論都必須重視這一事實，也就是說，它不僅包括有機體本身，而且還包括環境，包括文化的決定作用。

　　一旦承認了這一點，也應繼續告誡理論家，要防備過分注重外部、文化、環境或情景的傾向產生。我們的中心研究對象畢竟是有機體或整體性結構。情境理論很容易走這樣的極端，使有機體成為情境中的一個附加物體——大概等同於一個障礙物，或這個同體試圖獲得的某個對象。我們必須記住，在一定程度上而言，個人在創造了有價值的對象的同時也創造了他的障礙物，這些障礙物和對象必須部分地由情境有機體所規定。

　　我不曾領略過任何一種方法，可以在泛泛地確定或者描述一個情境時拋開在其中活動的特定的機體。事實上，當一個孩子試圖得到對他有價值的對象時，卻受到某種阻力，他不僅決定了這個對象有價值，而且決定了這個障礙成其為障礙。在心理學中沒有障礙這種東西，卻有試圖達到某種目的的具體人的障礙。

　　在我的印象裡，當以不充足的動機理論為基礎時，極端的或者排他的情境理論得到長足的發展。比如，任何純行為理論都完全依靠情境理論來賦予意義。一個以現有的內驅力而不是以目標或者需求為基礎的動機理論，為了防止不攻自破，也需要一個強有力的情境理論來支持。然而，一個強調恆定的基本需求的理論證明，這些需求是相對長久的，並且對於有機體實現自身時所處的特殊情境是比較獨立的。因為，以最有效的並且帶有極大的變動性的可行方式，需求不僅組織自己的活動前景，而且組織甚至創造外界現實。

　　換句話說，如果我們接受科夫卡對地理和心理環境所做的區別，那麼理解一個地理環境怎樣變成一個心理環境的唯一令人滿意的方法就是：理解這個心理環境的組織原則，是處於這個特殊環境中的機體的現有目標。

　　因此，合理的動機理論必須考慮情境，但絕不可成為純粹的情境理論。除非我們明確願意放棄探索機體恆常的性質，以便理解機體所生活的世界。

　　我要強調一點，也是我們關心的，是動機理論，而不是行為理論。行為由幾種因素決定，動機是其中一種，環境力量也是其中的一種。動機的研究

並不取消或否定情境決定因素的研究，相反，動機是對情境的補充。在一個更大的結構中，它們各有自己的位置。

我們眼中的表面的非整合作用，除了表明我們的無知之外，再沒有其他的意義了。不過，我們現在已經掌握了足夠的知識以肯定孤立、局部、分裂的反應在一定的情況下是可能的。

人生存所需的特殊能力

任何動機理論都必須考慮到，機體通常表現為一個整體，但有時則不然。究其原因，是因為還有一些值得重視的、特殊的、孤立的條件作用和習慣，以及各種局部的反應、我們所了解的分裂和非整合現象。在日常生活中，正如我們有時同時做好幾件事情，機體甚至也可能以非一元化的方式做出反應。

顯而易見，當有機體面臨一次極大的歡樂，一個創造性的時刻或一個重大的問題，一個威脅或一個緊急情況時，它在整合方面步調最為一致，但是當威脅具有壓倒優勢而機體太虛弱或孤立無助、不能控制這個威脅時，機體便趨於分裂。總而言之，當生活輕鬆順利時，機體可以同時做許多事情，可以同時向很多方向發展。

我覺得一部分現象看起來非常特殊、孤立，但實際上並非如此，這些現象在整個結構中占據一個有意義的位置，例如轉變性歇斯底里症。我們眼中的表面的非整合作用，除了表明我們的無知之外，再沒有其他的意義了。不過，我們已經掌握了足夠的知識以肯定孤立、局部、分裂的反應在一定的情況下是可能的，並且，這類現象不一定是虛弱、病態或者不好的，相反，它們經常被看作是機體的一個最重要的能力。幾乎所有機體都以不完整的、獨特的或分散的方式對付局部的、熟悉的事情或易於解決的問題，而機體的主要能力用來解決更重要或更具挑戰性的問題。

這些衝動不知因何緣故，或受到阻礙，或找錯了出口，或用錯了手段，或與其他需求混淆。其他的症狀則相反，它們不再尋求滿足，而僅僅是保護性的或防禦性的。

如何理解超動機的表現性行為

儘管心理學家們都接受一個反對命題，但我仍認為這一點很清楚：並非所有行為和反應都是有動機的，至少並非都是一般意義上的對需求的滿足的追求 —— 尋求需求的或匱乏的東西。成熟、表現、成長以及自我實現等現象都違背了普遍的動機理論的法則。最好將這些現象看成是表現性的而不是應對性的。

此外，大多數神經病症或傾向都是基本需求滿足的扭曲。佛洛伊德派經常提及這個差別，但從未能使其清晰明白。這些衝動不知因何緣故，或受到阻礙，或找錯了出口，或用錯了手段，或與其他需求混淆。其他的症狀則相反，它們不再尋求滿足，而僅僅是保護性的或防禦性的。它們的目的就是防止下一步的傷害、威脅或者挫折。兩類症狀的區別猶如兩個鬥士，其中一個仍舊希望獲得最後勝利，另一個不抱絲毫獲勝的希望，只是盡可能使自己不至於敗得太慘。

認輸和絕望肯定與治療中的預後，與學習的前景，甚至可能與長壽有相當的連繫，任何明確的動機理論都必須討論摩爾的區分，以及克里對這種區分的解釋。

總體來說，我們有意識地渴望一切實際可能獲得的東西。換個方式說，關於願望，我們比心理分析學家可能允許的要現實得多，他們總是專注於無意識的欲望。

關注動機達到目的的可能性

杜威（John Dewey）和桑戴克（Edward Lee Thorndike）強調了動機的一個重要方面——可能性，大多數心理學家完全忽視了這個方面。總體來說，我們有意識地渴望一切實際可能獲得的東西。換個方式說，關於願望，我們比心理分析學家可能允許的要現實得多，他們總是專注於無意識的欲望。

一個人的收入增加後，他自己的希望也相應地活躍起來，並且積極為獲得幾年前連做夢都不敢想的東西奮鬥。一般人希望有小汽車、冰箱、電視機，因為獲得這些東西確是一件可能的事情，他們沒有獲得快艇或飛機的奢望，因為這些東西實際上距普通人太遙遠了，而且他們很可能在無意識中也不存有這樣的希望。

重視達到目的的可能性這個因素，對於理解我們的文化中各個階級之間的動機差別，理解我們的文化與其他貧困地區的文化在動機上的不同是至關重要的。

這些幻想衝動究竟是疾病或退化的證據，還是健康人最內在的精髓的展現？在生命的歷史中，初期的幻想究竟是從何時由於對現實的感知而開始減弱的……

現實對本我衝動的影響

與達到目的的可能性相關聯的，是現實對於無意識衝動的影響。佛洛伊德認為，一個本我衝動是一個分離的存在，與世界上任何其他事物都沒有內在的連繫，甚至與其他本我衝動也沒有連繫。正如佛洛伊德在《新精神分析引論》（*Introductory Lectures on Psycho-Analysis*）中所述：

我們可以用比喻來近似的說明本我，我們稱它為一種混亂，一鍋沸騰的

騷動……此本能給本我以能量，但本我沒有組織，沒有統一的意志，只有與快樂原則相一致的追求本能需求滿足的衝動。邏輯規律 —— 首先是矛盾規律 —— 不適合本我的進程。

相互矛盾的衝動並列存在，並不相互抵消或者分離，最多它們只是在強大的經濟壓力下折衷地聯合起來，釋放它們的能量。絕不能將本我比作虛無，並且我們驚異地發現，本我還違背了哲學家們的斷言 —— 時間和空間是我們心理活動的必要形式……很顯然，本我不懂得價值，不懂得善惡，不懂得道德。與快樂原則非常緊密相連的經濟或數量的因素控制了本我的全部進程。本能的精力投入尋求發洩，按我們的觀點，這就是本我的全部內涵。

只要現實條件控制、減弱了這些衝動，或者阻止了它們的發洩，它們就成為自我而不是本我的一部分了。佛洛伊德在《新精神分析引論》中所持的觀點如下：

這就是說，自我是本我的某一部分，它由於接近外部世界並受外部世界的影響而減弱。它接受外界刺激並保護機體不受其傷害，猶如包住微小的生命物質的外皮層。自我與外界的這種關係決定了本我。它擔負著為本我描繪外界從而保護本我的作用。因為只有這樣，全然不顧外界的優勢力量而盲目滿足自己本能的本我，才可能逃避毀滅的命運。在執行這一職能的過程中，自我必須觀察外部世界，並在感知所留下的記憶痕跡中，保留一幅外界的優勢力量而盲目極力滿足自己本能的本我，才可能逃避毀滅的命運。

在執行這一職能的過程中，自我必須觀察外部世界並在所留下的記憶痕跡中保留一幅外界的真實圖畫，它必須透過檢驗現實來排除這幅外界圖畫中來自興奮的內部源泉的因素。自我為本我控制通向自動力的路，它在欲望和行動之間插入了思考這個延誤因素，在思考過程中，自我利用了儲存在記憶中的點滴經驗。就這樣，自我對本我的進程有著明顯影響的快樂原則，並且被現實原則代替。現實原則提供了更大的保障和成功的可能性。

第一章　探索生命的需求

　　然而杜威的論點是，成年人的所有衝動，至少是特有的衝動，是與現實結合併且受現實影響的。一句話，這就等於主張根本沒有本我衝動。言外之意就是，假如有本我衝動，那它們在本質上是病態的，而非健康的。

　　儘管沒有經驗上的解決方法，我仍然特別提到這個矛盾，因為這是一個至關重要、針鋒相對的矛盾。

　　我們看到，問題不在於佛洛伊德描述的本我衝動是否存在。任何一個精神分析學家都證明，不顧現實、常識、邏輯，甚至不顧個人利益的幻想衝動都可能出現。問題在於，這些幻想衝動究竟是疾病或退化的證據，還是健康人最內在的精髓的展現？在生命的歷史中，初期的幻想究竟是從何時由於對現實的感知而開始減弱的？這個時間對於神經病患者和健康人是否都一樣？高效率工作的人是否能完全避免這種影響而保持其動機生活的某一個隱祕的角落？

　　或者假如大家的確都有這些完全源於機體內部的衝動，那麼我們就必須問：它們何時出現？在什麼條件下出現？它們一定會像佛洛伊德設想的那樣製造麻煩嗎？它們必須與現實對立嗎？我們關於人類動機的大部分知識並非來自心理學家，而是來自治療病人的精神治療家。這些病人既是有用資料的來源也是謬誤的來源，因為他們顯然代表了人口中品質較低的部分。甚至在原則上，也應該拒絕讓神經病患者的動機生活成為健康動機的範例。健康並不僅僅是沒什麼病或根本沒有病。

　　除了討論有缺陷人的防禦手段外，任何值得的動機理論還必須討論健康強健的人的最高能力。同時，還必須解釋人類歷史上最偉大最傑出人物的所關心的全部最重要的事情。

　　僅僅從患病者那裡我們永遠不會取得這種認知。為了使動機理論具有更積極的研究傾向，我們必須將注意力轉向健康人，而且，我們必須合理地看待現實對於本我衝動的影響，內部衝動與現實之間不一定是截然對立的。

發展人性向上的基本需求

　　事實上，對於大多數正常人來說，其全部基本需求都能部分得到滿足時，生命才會存在，才有自我實現的基礎，而且這種基礎是相對的。如果這種基礎比較高級，那麼，他的生存需求的層次也高，他自我實現的機會也多。同時又都在某種程度上有所缺憾，只有具有某種缺憾，當然這種缺憾是相對的，沒有固定的，這樣才會不斷去追求，才會不斷達到自我實現。優勢需求滿足後出現新的需求，是緩慢地從無逐漸變為有的，而不是突然地從天而降的。人就是由這種低級需求發展到高級需求，逐漸獲得昇華和發展的。

　　這裡主要想對大家系統地解釋一個積極的動機理論。這種理論符合已知的、臨床的、觀察的、經驗的事實。但它最主要是由臨床經驗直接導出的。在我看來，這個理論符合詹姆士（William James）和杜威的機能主義傳統，並且與威特海默（Max Wertheimer）、哥爾德斯坦和格式塔心理學的整體論，以及佛洛伊德和阿德勒的精神動力論相融合。這種融合或綜合可以稱為整體動力理論。這是一個系統的理論，一般不能單純理解，而是有一定發展層次的。

　　雖然生存需求沒有等級之分，但它卻是有相對之分的。一種生存狀態，對於某些人也是滿足的，但對於某些人卻是遠遠不夠的。這要取決於生存的欲望了。一般來說，只要滿足了最基本的生存需求，一般的人都能生存，但一般的人都不會感到這種需求就滿足了。只有這樣，人類才會發展。

　　一個人在生活中所有需求都沒有得到滿足，而且生理需求將主宰著他的身體，那他將會摒棄所有的其他需求，至少會變得很微弱。

人只有靠麵包活著嗎

生理需求就是平常所謂的動機理論基本的需求，但是我們有必要修正原來對這些需求的看法。這兩項研究是：體內平衡概念的發展；發現口味（在食物中進行的優生選擇）相當有效地指明了體內實際的需求或者匱乏。

所謂體內平衡就是指身體能在無意識狀態下維持血流正常狀態的功能。坎農（Walter Bradford Cannon）描述了這一過程，其內容有：血液的水含量，鹽含量，糖含量，蛋白質含量，脂肪含量，鈣含量，氧含量，恆定的氫離子標準（酸鹼平衡），血液的常溫。當然，其內容還可以包括其他無機物，以及荷爾蒙、維生素等等。

透過對口味與身體需求之間的關係的研究得出了如下結論：如果身體缺乏某種化學物質，人就會趨向於（以一種不完善的方式）那種缺少的食物成分的專門口味或癖好。

因此，沒有必要費心思列出人體的基本生理需求表。因為，只要人願意，它們的數字可任意增大或縮小，完全取決於描述的專門程度。我們不能將所有生理需求都確定為是體內平衡。現在還不能證實性慾、睏倦、純粹的敏捷以及動物身上的母性行為是否是體內平衡。而且這種表絕不會包括各種感覺上的快意，如味覺、嗅覺、搔癢，撫摩等，這些快意很可能是生理上的，並可能成為動機行為的目標。我們也不知該怎麼解釋這一事實：有機體在趨向於呆滯、懶惰和懈怠的同時，還有活動、刺激和興奮的需求。

我早就曾指出，由於這些生理需求可以從身體的某個區域孤立出來，所以它們應看作是特殊性而不是普遍性的。這就是說，它們既彼此相對孤立於其他層次的動機，也相對獨立於作為一個整體的機體。

其次，在許多情況下都可能為這種需求找到一個部位的潛藏的基礎。這不如料想那樣普遍準確（疲勞、睏倦、母性反應等就是例外），但對於飢

餓、性慾以及渴望的情況卻是確切的。

幾乎所有的生理需求，在其得到滿足時，同時也對其他種種需求起著疏導作用。比如，一個認為自己餓了的人，實際上也許更多的是在尋求安慰或依賴，而不是蛋白質或維生素。反之，有可能透過其他活動，如喝水、抽菸等來部分地滿足飢餓感。也就是說，這些生理需求雖然是相對獨立的，但並非徹底獨立。

很顯然，這些生理需求在所有需求中占主導地位。具體地說，假如一個人在生活中所有需求都沒有得到滿足，那麼生理需求就會最有可能成為他的主要動機，而不是其他需求。一個同時缺乏食物、安全、愛和尊重的人，對於食物的需求可能最為強烈。

一個人在生活中所有需求都沒有得到滿足，而且生理需求將主宰著他的身體，那他將會摒棄所有的其他需求，至少會變得很微弱。這就可以公正地說，整個有機體感覺最明顯的就是飢餓，因為意識幾乎完全被飢餓所控制。此時，全部能力都投入到滿足飢餓的搜尋活動中去了。這些能力的狀態幾乎完全為滿足飢餓這一目的所決定。感受器、效應器、智力、記憶、習慣，這一切現在可能僅限於是滿足飢餓的工具。對於達到這一目的沒有用處的能力則處於休眠狀態或者隱藏起來。

在這種極端的情況下，寫詩的衝動，買汽車的欲望，對歷史的興趣，對一雙新鞋的需求等等，都被忘記，或者變得只具有第二位的重要性了。對於一個其飢餓已經達到危險程度的人，除了食物，其他任何興趣都不存在。他夢裡是食物，記憶裡是食物，思想活動的中心是食物，他感情的對象是食物。在進行安全進食、飲水或性行為的過程中，通常與生理驅動力融合得更為微妙的決定因素可以被吞沒得乾淨徹底，以至於我們可以帶著解除痛苦這一絕對目的來談論純粹的飢餓驅動力和行為。

第一章　探索生命的需求

一旦某種需求主宰了人的機體，就會引起另一個奇異的特性，幾乎可以誘發人的人生觀發生變化。對於一個長期極度飢餓的人來說，理想就是一個食物充足的地方。他往往會這樣想，假如確保他餘生的食物來源，他就會感到絕對幸福並且不再有任何其他奢望。生活最大的意義就是吃，其他任何東西都是次要的。自由、愛、公眾感情、尊重、哲學，都被當作無用的奢侈品棄置一邊，因為它們不能填飽肚子。可以說，這種人僅僅是為了麵包而活著。

雖然這類情況確實存在，但它卻不是普遍現象。在正常運行的和平社會裡，這種危急情況幾乎可以肯定是罕見的。這個明顯的道理會被忘記主要應歸咎於兩個原因：

其一，老鼠除生理動機外，很少有其他什麼動機，既然在這些動物身上做了這麼多有關動機的研究，那麼就很容易將老鼠的情況移用於人的身上。

其二，人們總是使生理上的危急情況發生得越來越少。在大多數已知的社會裡，經常處於危急狀態中的極度飢餓是罕見的，而不是普遍的。當一個人說：「我餓了？」他是在感受食慾而不是經常處於飢餓。他只可能偶然遭遇難以忍受的飢餓，一生可能只有幾次。

如果使人的機體長期處於極度的飢餓和乾渴，就容易對人的能力和本性持片面觀點，從而遮掩了高層動機。如若有人使危急情形典型化，用人在極度的生理匱乏時期的行為來衡量人的全部目標和欲望，那麼他一定會對許多事實視而不見。

「人只靠麵包活著」並不是謬論 —— 但這只有在缺乏麵包時才是事實，那麼當麵包充足，並且人們腹中長期有食時，欲望又會發生怎樣的變化呢？其他更高級的需求會相應發表，這些需求（而不是生理上的飢餓）開始控制機體。當這些需求滿足後，又有新的（更高級的）需求出現了，以此類推。我們說人類基本需求組成一個相對的優勢層次，就是指這個意思。

從這裡就可以得出一個重要結論：滿足與匱乏在動機理論中是同等重要的。因為它將機體從相對更強於生理需求的控制下解放出來，從而允許更社會化的目標出現。生理需求以及它們的局部目的，在長期得到滿足時，就不再是行為的積極的決定因素和組織者了。它們只是以潛能的方式存在，如果遭受挫折，它們會再次出現，並控制機體。然而滿足了的要求不再是要求。機體的控制者和行為的組織者只能是未滿足的需求。如果飢餓得到滿足，它在人當前的原動力中就變得不再重要了。

這種說法可以表述為一個要詳細討論的假設：正是那些某種需求一直得到滿足的人最能忍受將來這種需求的匱乏，然而過去一直被剝奪了這種需求滿足的人對於目前需求滿足的反應則將與他們不同。

偏愛熟悉的事物，而不是陌生的事物，或者是偏愛已知的事物，而不是未知的事物。那種想用某一宗教或者世界觀把宇宙和宇宙中的人組成某種令人滿意的和諧和有意義的整體的傾向，多少也是出於對安全的需求。

創建有序生命需求的祕訣

在生理需求得到充分的滿足後，一系列新的需求就出現了，我們可以把它們大致歸為安全需求類（安全、穩定、依賴、免受恐嚇、焦躁和混亂的折磨，對體制、秩序、法律、界限的需求；對於保護者實力的要求等等）。生理需求的所有特點同樣適合這些欲望，不過程度稍弱一點。他們可能同樣完全控制機體，幾乎可能成為行為的唯一的組織者，調動機體的全部能力來為其服務。因此，我們可以將整個機體作為一個尋求安全的工具。

正如飢餓者所表現的一樣。這個壓倒一切的目標不僅對於他目前的世界觀和人生觀，而且對於他未來的人生觀，都是強有力的決定因素。幾乎一切都不如安全重要（甚至有時包括生理需求，它們由於被滿足、現在不受重視

了）。假如這種狀態表現得足夠嚴重，持續很長時間，那麼，處於這種狀態中的人可以被描述為僅僅為了安全而活著。

雖然我們主要研究成年人，但是我們可以透過觀察幼兒和兒童來更有效地獲得對成年人的安全需求的理解。因為，在他們身上，這些安全需求簡單、明顯很多。幼兒對於威脅或者危險的反應更為明顯。原因之一在於，他們根本不抑制這個反應，而成年人卻學會不惜任何代價壓抑它。

因此，當成年人真正感覺到安全受到威脅時，可能利用各種手段抑制其表現。假如幼兒突然受到干擾，或者跌倒，或者受到閃電或者其他異常的感官刺激的驚嚇，或者受到粗魯的對待，或者在母親懷中失去支持，或者感到供養不足等等，他們會全力以赴地做出反應，避免危險靠近。隨著孩子的成長，知識的完備，對周圍環境的熟悉以及運動神經的發展，這些危險變得越來越不可怕，並且越來越容易控制。可以說，教育的一個最重要的目的就是透過知識來使危險的事物化險為夷，比如，我不怕打雷，因為我知道打雷的原因。

各種對身體病痛等產生的更直接的反應，也可以在幼兒身上得到印證。有時，這些不適似乎立即具有本質上的威脅，使幼兒感覺不安全。例如，嘔吐、腹痛或者其他劇烈的疼痛會使孩子用不同方式看待整個世界。比方，孩子會在痛苦時感覺到，整個世界突然從陽光燦爛變得陰森黯淡，彷彿變成一個危機四伏的地方，在這裡，一切過去曾是穩定的東西現在變得不穩定了。這樣一個因為吃了壞食物致病的孩子有一二天會感到害怕，夜裡做惡夢，並且還有一種他病前從未出現過的情況，要求保護和一再的保證，一些論述外科手術對兒童心理上的影響的著作充分地證明了這一點。

一個可以預見的有秩序的世界中，充滿了安穩的秩序和節奏，這是兒童的安全需求的另一突出表現。例如，父母方面的非正義、不公平或相互矛盾似乎使孩子感到焦慮和恐懼。這種態度與其說來源於不公正本身，或者由不

公正造成的某些痛苦，不如說這樣的待遇是世界變得不可靠、不安全、不可預見的凶兆。在一種至少有一種骨架輪廓的系統裡面，兒童似乎能更健康地成長，在這種系統裡，有某種程度和常規、某些可以依靠的東西。兒童心理學家、老師和心理治療家發現，有限度的許可，而不是不受限制的許可更為兒童歡迎和需求。也許可以這樣更精確地來表達這一意思：兒童需要一種有組織、有結構的世界，而不是無組織、無結構的世界。

在正常家庭中，父母當然居於絕對的中心地位。家庭內部的爭吵、動手毆打、分居、離婚或死亡往往是特別可怕的。同樣，父母對孩子大發脾氣，嚇唬說要懲罰他，對他進行謾罵，粗聲粗氣對他講話，粗暴地對待他，或者對他實行體罰，這一切往往會使孩子驚慌失措，惶恐萬分。因此，我們可以假設，這裡面所包含的絕不僅僅是皮肉之苦。的確，在某些孩子身上，這種恐懼同時也是失去父愛或母愛的表現；然而，它也可以發生在被完全拋棄的孩子身上，這樣的孩子，依附於仇視他們父母的傾向而不是出於對愛的希望。

一個普通的孩子在面臨新的、陌生的、奇特的、無法對付的刺激或者情況時，常常會引起焦慮或者恐懼的反應，例如從父母身邊走失，甚至在短時期內同父母分離，面對著陌生的面孔、新的情況或者新的任務，看到奇特、陌生或者對付不了的物體，如疾病、死亡等等，特別是在這種情況下，孩子會發瘋似的依附於父母，這充分證明了父母對孩子的保護作用（且不說他們作為食物提供者和愛的提供者的作用）。

從這些觀察以及其他類似的觀察中，我們可以歸納出一點：不管是普通兒童還是成年人（在後者身上不甚明顯），一般更喜歡一個安全、可以預料、有組織、有秩序、有法律的世界。這個世界是他可以依賴的。在這個世界中，出人意料、無法應付、混亂不堪的事情或者其他有危險的事情是不會發生的，而且在這個世界裡，不管碰到了什麼情況，也會有強大的父母或者保護人使他化險為夷。

第一章　探索生命的需求

　　上述反應，能夠在普通兒童身上輕易發現，這也從另一個側面反映了兒童在社會中存在著極強的不安全感。在一個沒有威脅、洋溢著愛的家庭中成長起來的兒童，通常不會有我們描述過的那種反應。在這類孩子身上，大部分威脅反應往往來源於連成年人也覺得有危險的事物或情況。

　　健康或幸運者（包括兒童和成年人），可以在我們的文化中享受到安全需求的極大滿足。安全、運轉順利、穩定、健全的社會通常都不會讓自己的成員感到會受到野獸、嚴寒、酷暑、強姦、謀殺、動亂、暴政等等的威脅。因此，站在一種非常現實的角度上看，不會再有什麼安全需求能成為他的有效動機，正如一位吃飽了的人不會再感到飢餓。

　　如果我們想直接、清楚地觀察到這些需求，我們就必須把目光轉向神經質的人，轉向經濟上和事業上的窮困潦倒之輩，或者轉向社會動亂、革命或者是權威的崩潰。在這兩個極端之間，我們只能在下列現象中觀察到安全需求的表現：例如一般都願意找有保障的、可以終身任職的工作，渴望有一個銀行戶頭和各種類型的保險（醫藥、失業、殘疾、老年保險等）。

　　透過最普通的偏愛現象，我們可以在世界上更廣的範圍內尋求安全和穩定。偏愛熟悉的事物，而不是陌生的事物；或者是偏愛已知的事物，而不是未知的事物。那種想用某一宗教或者世界觀把宇宙和宇宙中的人組成某種令人滿意的和諧和有意義的整體的傾向，多少也是出於對安全的需求。在這裡，我們同樣可以將一般科學或者哲學列為部分是由安全需求所促成的。然而，科學、哲學或者宗教方面的努力同時還有別的促動因素。

　　如果要將安全需求看作是促進機體潛能的活躍和驅動因素，就只能在真的危機狀態中實現，這些危機狀態包括：戰爭、疾病、自然災害、犯罪浪潮、社會改組、精神變態、腦損傷、權威的崩潰、長期惡劣的形勢等。

　　在現實社會裡，一些患神經病的成年人渴望安全，在很多方面都與感到

不安全的兒童一樣，只是這種現象在成年人身上表現得更特殊罷了。他們的反應往往是由巨大的、心理上的威脅所引起的，這些威脅存在於一個被認為是敵對的、勢不可擋的、充滿著威脅的世界之中。這種人的一舉一動都表現得好像隨時都會大難臨頭，也就是說，他隨時都好像是在對危急情況做出反應。他的安全需求往往有著獨特的表達方式，往往會尋求一位保護人，或者一位可以依賴的更強大的人，或許是一位搞獨裁的「元首」。

用神經病患者可以形象地描述保留著兒童式世界觀的成年人。也就是說，一個患神經病的成年人，可以說一舉一動都彷彿是真的要被打屁股，或者惹母親不高興，或者被父母拋棄，或者被奪走食物的兒童。彷彿他的孩子氣的懼怕心理和對一個危險世界的恐懼反應已經轉入了地下，絲毫沒有受到長大成人和接受教育過程的觸動，現在又隨時可被一些會讓兒童感到擔驚受怕，顧慮重重的刺激因素誘導出來。並非所有的神經病患者都有不安全感，神經病也可能出現在一個通常感到安全的人身上，他之所以也有類似遭遇，因為他的感情需求和尊敬需求受到了挫折。

對安全尋求表現得最明顯的一種類型的神經病就是夢遊，恰似瘋狂的神經狂熱病。這類神經病的患者發瘋似的想要使世界秩序化、穩定化，以便確保絕不會出現無法控制、無法預料或者並不熟悉的危險情況。他們用各種各樣的禮節儀式、清規戒律和程序將自己保護起來，這樣，不管發生了什麼樣的突發事變都能應付得了，也可以使新的偶然事件不再發生。他們類似於哥爾德斯坦描述過的腦損傷病例。

這類病人總是想盡各種辦法來保持自己的心理平衡，例如透過避免所有奇特、陌生的事物，透過將他們有限的世界整理得井井有條，使這個世界裡的任何事情都出不了格。他們試圖將世界安排得使任何意外的事情（危險）都不可能發生。如果不幸發生了什麼出人意外的事情，而且又不是他們自己

的過錯所致，那他們就會表現得驚慌失措，似乎這個出乎意料的事件造成了非常嚴重的威脅。

我們在健康人身上所看到的強烈的偏愛，例如對熟悉的事情的偏愛，到了神經病患者身上，就成了一種生與死的抉擇。對於新奇和未知事物的健康趣味，在一般神經病患者身上是缺乏的，或者只是在最低的限度上存在著。

我認為，我們社會的流動性，傳統團體的瓦解，家庭的分崩離析、代溝，持續不斷的都市化以及消失的鄉村式的親密，還有友誼的膚淺，都加劇了人們對接觸、親密、歸屬的無法滿足的渴望以及對戰勝廣為蔓延的異化感、孤獨感、疏離感的需求。

必須服從的生存需求規律

在生理需求得到充分的滿足後，愛、感情和歸屬的需求就會以新的中心產生並重複著那些細節。於是，個人會強烈感到缺乏朋友、情人、妻子或孩子，也就是說，他通常渴望與人們有一種充滿深情的關係，渴望在他的團體和家庭中有一個位置，他將為達到這個目標而做出努力。他將希望獲得一個位置，勝過希望獲得世界上的任何其他東西，甚至可以忘掉。當他感到飢餓的時候，他把愛看得遙遠、陌生和次要了。在生理需求得到滿足後，他強烈地感到孤獨、受冷落、受排擠、無助的痛苦。

關於歸屬需求，雖然它是小說、自傳、詩歌、戲劇以及不斷湧現的紀實文學中常見的主題，但真正的科學資料我們卻掌握得很少。借助文學作品我們大致了解了工業化社會引起的頻繁遷徙，過多的盲目性、流動性給兒童身心帶來嚴重損害。兒童變得沒有根基或蔑視自己的根基，蔑視自己的出身，甚至自己所在的團體；他們被迫與自己的親朋好友分離、與父母姐弟分離，體會到做一名僑居者、一名新來乍到者而不是做一名本地人的滋味。

我們還低估了鄰里、鄉土、族系、同類、同階層、同夥、熟人同事等種種關係所具有的深刻意義。我向大家推薦一本以極大的感染力和說服力來敘述這一切的書，它能幫助我們了解人類頑固地要成群結隊、要入夥，要有所歸屬的動物本能。阿德勒（Alfred Adler）的《必須服從的土地》（*The Territorial imperative*）將使我們對這一切引起注意。這本書的大膽直率給我很大啟迪，因為它強調了我平時疏忽的問題，並迫使我對此認真考慮，也許此書也能使讀者獲益匪淺。

我認為，我們社會的流動性，傳統團體的瓦解，家庭的分崩離析、代溝，持續不斷的都市化以及消失的鄉村式的親密，還有友誼的膚淺，都加劇了人們對接觸、親密、歸屬的無法滿足的渴望以及對戰勝廣為蔓延的異化感、孤獨感、疏離感的需求。這一切又一定程度地導致了訓練小組以及其他自發的、有目的的團體的迅速發展。

我強烈感到相當一部分的青年反叛組織 —— 我不知道他們在多大程度上渴望集體感、渴望接觸、渴望面對共同的敵人，就能真正地團結在一起；無論什麼敵人，只要能使一個集體團結起來共同應付外來危險。類似的情形曾發生在士兵之間，他們被共同的外來危險推入一種非同尋常的親密的兄弟關係，結果他們往往是整個一生都會緊密相依。如果一個好的社會要發展、要健全，它就必須滿足人的這一渴望。

從面對危險和更講究的病理學實例來看，在我們的社會中，最普遍的基本需求核心是挫折、愛和情感，以及它們在性方面的表現，一般看來是有矛盾心理的，習慣上還包括許多限制和禁忌。實際上，所有精神病理學家都強調，在適應不良的情況下，對於家的需求的阻撓是造成適應不良情況的基礎。因此，在臨床研究方面，有許多關於愛的研究，除了生理需求外，我們對於它的了解也許要多於對其他需求的了解。

45

　　我們必須指明一點，愛和性並不是同義的。性可以作為一種純粹的生理需求來研究。一般的性行為是由多方面決定的，也就是不僅由性的需求，也由其他需求決定，其中主要是愛和感情的需求。愛的需求既包括給予別人的愛，也包括接受別人的愛。

　　滿足自尊需求能增強人的自信，使人覺得自己是一個有價值、有能力和有力量的人，在這個世界上有用處，位置重要而必不可少。然而這些需求一旦受到挫折，就會產生自卑、弱小以及無能的感覺。

增強自信的生存需求途徑

　　社會上所有的人（少數病態的人除外）都需求一種對他們而言穩定牢固的高度評價，有一種對於自尊、自重和來自他人的尊重的需求或欲望。這種需求可以分為兩類：

- 對於實力、成就、適當、優勢、勝任、面對世界時的自信、獨立和自由等欲望。
- 對於名譽或威信（來自他人對自己的尊敬或尊重）的欲望，對於地位、聲望、榮譽、支配、公認、注意、重要性、高貴或讚賞等的欲望。

　　這些需求被阿德勒及其擁護者們大力提倡，並且比較被佛洛伊德所忽略。然而，精神分析學家和臨床心理學家，對於它們的突出的重要性給予了越來越廣泛的注意。

　　滿足自尊需求能增強人的自信，使人覺得自己是一個有價值、有能力和有力量的人，在這個世界上有用處，位置重要而必不可少。然而這些需求一旦受到挫折，就會產生自卑、弱小以及無能的感覺。這些感覺又會使人喪失基本的信心，使人要求補償或者產生神經病傾向。從對嚴重的創傷性神經病

的研究我們很容易明白基本自信的必要性，並且理解到，沒有這種自信人們會感到多麼的無依無靠。

從神學研究者關於驕傲的傲慢和討論，從佛洛姆關於一個人對自己性質的虛假的自我知覺的理論，從羅傑斯（Carl Ransom Rogers）關於自我的研究，從像蘭德這樣的隨筆作者以及其他來源那裡，我們越來越認識到基於來自他人的看法，而不是基於真實的能力，以及對於任務的真正的勝任和適合情況的自尊，因為它們並不牢固。最穩定和最健康的自尊是建立在當之無愧地來自他人的尊敬之上，而不是建立在外在的名聲、聲望以及違心的奉承之上。即使在這裡，將基於單純的意志力量、決心和責任感所取得的實際的勝任情況和成就，與憑藉人的真正的內心天性、素養、遺傳基因或者天賦，或者如霍尼所說，依靠人的真實自我而不是理想化的虛假自我，非常自然、輕鬆地取得的成就區分開是很有必要的。

塑造獨特個人的方法

除非我們正處在自己理想的崗位上，否則，就算所有需求都已得到滿足，也肯定會有新的欲望和不安迅速發展起來。一位作曲家必須作曲，一位畫家必須繪畫，一位詩人必須寫詩，否則他始終都難安靜。一個人能夠成為什麼，他就必須成為什麼，他必須忠實於他自己的本性。這一需求我們可以稱為自我實現的需求。

「自我實現」是由哥爾德斯坦提出，可以歸入人對於自我發揮和完成的欲望，是一種使它的潛力得以實現的傾向。這種傾向可以說是一個人越來越成為獨特的個人，成為他所能夠成為的一切。

採取何種方式來滿足這一需求，對於不同人而言也許是大相逕庭的。有的人可能想由此成為一位理想的母親，有的人可能想在體育上大顯身手，還

有的人可能想表現在繪畫或創造發明上。顯而易見，創造性行為，與其他任何行為一樣是有著多種決定因素的。在具有天賦創造性的人們身上可以看到他們滿意與否，幸福與否，是飢餓還是滿足。而且創造性活動顯然是有報償的，有改善作用的，或者是有純經濟效益的。透過仔細觀察，我們完全可以區分基本滿足者的藝術與智慧的成果與基本不滿足者的藝術與智慧的成果。無論如何，我們還必須以一種積極的方式將外顯行為與它的形形色色的動機或目的區分開。在這一層次，個人間的差異是最大的。

自我實現需求的明顯的出現，通常要依賴於生理、安全、愛和自尊需求的滿足。

這些條件不是目的本身，但它們接近目的，因為他們與基本需求的關係太密切，而基本需求本身顯然就是唯一的目的。這些條件受到保護是因為沒有它們，基本需求的滿足就完全不可能，或者至少會受到嚴重的威脅。

生存基本需求滿足的先決條件

有一些條件是基本需求滿足的直接前提，對它們的威脅似乎就是對基本需求本身的威脅。它們包括言論自由，在無損於他人的前提下的行動自由，調查研究和尋求資訊的自由、防衛自由，以及集體中的正義、公平、誠實、秩序等等，這些需求遭到挫折會對人們構成威脅或者緊急情況。這些條件不是目的本身，但它們接近目的，因為他們與基本需求的關係太密切，而基本需求本身顯然就是唯一的目的。這些條件受到保護是因為沒有它們基本需求的滿足就完全不可能，或者至少會受到嚴重的威脅。

認知能力是感性學習和理性學習組成的一套適應性工具，除了學習的功能之外，它們顯然是滿足我們基本需求的必須條件。它們所遭遇的任何威脅：剝奪或阻礙都會對其自由使用的權利的行為，甚至對基本需求本身構成

間接的威脅。這個觀點部分地解決了這樣一些普遍的問題：好奇心，對於知識、真理和智慧的追求以及解釋宇宙之謎的永不動搖的欲望。

所以，我們必須採用一種關於基本需求的遠近來提出另一個假設。因為我們已經指出，任何有意識的欲望（部分目標）都與基本需求有著或遠或近的關係，而且它們在本身的重要性上也都有差異。這個論點對於各種舉止行為也同樣成立。如果一個行動直接導致基本需求的滿足，它在心理上就是重要的；倘若對此間接有益或者貢獻較小，那麼根據動力心理學觀點來看，這個行動則不那麼重要。這同樣適應於各種防禦或者應付手段。其中一些與保護者達到基本需求有直接關係，另一些則只有微弱的和疏遠的連繫。的確，如果我們願意，可以說防禦手段有更根本和不太根本之分，並且透過它們與基本需求的關係可以斷言，危及更根本的防禦比起危急不太根本的防禦具有更大的威脅性。

獲取知識，在某種程度上使宇宙系統化是在世界上獲得基本安全的方法，或者對於智者來說，是自我實現的表達方式。

導致生命「智力營養缺乏症」的因素

由於認知衝動在臨床上並不重要，當然在傳統的醫療診所也是這樣，所以我們對它們的動力及病態了解甚少。在這裡，沒有傳統神經病例中複雜的、使人激動的謎一樣的病症。認知病理學蒼白無力，容易被忽略，認知的精神病態往往被解釋為並非異常，並不迫切需要治療。結果，我們在心理治療和心理動力理論的偉大創立者佛洛伊德、阿德勒和榮格等的著作中全然找不到論述這個主題的內容，沒有一個人系統地嘗試過創立認知心理療法。

希勒是我所知道的曾經在其著作中能動地表現好奇心和認識的唯一精神分析學家，他說：「人類對於世界、行動、實驗有著與生俱來的興趣。當他

第一章　探索生命的需求

們在世界中勇敢地前進時，他們得到了深切的滿足，他們並不感到現實對於生存是個威脅。有機體，特別是人體對於世界抱有與生俱來的安全感。只有在特殊情況下才會產生威脅和匱乏。即使在這種情況下，有機體也感覺困難和危險是暫時的，最終會導致一個與世界溝通的新的安全保障。」

在教育派心理學家中，墨菲（Gardner Murphy）、韋特海默也探討過這個問題。然而，我們只是象徵性地提過認知的需求。獲取知識，在某種程度上使宇宙系統化是在世界上獲得基本安全的方法，或者對於智者來說，是自我實現的表達方式。另外，科學研究和言論自由也被作為滿足基本需求的前提來詳細論述。儘管這些論述也發揮了一定的作用，但它們並沒有構成對於好奇、學習、推究哲理、實驗等促動作用的問題的最終答案，它們至多只是不完全的答案。

我見過許多聰明、富裕、無所事事的婦女逐漸感染了這些智力營養缺乏的症狀。常常有些人按照我的勸告埋頭做一些與他們相稱的事情，結果他們自身的症狀有所好轉或者痊癒了，這足以使我清楚地感覺到認知需求的存在。在那些新聞、消息、事實的來源被切斷的國家，在那些官方的理論與現實有極明顯的矛盾的國家，至少一部分人採取玩世不恭的態度，不相信任何價值，不抱任何希望，甚至懷疑顯而易見的東西，人與人之間的一般關係的深刻的瓦解、喪失道德等等。另一部分人似乎採取了更被動的方式：消極、順從、喪失主動性，喪失能力和與世隔絕。

我們知道，獲取知識受一些消極因素的影響（焦慮，恐懼），但除此之外，我們還有充分的理由假設一些根本上是積極的衝動：滿足好奇心，了解，解釋，理解。

迷戀於神祕的、未知的、雜亂無緒的或尚無答案的事物，是透過研究表明的心理健康者的明顯特徵。這一點似乎正是吸引人之處。這些領域本身就非常有趣味，相比之下，他們對人所共知的事情則不屑一顧。

　　完全有可能從心理病及神經病中得出上述推論。從臨床上觀察，哥爾德斯坦所研究的大腦受損傷的士兵，以及摩爾（Thomas Moore）的被觀察的老鼠，都顯示出強硬而急切地固守熟悉的事物，害怕不熟悉的、無規則的、意外的事物，害怕無秩序狀態的傾向。另一方面，有些現象也許又會指出相反的可能性。這些現象包括非自然的違抗習俗，頑固地反對任何權威，行為狂放不羈，渴望驚世駭俗等。這些都可能在一些神經病患者以及處於反文化適應過程中的人身上發現。

　　當認知需求受挫折時，很有可能產生真正的心理病態結果。一些臨床印象也是中肯的。

　　我透過幾個實例發現，一些變態現象（興味索然，對生活失去熱情，自我厭惡，壓抑身體的功能，逐步破壞理性生活和各種趣味等等）產生於那些感到生活乏味、工作枯燥的智者中間。我這裡至少有一個實例顯示了適當的認知治療消除這些症狀的可能性，這個治療包括進行業餘研究，尋找一個需求更多腦力的工作，以及進行觀察思考。

　　在幼年晚期和童年期就可能表現出比成年期更強烈的了解和理解需求。無論怎樣，這似乎是成熟的自然產物而不是學習的結果。孩子不必要人教他去好奇，但是卻可能被收容教養機關教導不要去對哪些東西好奇。

　　在一些高級動物的身上，很容易發現一些與人類的好奇心相似的東西。猴子會把東西撕碎，把指頭捅進窟窿，在各種情境中進行探索。在這些情境中，不大可能有飢餓、害怕、性慾、安撫等情況存在。哈洛（Harry F. Harlow）的實驗以一種易於接受的實驗方式充分顯示了這一點。

　　人類勇於探險，去追根尋源並且做出解釋，甚至對於危及生命的情況也不例外。對此，人類歷史為我們提供了相當數量的實例，無名的「伽利略」一直層出不窮。

　　最後，滿足認知衝動使人主觀上感到滿意，並且產生終極體驗。雖然人

第一章　探索生命的需求

們注重所得的成果、注重學習等等，忽視洞察和理解這一方面。然而不可否認的事實是，在任何人的生活中，洞察常常是一個令人感到愉快、幸福、激動的平臺，甚至可能是人一生中很高的一個平臺。

以上論及的那種戰勝困難的現象，那種一旦面臨挫折便出現變態的現象，一些普遍的（跨人種的、跨文化的）現象，那種永不消失（雖然微弱）的持續的壓力，個人早期歷史上的自然產物以及人們要求滿足認知需求，以此作為全面發展人類潛力的一個前提，這一切都說明了基本的認知需求。

儘管這種假設並不全面，但是在我們了解了之後，我們仍受到激勵，一方面要使了解越來越深刻，另一方面又朝著某種宇宙哲學、宇宙神學等的方向使認識越來越廣闊博大，我們獲得的事實如果是孤立的或者原子式的，它們終究要被理論化 —— 不是被組織就是被分析，或是二者兼而有之。這個過程被一些人稱為尋求意義。我們再來假設一些欲望：理解的欲望、系統化的欲望、組織的欲望、分析的欲望、尋找連繫和意義的欲望、創立一個價值系統的欲望。

一旦允許討論這些欲望，我們會發現它們也組成了一個小小的層次系列，其中了解的欲望優先於理解的欲望。我們曾描述過的優勢層次集團所具有的一切特徵似乎也適用於這個小集團。

在認知需求和意動需求之間，我們必須防止採取簡單的二歧式，因為這種情況極易發生。了解和理解的欲望本身就是意動的，即它們具有力爭的特點，並且如同基本需求一樣，也屬於人格需求。再者，正如我們所知，這兩個集團是相互關連而不是完全分離的，並且它們是彼此協作而又相互制約的。

在某些人身上，確有真正的審美需求。醜陋會使他們致病（以特殊的方式），身臨美的事物會使他們痊癒，他們積極地渴望著，只有美才能滿足他們的欲望。

較高級的審美生存需求

相對於其他需求而言，我們對審美需求的了解更少，但我們無法迴避它們，因為歷史、人類美的屬性和美學家已經在這裡提供了大量的證據。我曾以經過選擇的人為對象，在臨床上人格學的基礎上努力嘗試研究這種現象並且至少使我自己確信，在某些人身上，確有真正的審美需求。醜陋會使他們致病（以特殊的方式），身臨美的事物會使他們痊癒，他們積極地渴望著，只有美才能滿足他們的欲望。這種現象幾乎在所有健康兒童身上都有體現。這種衝動的一些證據發現於所有文化、所有時期，甚至可追溯到舊石器時代。

我們不可能將審美需求和意動、認知需求截然分開，因為它們相互交融在一起。秩序的需求，對稱性的需求，閉合性的需求，行動完美的需求，規律性的需求，以及結構的需求，可以通通歸因於認知的需求、意動的需求或者審美的需求，甚至可歸於神經過敏的需求。至於我，將這個研究領域考慮為格式塔心理學和動力心理學的會合點。例如，當一個人看到一幅斜掛在牆上的畫時，便有不可遏抑的意識衝動要去把它掛直，這意味著什麼？

說到增強挫折容忍力這種現象，最重要的滿足似乎很有可能是在生命的早些時候形成的。這就是說，在生命的早年就被培養成堅強、有信心的人往往在後來的任何威脅面前仍舊保持這樣的性格。

生存基本需求的特點

雖然我們始終愛把這個集團搞得等級分明，但其實各等級之間並不像我們所說的那麼固定和刻板。的確，我們研究的大多數人的這些基本需求似乎都是按照已經說明過的等級排列的，但是也一直可以發現許多例外。

另有一些顯然是具有創造性的人，他們的創造驅力似乎比其他任何一種反向決定因素都重要。他們的創造性的出現不是作為由於基本需求的滿足釋放出的自我實現，而是作為不顧基本需求滿足的匱乏的自我實現。

　　有一些人的理想目標可能永遠處於壓低或者壓抑狀態，也就是說，在層次序列中占劣勢的目標可能乾脆被丟失，並且可能永遠消失，結果，這個在一種很低的生活水準上度日（如長期失業）的人，可能在餘生中僅僅滿足於獲取足夠的食物。

　　永久喪失愛的另一例證是指所謂的變態人格。根據掌握的最好材料來看，這些人從生命的頭幾個月開始就缺乏愛的哺育，現在已經永遠喪失了愛的需求和給予，以及接受感情的能力（如同動物因出生後並未立即鍛鍊而喪失了吸吮或者啄食的反應能力一樣）。

　　一個可以長期得到滿足的需求被抹殺了價值，這是導致等級顛倒的另一原因。從未體驗過長期飢餓的人很容易低估它對人的折磨，將食物看成可有可無的東西。如果他們為高級需求所控制，這個高級需求的重要性似乎壓倒一切，那麼很有可能，甚至確有其事，他們可能為了這個高級需求而使自己陷入不能滿足某種更基本的需求的困境。我們可以設想，在這種更基本的需求長期匱乏之後，會出現這兩種需求的等級顛倒。這樣，優勢需求將會在可能曾經將它輕易放棄的人的意識中占據優勢地位。例如，一個為保其自尊而寧願失去工作的人，在經歷了 6 個月左右的飢餓後，可能願意找回工作，甚至不惜犧牲自己的尊嚴。

　　我們也有可能始終是從意識或欲望的角度而不是從實際行動的需求來談層次，因而導致了表面上的層次顛倒。觀看行為本身可能給我們帶來錯誤的印象。我們的觀點是，當一個人同時缺乏兩種需求時，他會想要其中更基本的一個，這並不意味著他一定按照自己的欲望行事。讓我們再次強調，除了需求和欲望，行為還有許多的決定因素。

　　比方說，有的人把自尊看得似乎比愛更重要。層次序列中的這種最普通的等級顛倒通常起因於這樣一種概念的發展：最有可能獲得愛的人是一個意志堅定或者有權威的人，他們令人尊敬或者敬畏，充滿自信或者勇敢。因此，缺乏愛並且尋求愛的人可能竭力表現得具有進攻性和自信心。然而實質上，他們尋求高度的自尊以及自尊在行為上的表現方式與其說是為了自尊本身，不如說是將它作為達到一種目的的手段，他們的自我表現是為了愛，而不是自尊本身。

　　相比之下，或許涉及理想、高尚的社會準則、價值觀等的例外是更為重要的。具有這類價值觀的人會成為殉道者，他們為追求某個理想或價值可以放棄一切。至少在某種程度上我們可以根據一個基本概念（或者假設）來理解這些人。這個概念可以稱為由於早期的滿足而增強的「挫折容忍力」。

　　在生活中基本需求一直得到滿足，特別是在早年得到滿足的人似乎發展了一種經受這些需求在目前或將來遭到挫折的罕有力量，這完全是由於他們具有作為基本滿足的結果的穩固健康的性格結構。他們是堅強的人，對於不同意見或者對立觀點能夠泰然處之，他們能夠抗拒大眾輿論的壓力，個人能夠為堅持真理而付出巨大代價。正是那些給予了愛並且獲得了充分的愛，與多人有著深厚友誼的人能夠在仇恨、孤立、迫害中歸然不動。

　　以上所述抽掉了這樣一個事實：所有關於挫折容忍力的全面討論中還包括一定程度上的習慣問題。例如，那些習慣於長期忍受某種程度的飢餓的人也許因而能夠在一定程度上更能忍受食物的匱乏。對於形成習慣的傾向，如以往的滿足哺育了現在的忍受挫折能力的傾向，我們應該在二者之間做怎樣的平衡呢？這仍舊有待於進一步的研究。同時，我們可以假設兩種傾向都在起作用，二者並行不悖，因為它們並沒有根本上的衝突。

　　說到增強挫折容忍力這種現象，最重要的滿足似乎很有可能是在生命的早些時候形成的。這就是說，在生命的早年就被培養成堅強、有信心的人往

往在後來的任何威脅面前仍舊保持這樣的性格。談到這裡，我們的理論性討論可能造成一種印象，這五個層次需求似乎是按下面的關係排列的：如果一個需求得到滿足，另一個需求相繼產生。這個說法可能會造成這樣一種認知：一個需求必須完全徹底地得到滿足，下面的需求才會出現。

事實上，對於大多數正常人來說，其全部基本需求都部分地得到了滿足，同時又都在某種程度上有所缺憾。要想更加真實地描述這個層次序列，就應該在這個優勢層次序列中逐級減小滿足的百分比。例如，為了說明情況，我可以任意假定一些數字，或許一般公民大概滿足了85%的生理需求、70%的安全需求、50%的愛的需求、40%的自尊需求、10%的自我實現需求。

優勢需求滿足後出現新的需求，是從無逐漸變為有的，而不是突然從天而降。如果優勢需求A僅滿足了10%。那麼需求B可能杳無蹤影。然而，當需求A得到25%的滿足時，需求B可能顯露5%，當需求A滿足了70%時，需求B也許顯露出50%等等。

表面差異的具體欲望在不同的文化中新表現出來的相對統一性，也是基本需求分類的一個重要方面。當然，任何具體文化中的某個人的有意識動機的內容通常會與另一個社會中某個人的有意識動機的內容截然相反。

生存需求的文化特性

需求的有意識和無意識都不是絕對的。然而從整體來看，在一般人身上，它們經常是無意識的，但我們沒有必要查找一大堆證據來表明無意識動機的絕對重要性。單純以優先為根據，可以推測無意識動機從整體看來比有意識動機重要得多。我們稱之為基本需求的東西，通常大部分是無意識的，儘管富有經驗的人可以利用適當的手段把它們變為有意識的。

表面差異的具體欲望在不同的文化中新表現出來的相對統一性，也是基

本需求分類的一個重要方面。當然，任何具體文化中的某個人的有意識動機的內容通常會與另一個社會中某個人的有意識動機的內容截然相反。然而，人類學家的共同經驗是，人們之間，甚至不同社會的人們之間的相近程度遠比我們首次與他們接觸時產生的印象要大得多，並且隨著我們對他們的了解的加深，我們似乎會發現越來越多的共同點。於是，我們認識到，最驚人的差異不過是表面的，不是根本的，例如，髮型和衣服款式的差異，對食物喜愛的差異等等。

我們對基本需求的分類在某種程度上就是試圖解釋文化與文化之間的表面的多樣性後面的這種統一性。但是我們無意強調這種統一性對於所有文化來說都是絕對的。我們的觀點僅僅是，它比表面的意識欲望相對更加重要、更普遍、更根本，並且更加接近人類共同的特性。與表面的欲望或行為相比，基本需求更加為人類所共有。

在動機決定因素的範圍內，任何行為都往往由幾個或者全部基本需求同時決定，而非只由其中的一個決定，由一種動機決定的情況極其罕見。

行為的多種動機

某種行為的產生，絕不是由單純的唯一的需求或者單一的因素來決定的。舉例說，任何看來是由生理需求促動的行為可能有多種動機，如吃東西、性享樂等。心理學家透過長期臨床研究發現，任何行為都可能是多種衝動發洩的管道。也可以這樣說，大多數行為由多種動機促成。在動機決定因素的範圍內，任何行為都往往由幾個或者全部基本需求同時決定，而非只由其中的一個決定。

由一種動機決定的情況極其罕見。吃東西可以部分地是為了填飽肚子，而另一方面是為了安撫其他需求，改善其他需求的狀況。一個人進行性行

為，可能不僅出於性慾發洩的目的，而且還要確立自己男性的自信，或者是為了透過征服獲得強者的感覺，或者是為了贏得愛情依賴感。作為說明，我想指出，如果不是在實踐上，也至少是在理論上對某人的一個單一的行為盡可能進行分析，從中發現生理需求、安全需求、愛的需求、尊重需求和自我實現需求的表現根源。這一點與特質心理學中更幼稚的一派形成鮮明對比。後者用一種特質或者一個動機來解釋一種行為，例如，一個進攻性行為的起因僅僅是一種進攻性的特質。

除了動機以外，行為還有許多決定因素。行為並非全部都由基本需求決定，甚至有的行動可以是沒有動機的。例如，有一類重要的決定因素是所謂外界。至少在理論上，行為完全可以由外界決定，甚至由具體的、孤立的外界刺激決定，如聯想或一些條件反射。如果外界給予「桌子」一詞作為刺激，我立即感覺到記憶中桌子形象，或者想起一把椅子，當然這時我的基本需求並非是「桌子」和「椅子」。

另外，我們再次重申的概念是關於基本需求或者動機的接近程度。一些行為的動機非常明確，另一些行為的動機不甚明確，還有一些行為則根本沒有動機（但是所有行為都有其決定因素）。

要特別注意表現性行為與應對性行為之間的根本區別。表現性行為並不試圖做什麼，它只是人格的反映。蠢人言行愚笨，並不是他想要或者有意去這樣做，也不是他有這樣的動機，而完全是由於他就是他。同樣，我說話時用男低音而不用男高音或女高音也是一個道理。一個健康孩子的漫不經心的動作，一個愉快的人獨自一人時面帶微笑，健康者走路時腳步的輕快和他站立時挺直的姿態，這些都是屬於表現性的，非機能性的行為。另外，一個人言談舉止的風格，無論有無動機，幾乎總是表現性的。

那麼，是否所有行為都表現或者反映了性格結構呢？答案是否定的。生搬硬套的、習慣的、機械的或者隨俗的行為可能是，也可能不是。由刺激物

引起的行為就屬於這種情況。

最後有必要強調，行為的表現性和行為的目的性不是兩個相互排斥的範疇，一般的行為通常二者兼而有之。

一個健康者在根本上受其發展和實現自己最充分的潛力和能力的需求促動。如果個人在任何活躍的、長期的具有任何其他意義的基本需求，那麼他簡直就是一個不健康的人……

促進需求的充分潛力

根據日常生活中有意識動機的內容與基本目的的關係，其重要性各不相同。一種對冰淇淋的欲望可能實際上是一種對愛的欲望的間接的表達，在此種情況下，這種對冰淇淋的欲望就成了極為重要的動機。但如果冰淇淋只被當作爽口之物，或它僅僅引起偶然的食慾，這種欲望則相對弱得多了。日常的有意識的欲望應該被看作是徵兆，是更基本的需求的表面指示物，假如我們只承認這些表面的欲望的表面價值，我們就會發現自己處於一種完全的混亂狀態。這種狀態永遠不可能被解除，因為我們忙於認真處理的是徵兆而不是潛伏在徵兆後面的更本質的東西。

心理病是由挫傷重要的需求導致的，而不會由挫傷不重要的需求引起的。因此，任何一種心理病理論都必須以合理的動機理論為基礎。衝突或者挫折不一定會致病，只有當它們威脅、挫傷基本需求或與基本需求緊密相關的不完整需求時才會致病。

已經滿足的需求的作用已經多次指出，我們的需求通常是在占優勢的需求得到滿足後才會出現。滿足因而在動機理論中具有重要作用。不僅如此，需求一旦滿足，就不再起積極的決定或者組織作用。例如，一個基本需求得到滿足的人不再有尊重、愛、安全等需求。他只可能在一種幾乎是玄學的

第一章　探索生命的需求

意義上被認為有這類需求：一個吃飽的人有食慾，或者一個裝滿的瓶子有空隙。如果我們的興趣僅在於什麼東西實際上正在促動我們，而不在於什麼東西已經、將要或者可能促動我們，那麼，一個滿足了的需求就不是促動因素。對於所有已經完全不存在、完全消失了的實際目的，我們都必須考慮這一點。這一點應該特別注意，因為在我所了解的每一種動機理論中，它不是被忽視就是被否定。

極為健康、正常、幸運的人沒有性、飢餓、安全、愛、名譽或自尊的需求，只有在具有短暫威脅的偶然時刻，它們才會出現。如果要作補充，我們也必須斷言，病理反應能力是每個人都具備的，例如巴賓斯基的研究，因為人的神經系統一旦遭到破壞，這些反應就會出現。

這樣考慮導致一個驚人的結論：人只要任何一個基本需求受到挫折，就可以把他想像為病人。這相當於我們把缺乏維生素或者無機物的人稱為病人。誰會否認愛的匱乏不如維生素的匱乏重要呢？既然我們了解愛的匱乏的致病作用，誰能說我們傾向於價值問題的方式比醫生診斷和治療皮膚病或者壞血病時更不科學、更不合邏輯呢？一個健康者根本上受其發展和實現自己最充分的潛力和能力的需求促動。

如果個人在任何活躍的、長期的具有任何其他意義的基本需求，那麼他簡直就是一個不健康的人，就像他突然顯現出一種強烈的缺鹽症或者缺鈣症一樣，他肯定有病。如果我們在這種意義上使用「病態」一詞，我們還必須公正地正視人與他的社會之間的關係。我們定義一個明確含義：既然一個基本需求受挫折的人應該被看作病人，而且這種基本需求的挫折完全由這個人之外的力量造成，那麼這個人的疾病完全源於這個社會的某種疾病。因此，我們就該這樣給良好或者健康的社會下定義：它透過滿足人的所有基本需求來允許人的最高意圖出現。

　　如果這一論點顯得不突出或模糊，你可以認為它只是在我們不斷變換方式考察人類更深層的動機時要出現的許多模稜兩可的論點之一。當我們探索人究竟想從生活中得到什麼時，我們就接觸到了人的本質。

　　達到目的的手段可能最終成為滿足本身，那時，它們與最初的起源只有記憶中的連繫。人們可能最終會需求它們本身。

達到生命目的的生存手段

　　阿爾波特已經詳細描述並概括了這一原理：達到目的的手段可能最終成為滿足本身，那時，它們與最初的起源只有記憶中的連繫。人們可能最終會需求它們本身。這一關於在有目標的生活中，學習與變化的巨大重要性的論點，將以往每一件事都變得具有複雜性。這兩套心理學理論原理之間並不存在矛盾，它們是相互補充的。我們是否可以根據一直使用的標準，把透過這種途徑所獲得的需求認定為基本需求，還有待進一步研究。

　　無論如何，高級基本需求經過長期的滿足後，可能變得既獨立於它們的更強有力的先決條件，又獨立於它自身的滿足，即一個在其生命早期愛的需求得到滿足的成年人，在安全、歸屬以及愛的滿足方面比一般人更加獨立。我傾向於將性格結構看成是心理學中功能自主的重要例證。那些堅強、健康、自主的人最能經受住愛和聲望的挫折。然而，在現實社會中，這種堅強和健康通常是由於安全、愛、歸屬和自尊的需求在早年長期得到滿足的結果。此人的這些方面在功能上已經具有自主性，即獨立於曾產生這些方面的滿足本身。

　　雖然我們要在低級需求得到滿足後才轉而對高級需求感興趣，但人們在滿足了高級需求，並獲得了價值和體驗之後，高級需求會變得具有自治能力，不再依賴低級需求的滿足。人們甚至會蔑視與摒棄使他們得以過上「高級生活」

的低級需求的滿足，這就像第三代的富裕為第一代的富裕感到羞恥一樣。

　　高級需求也許不是偶爾在低級基本需求的滿足後出現，而是在強迫、有意剝奪、放棄或壓抑低級基本需求及其滿足後出現，如禁慾主義、理想化、排斥、約束、迫害、孤立等的強化作用。

人的平衡挫折與病理狀態

　　我們探討了人類動機，我們還要考察這一探討的部分理論後果，並且以此作為對片面強調挫折和病理狀態的一個積極的或健康的平衡。

　　眾所周知，將基本需求按優勢的強弱或力量的強弱排成等級是人類動機生活組織的主要原理。健康人的優勢需求一經滿足，相對弱勢的需求便會出現，定時賦予這個組織生命的主要動力原則。生理需求在尚未得到滿足時會主宰機體，同時迫使所有能力為其服務。並組織它們，以使服務達到最高效率。相對的滿足平息了這些需求，使下一個層次的需求得以出現。後者繼而主宰、組織這個人，結果，他剛從飢餓的困境中逃脫出來，現在又為安全需求所困擾。

　　這個原理同樣適用於等級集團中其他層次的需求，即愛、自尊和自我實現。還可能有這樣的情況：高級需求也許不是偶爾在低級基本需求的滿足後出現，而是在強迫、有意剝奪、放棄或壓抑低級基本需求及其滿足後出現，如禁慾主義、理想化、排斥、約束、迫害、孤立等的強化作用。據說這些情況是很常見的，但我們對其性質以及發生的頻率了解甚少。但是，不管怎樣，這類現象與我們的論點並不矛盾，因為我們並未強調說滿足是力量或者其他心理急需物的唯一源泉。

　　限於滿足理論的特殊性、不完整性，它不再具有獨立的合理性，因此不可能單獨存在。至少，只有與挫折理論，學習理論，神經病理論，心理健康

理論，價值理論，約束理論等結合，它才可能合理。行為的心理因素與主觀生活、性格結構組成一個複雜的網，在這當中，我們不是把全景都描繪出來，而是任意假定除了基本需求的滿足之外還有其他決定因素，假定滿足與匱乏各自都有理想與不理想的後果，假定在重要方面的基本需求的滿足與神經病需求的滿足不同。

任何需求的滿足，只要是真正的滿足，也就是對基本需求而不是對神經病需求或虛假需求的滿足，有助於決定性格的形成。不僅如此，任何真正的需求的滿足都有助於個人的改進、鞏固和健康發展。

滿足是需求產生的附帶現象

一個需求被平息，更高級的需求隨之出現，這是任何需求滿足所產生的根本後果。其他後果是這一基本事實的附帶現象。這些從屬的後果有：

對於舊的滿足物和目的物的獨立，對於舊的滿足物和目的物的一定程度的輕視，同時，又隸屬於一直被忽視、不被需求或只是偶然被需求的新的滿足物和目的物。這種新舊交替的現象包含許多第三級的後果。這樣，在興趣方面就有了變化：一些新的現象首次變得有趣，而舊有的現象則變得乏味，甚至令人厭惡。這等於說人的價值觀發生了變化。

大體來說，往往有這些情況：在更高估價尚未滿足的需求中，力量最強的需求的滿足物；輕視其中力量較弱的需求的滿足物（並且輕視這些需求的力量）；輕視甚至貶低已經得到滿足的需求的滿足物（同時貶低這些需求的力量）。這種價值觀的改變伴隨一個從屬的現象：在一個可以粗略斷定的範圍內重新建立關於未來、尤賽琴、天堂和地獄、美好生活，以及個人無意識願望的滿足狀態的人生觀。

在此前提下，認識能力發生變化。由於機體有了新的興趣和價值觀、注

意力、感覺、學習、記憶、遺忘、思維，這一切同樣在一個可粗略斷定的範圍內被改變。

　　這些新的興趣、新的滿足物和新的需求不僅新，而且在某些意義上更高級。當安全需求滿足後，機體被解放出來去尋求愛、獨立、尊重、自尊等等。將機體從較低級和自私的需求的束縛中解放出來的最容易的辦法，就是滿足這些需求。

　　任何需求的滿足，只要是真正的滿足，也就是對基本需求而不是對神經病需求或虛假需求的滿足，有助於決定性格的形成。不僅如此，任何真正的需求的滿足都有助於個人的改進、鞏固和健康發展。這就是說，任何基本需求的滿足（只要我們能夠孤立地談論這個滿足），都是背離神經病的方向而向健康的方向邁進了一步。毫無疑問，哥爾德斯坦正是在這個意義上從長遠考慮，將任何特定需求的滿足都看作是向自我實現前進了一步。

　　除了這些一般後果外，特定需求的滿足和過分滿足還有一些特殊的後果。例如，如果其他因素相同，安全需求的滿足會特別產生一種主觀上的安全感、更安穩的睡眠、危險感消失、更大膽、勇敢等。

　　需求滿足的任務幾乎完全限制在內在地欣賞滿足物之內。在漫長的選擇過程中，除了對於非基本需求外，可能沒有偶然的和任意的選擇。

生存方式和基本需求的滿足

　　探討需求滿足的意義的一個首要結果，是對於研究者過分誇大聯合學習作用的持續增長。

　　整體來說，滿足後的現象，如在飽餐後任何食慾的消失，在滿足安全需求後防禦的類型和數量的改變等，都說明了增長的練習（或重複、使用、實踐）的消失，增長的報償（或滿足、讚揚、強化）的消失。此外，不僅諸如

那些滿足現象，顯示了不顧它們在適應中獲得改變而輕視聯想的規律，而且檢驗也證實了，除了第二位的方式外，任意聯想是不包括在內的。所以，如果學習的定義只強調刺激和反應之間的變化是不夠的。

需求滿足的任務幾乎完全限制在內在地欣賞滿足物之內。在漫長的選擇過程中，除了對於非基本需求外，可能沒有偶然的和任意的選擇。對於愛的渴求，可能只有一種真正的長久的滿足物，即誠實以及令人滿意的感情。對於性飢餓、食物飢餓或極度乾渴的人，只有性、食物或水才將最終適用。這是一種由韋特海默、科勒以及阿施、阿恩海姆、卡特那等格式塔心理學家作為心理學的中心概念強調的內在的適當。在這裡，沒有什麼偶然的搭配或意外的、任意的設置，也沒有什麼信號、前兆或與滿足物有關的東西。我們必須用墨菲的疏通作用，而不是純粹的聯想來表達這種情況。

將機體的目的看作完全合理的事，是對於聯合學習、行為主義學習理論批評的實質。它徹底解釋了不明確的目的手段的熟練問題。作為對照，此外提出了基本需求理論關於機體最終目的和價值的看法。這些目的存在於機體內部，對於機體具有內在價值。因此，為了達到這些目的，機體將會做任何必要的事，甚至學習一些任意的、不相干的、瑣碎和微小的步驟。這些步驟也許是實驗者可能提出的達到目的的唯一途徑。當這些方法不再獲得內在滿足物（或內在強化物）之時，它們自然就被束之高閣，棄之腦後。

那些行為的和主觀的改變，似乎清楚地說明了，滿足不能僅由聯合學習規律來解釋。的確，它很可能只是扮演次要角色。假如一位母親經常吻自己的孩子，那麼內驅力本身就會消失，孩子不再渴望親吻。

即使能從頓悟或漸悟得來的那些理論根據，也不能斷言性格特徵是單由學習造成的。這種對學習的態度在某種程度上由於它對精神分析家的發現所表現的冷靜而顯得較為中肯。但是，由於它理性地強調認識外部世界的本質結構而仍顯得太狹隘。與聯合學習或格式塔學習相比，我們需求與人體內的

認知和意動的過程有更強有力的連繫。

　　我不想進行任何詳細的討論，而只是試圖提出一些可稱為性格學習或內在學習的概念，它們是以性格結構而不是以行為為中心，其主要內容是：獨特的（非重要性的）和意味深長的經歷的教育作用；由重複的體驗引起的感情的變化；由滿足挫折的經歷引起的意動的變化；某幾類早期經驗引起的顯著的態度、希望、甚至人生觀的轉變；由機體的體驗選擇吸收作用的變化的結構所產生的決定因素。

　　之所以這樣考慮是為了進一步考察學習和性格形成之間是否存在更密切的關係。正如杜威所指出的，最終將典型的、模範的學習解釋為性格形成上的變化，即走向自我實現及其超越的運動，對於心理學家來說可能是至關重要的。

　　在所有的實驗中發現，一個充分滿足的需求遵循自己特殊的軌道，然後根據其性質，或者是全然消失，如吸吮行為；或者是在實驗對象的以後生活中維持理想化的低水準，如活動性。

需求的滿足和性格的形成

　　在探討學習與滿足時，只是把需求滿足與性格特質的發展之間的緊密關係搞清楚。這種理論不過是挫折與心理病理之間早已公認的關係在邏輯上必然的對立物。

　　如果要把挫折的對立物（即滿足）視為敵意的對立物（即友善）的一個優先決定因素，同樣也有一定道理。精神分析的發現同樣強烈地包含這兩種情況。而且，儘管我們還沒有明確的理論體系，但心理治療的實踐卻以它對於心甘情願的保證、支持、允許、贊同、許可的強調，即對於患者的安全、愛、保護、自尊、價值等需求的絕對滿足的強調承認了我們的假設。對於兒童的愛、獨立、安全等的匱乏常常立即給予直接的替代治療或滿足治療，即

給予愛、獨立或安全的滿足，其效果尤為明顯，不過這種治療也有限度。

雖然實驗資料的缺乏讓人感到遺憾。不過已有的資料已經給人以深刻的印象，例如列維的實驗，這種實驗的一般方式是取一組剛出生的動物，例如幼犬，使它們的某種需求，例如吸吮需求得到滿足，或遭受一定程度的挫折。

這類實驗包括小雞的啄食行為，嬰兒的吸吮行為以及各類動物的活動。在所有的實驗中發現，一個充分滿足的需求遵循自己特殊的軌道，然後根據其性質，或者是全然消失，如吸吮行為；或者是在實驗對象的以後生活中維持理想化的低水準，如活動性。在那些某種需求受到挫折的動物身上出現了各種半病理現象，其中與我們的討論密切相關的是，第一，堅持已超過正常消亡時期的需求；第二，大大加強了這一需求的活動性。

應該強調的是，列維關於愛的需求的實驗揭示了生命早期滿足與成年性格形成之間完整的連繫。健康成年人的許多典型特質是童年愛的需求滿足的積極後果，這一點是顯而易見的。這些特質包括寬容被愛者的獨立的能力，忍受愛的匱乏的能力，愛但又不放棄自主性的能力等等。

如果我盡可能明確地、直觀地描述對立的理論，它可以歸納為：充分熱愛孩子的母親在孩子身上（以獎勵、強化、重複等方式）培養了一種以後生活中對愛的需求的力量減弱的傾向，例如，親吻的可能性減小，更少依戀母親等等。教會孩子從各個方面尋求感情，並且對感情懷有永久的渴望的最好途徑是，在一定程度上拒絕給他們愛。這是機能自主性原理的又一個例證，它曾使阿爾波特懷疑當代學習理論。

心理學的教師們在講到對孩子進行自由選擇實驗時，往往將性格特質的行成歸功於訓練。「如果孩子從夢中醒來後，你就把他抱起來，那麼，他不是就學會了在想要人抱他的時候就哭喊起來嗎（因為你鼓勵了這種哭喊）？假如孩子要吃什麼你就給什麼，難道他不會被寵壞嗎？如果你注意孩子的滑

稽舉動，他不是就學會裝憨弄傻來吸引你的注意了嗎？如果你遷就孩子，他不就會一味地要求放任自流了嗎？」要回答這些問題，僅僅靠學習理論是遠遠不夠的，我們還必須求助於滿足理論和機能自主理論。動力兒童心理學和精神病學的一般文獻，可以為我們提供更多的資料。

另一類支持關於需求滿足與性格形成之間關係的論點的資料，可以從能夠直接觀察到的滿足的臨床效果中獲得。任何與人直接接觸的人都能獲得這類資料，並且可以確信，它們幾乎在每次治療接觸中都會出現。

檢查基本需求滿足所產生的最直接的後果，是能夠說服我們自己的最簡易的方法，檢查從力量最強的需求開始。就生理需求而言，在我們的文化中，我們不會將食物或水的滿足視為性格特質，雖然在其他的文化中，我們的態度有可能不同。然而，即使在生理需求的層次上，我們也遇到了對於我們的論點來說是難以決定的兩種可能。

如果我們可以談論休息和睡眠的需求，當然也就可以談論它們的挫折以及挫折的效果（睏乏、疲勞、精力不濟、萎靡不振、甚至可能有懶惰、嗜睡等等）。這就是原始需求滿足的直接後果。它們如果不是公認的性格特質，至少對於人格的研究者有明確的意義。雖然我們尚未習慣於這樣考慮問題。但這個觀點也適合於性的需求，如性壓抑，以及對立面性滿足的範疇。不過對此我們還沒有確切的概念。

不管怎樣，我們可以有充足的資料來探討安全需求。擔心、恐懼、害怕、焦慮、緊張、不安和極度不安，都是安全需求受到挫折的後果。同類的臨床觀察清楚地顯示了安全需求滿足的相應效果，如焦慮以及緊張的消失，具有安寧感，對未來有信心，有把握，感到安全等等。無論使用什麼詞語，感覺安全的人與惶惶不可終日者之間有著性格上的區別。

其他基本的情感需求，如歸屬、愛、尊重和自尊的需求，也有這種情況。這些需求的滿足引發了諸如深情、自尊、自信、可靠等特性。

需求滿足的特性產生的後果與一般特質有很大關係：仁慈、慷慨、無私、寬容（與偏狹相對）、沉著平靜、愉快滿意以及其他諸如此類的特質。這些特質似乎是一般需求滿足的間接後果，即不斷改善的心理生活狀況的間接後果。

需求滿足的特性產生的後果與一般特質有很大關係。我們的資料不允許我們斷言，它是否是更強有力的決定因素，這通常被當作徒勞無益的問題而忽視。然而，偏重強調兩方中任何一方所產生的後果的對比是相當鮮明的，我們至少必須意識到這個問題。性格教育是否能在課堂裡進行？書本、演講、問答式教育以及勸戒是否是可以使用的最好工具？講道、全日制學校是否能造就出好人？是否好的生活就能造就出好人？是否愛、溫暖、友誼、尊重以及善待兒童，對於兒童後來的性格結構有更重大的影響？這些都是由於堅持兩種不同的性格形成理論而提出的兩種不同的問題和觀點。

在健康人身上發現的對於環境的相對獨立性當然不意味著與環境隔絕，它只意味著在這些接觸中，人的目的是根本的決定因素，環境不過是達到自我實現目的的手段。

需求滿足和生命健康

舉例來說，甲在一個危險的叢林中已經生活了幾個星期，他靠不時遇到的食物和水勉強維持生存。在同樣的環境中，乙除了能維持生存外還有一支槍，一個入口可以關閉的祕密山洞。丙除了有乙的條件外，身邊還有兩個人。丁比起上述幾個人來，身邊還多一個最親愛的朋友。戊身處同一個叢林，除擁有上述所有條件外，他還是那個小群體裡很受尊重的領導者。於是我們可以依次稱這些人為：勉強維持生存者，安全需求得到滿足者，歸屬需求得到滿足者，愛的需求得到滿足者，尊重需求得到滿足者。

第一章　探索生命的需求

　　這不僅是一系列不斷增加的需求滿足，也是一系列不斷加強的心理健康程度。很明顯，在其他因素相同的條件下，一個安全、歸屬、愛的需求得到滿足的人，比只有安全和歸屬需求得到滿足，但在愛的感情上遭受拒絕、挫折的人更健康（根據任何合理的定義）。假如在此基礎上，他又獲得了尊重和羨慕，並且進而發展了自尊心，那麼他就更加健康了。

　　所以說，好像需求滿足的程度關係著心理健康的程度。我們是否能夠進一步證實這種連繫的極限 —— 證實完全的滿足等於理想的健康呢？滿足理論至少可以暗示這樣一種可能。儘管這一問題的答案亟待未來的研究，然而僅僅陳述這樣的設想都會將我們的視線引向被忽視的事實，並且要求我們重新提出這個陳舊的、有待探索的問題。

　　例如，我們可以承認通往健康的途徑可有多條。然而，現在我們就有必要提出這樣一個問題，放棄基本需求的滿足，透過苦行、約束、挫折、悲劇和經受不幸之火鍛鍊而獲得健康的實例究竟有多少？也就是說，以滿足或幸福為基礎的健康，以及以苦行主義或者挫折、不幸為基礎的健康，它們各占怎樣的比例？

　　恰如韋特海默與他的學生們所做的，這種理論向我們提出了一個敏感的問題 —— 利己。他們將所有需求都看成事實上是利己的，以自我為中心的。的確，哥爾德斯坦和我都是在高度個人主義的程度上解釋自我實現這個最終需求的，但是，對於非常健康的人的研究經驗表明，他們既是極有個性的，同時又與社會和睦相處。

　　當我們設立滿足健康（或者幸福健康）這一概念時，我們無疑是與哥爾德斯坦、榮格、阿德勒、安吉亞爾、霍尼、佛洛姆等站在了一起。而且，那些假定有機體內有一種向更全面的方向發展的積極傾向的人，都會不斷地加入我們的行列。因為，如果我們假定一個典型健康的機體的需求得到滿足，從而擺脫了束縛而追求自我實現，那麼我們就等於假設這個機體是根據內在

的發展傾向從內部發展的，是柏格森意義上的發展，而不是行為主義環境決定論意義上的外部發展。患神經病的機體是一種缺乏某些滿足的機體，那些滿足只能來自環境。因此，它更多的依賴環境而更少具有自主性和自覺性。也就是說，它在更大的程度上是由環境的性質而不是由自身的內在本質塑造的。

在健康人身上發現的對於環境的相對獨立性當然不意味著與環境隔絕，它只意味著在這些接觸中，人的目的是根本的決定因素，環境不過是達到自我實現目的的手段。這如果不是生理上的自由，就是心理上的自由。

為什麼與某一幅繪畫、某一首樂曲、某一位女子相處得久了會產生厭煩？為什麼與另一幅繪畫、另一首樂曲、另一位女子的同樣時間的相處卻產生了更多的興趣和更大的快樂呢？

生命心理治療的動力因素

是否可以這樣說，在實際治療或改進的動力中起根本作用的是基本需求的滿足。由於它一直被忽視，我們確實有必要承認它至少是這類因素中的一個，並且是特別重要的一個。在摩爾的著作中詳細描述了需求的滿足和挫折決定興趣的幾種方式。

對態度、興趣、趣味、價值觀的更深入地研究是可能的，最終必然包括對於道德、價值、倫理的討論，當然，其範圍必須超越禮儀、禮貌以及其他社會風俗。習慣上將態度、趣味、興趣、甚至還有各種價值觀卻看作是聯合學習的結果，似乎除此之外其他的因素都是次要的，即彷彿它們完全是由機體外的任意力量決定的。然而，內在的需求和滿足的效果也在起作用。

假如我們要找到一個對人格分類有用的工具，那就需求將基本的感情需求的層次滿足看作一個線型的連續體。假如大多數人都有類似的機體需求，

那麼在這些需求得到滿足的程度上每個人都能與任何其他人進行比較。這是整體的或有機體的原理，因為它根據一個單一的連續體來對完整的人進行分類，而不是根據大量的、毫不相關的連續體來將人的各個部分或各個方面歸類。

除去過分滿足以外，究竟什麼是厭煩？在這裡，我們又可以發現尚未解決和覺察的問題。為什麼與某一幅繪畫、某一首樂曲、某一位婦女相處得久了會產生厭煩？為什麼與另一幅繪畫、另一首樂曲、另一位婦女的同樣時間的相處卻產生了更多的興趣和更大的快樂呢？

需求的滿足在健康情緒的產生中發揮了什麼作用？為什麼情緒的研究者們長期僅限於研究挫折在感情上的效果？

我們提出的論點是，滿足人的基本需求（以所有條件相同為前提，拋開少數難以解釋的例外，以及暫時略去匱乏和約束的有益效果），不僅改善了人的性格結構，而且改善了他作為國內和國際環境中的公民與周圍的關係。這一點在政治、經濟、教育、歷史以及社會學上的意義可能是巨大的、明顯的。

如果討論哪種挫折或焦慮對社會更有好處，那麼為早日結束戰爭的焦慮要好於只關心自己能否活到 70 歲。明確地提高挫折的層次（如果我們可以談論高級挫折和低級挫折），不僅具有個人意義，而且還具有社會意義。

決定需求的挫折因素

從某種意義上說（儘管看起來荒謬），需求的挫折的決定因素是需求的滿足。這是因為甚至要到較低的優勢需求滿足之後，較高的需求才會出現在意識裡。從某種意義上看，在需求尚未出現之前，是無所謂挫折的。一個勉強維持生存的人不會去奢望生活中的高級需求。幾何學的研究、選舉權、自己城市的好名聲、尊重、價值等都不會成為他焦慮的中心，他所關心的是更

基本的物質。只有當一定量的低級需求的滿足使他的需求達到某一高度時，他的需求才會使他在個人、社會和智力的更廣闊範圍內感受到挫折。

絕大多數人肯定在追求他們一直欠缺的東西，我們可以把它作為一種推論，然而又肯定不會感到為眾人更普遍的滿足而工作是無益的。這樣，我們同時又學會不指望任何單一的社會改革，例如婦女選舉權、免費教育、無記名投票、工會、良好的居住條件、直接選舉等，會產生奇蹟，但又不低估緩慢發展的力量。

如果討論哪種挫折或焦慮對社會更有好處，那麼為早日結束戰爭的焦慮要好於只關心自己能否活到 70 歲。明確地提高挫折的層次（如果我們可以談論高級挫折和低級挫折），不僅具有個人意義，而且還具有社會意義。幾乎可以說這對於犯罪感和羞恥心也同樣適用。

人類似乎從來就沒有長久地感到過心滿意足。與此密切相關的是，人類容易對自己的幸福熟視無睹，忘記幸福或視它為理所當然，甚至忽略了幸福的價值。

滿足需求引起的病態人格

很奇怪，科學心理學家一直忽視這一長期為哲學家、藝術家、詩人的議論所充斥的領域。這可能是由於「所有的行為都有動機」這一廣泛公認的教條在作怪。我認為這是一個錯誤，但這裡不準備辯明。有一個鐵的事實可以被觀察到，即一經滿足，機體立即放棄壓迫、緊張、緊迫、危急的感覺，允許自己變得懶散、鬆弛、被動，允許自己享受陽光、玩耍嬉戲，或者裝飾、擦洗盆盆罐罐，允許自己觀察微不足道的事物，遇事漫不經心，往往無意中獲得而不是有意識地追求，一句話，變得相對地無目的了。需求的滿足導致了無目的的行為的出現。

第一章　探索生命的需求

　　物質生活的富裕使我們看到越來越多的疾病。其症狀包括厭倦感、自私自利、自以為是、「理所當然」的優越感、對一種不成熟的低水準的眷戀、人與人之間友愛的喪失等。很顯然，在任何一段時間裡物質生活或低級需求的生活本身並不能給人們帶來滿足。

　　我們也必須面對另一種新的、由心理富裕導致病態的可能。也就是說，病的起因是由於患者得到無微不至的愛護、關懷、被寵愛、崇拜、歡迎所包圍，被膜拜到忘乎所以的地步，被推到舞臺的中心位置；擁有忠誠的僕人，無論在什麼地方，各種欲望都能得到滿足，甚至成為人們甘願為之自我犧牲和自我克制的對象。

　　毋庸置疑，我們對這些新現象知之甚少，當然更談不上具有任何發達科學的意義了。我們所根據的是強烈的懷疑、普遍的臨床印象，以及兒童心理學家和教育家逐漸形成的觀點：單純的基本需求滿足是不夠的，對於兒童來說，他們還必須去體驗堅強、隱忍、挫折、約束、限制等感受。換句話說，基本需求的滿足最好能被仔細地重新定義，否則它很容易被誤解為無限度的溺愛、自我克制，無條件的應允、過分的保護以及奉承等。對兒童的愛和尊重必須至少與對自己作為家長或普通意義上的成年人應得到的愛與尊重協調起來。兒童當然是人，但他們不是有經驗的人，必須將他們看成是對許多事情不了解、對有些事情一無所知的人。

　　由滿足引起的另一類病症表現為可稱為「超越性病態」的東西，這是指生活缺乏價值觀念、缺乏意義感和充實感。許多人本主義者和存在主義心理學家確信——雖然他們沒有充足的依據——全部基本需求的滿足並不能自動地解決歸屬感、價值體系、生活目的、人生意義等問題。至少對某些人，特別是年青人，這是在基本需求滿足以外另外需求解決的問題。

　　最後，我要重申一個事實，儘管很少有人想到這一點：人類似乎從來就沒有長久地感到過心滿意足。與此密切相關的是，人類容易對自己的幸福熟

視無睹，忘記幸福或視它為理所當然，甚至忽略了幸福的價值。對於許多人來說，我們不知道究竟有多少即使是最強烈的快樂也會變得索然無味，失去新鮮之感。只有體驗了喪失、困擾、威脅、甚至是悲劇的經歷之後，才能重新認識其價值。

對於這類人，特別是那些對實踐沒有熱情、死氣沉沉、意志薄弱、無法體驗神祕感情，對享受人生、追求快樂有強烈牴觸情緒的人，讓他們去體驗失去幸福的滋味，從而能重新認識身邊的幸福，我覺得這樣做很有意義。

自我實現、自我發揮和自我發展的感覺，越來越徹底地發展和享用自己的資源、潛力的感覺，以及由此而產生的成長、成熟、健康以及意志、自由的感覺。

基本需求的滿足現象

性格特質

沉著、鎮定、平靜、內心安寧（與緊張、不安、不愉快、心緒惡劣相對）。慈善、友愛、同情、無私（與殘忍相對）。健康的慷慨。寬宏大度（與狹隘、卑鄙、渺小相對）。依靠自己，自尊、有信心、信任自己。安全，寧靜感、無危險感。友好（基於性格的敵意相對）。對於挫折的更大的忍受力。容忍不同意見，對不同意見感興趣，接受個人差異，從而不再有成見和一般性的敵意（但仍然留有判斷力）；更崇高的兄弟、同志感情以及手足般的愛，對他人的尊敬。更具有勇氣，更少有畏懼。心理健康以及它的所有產物；遠離神經病、精神變態人格、也許還有精神病。更加深刻的民主（沒有擔憂，對於值得尊敬者的真切的尊敬）。鬆弛；更少緊張。更加誠實，真誠，正直；更少假話、更少虛假。更強的意志；更能從責任中得到享受。

第一章　探索生命的需求

人際關係

　　對於朋友、愛人、領導等有更高的趣味，對人們有更好的判斷力，是更好的選擇者。對於婦女、兒童、僱員，以及其他權力較小的少數派或者團體的尊重。更吸引人，更加美麗，更加善解人意。更好的公民、鄰居、父母、朋友、愛人。更加民主化，更少權威主義。更好的心理治療家。政治、經濟、宗教、教育方面的進步和開放。更少無緣無故的敵意，更多的善意，對他人更有興趣，更容易與他人趨同。

認知

　　各類認知更加敏銳、更有效、更現實。改進了的直覺能力；成功的預感。伴隨啟發和頓悟的神祕體驗。更多的以現實問題為中心；更少地投射和以自我為中心。世界觀和人生觀的改進（指變得更真實、更現實，對自己和他人更少危害性，更加全面，更加整合和具有整體性等等）。更具有創造性、更多的藝術性、詩意、音樂、智慧、科學。更少刻板得像機器人一般的習慣；更少陳規和舊框框；更少強迫性的標籤化；透過人為的範疇和成規對於個體、獨一無二性的更好的感覺；更少分類化。許多更基本、更深的態度（民主、基本的尊重，對他人的愛、對孩子的愛和尊重，對婦女的尊重等）。更少摻雜感情的學習（即喜愛熟悉的事物，尤其對於重要事物更是如此）。無目的的學習和潛移默化的學習的更大可能性。更少需求簡單事物，更以複雜為樂。

意動──感情

　　肉體充分滿足和厭膩的感覺，包括食物、性、睡眠等方面，以及一些附帶後果，如幸福、健康、精力充沛、歡欣、身體愜意。感到安全、平靜、有保障，危險和威脅感消失。感到有所歸屬，屬於某個集體，感到自己與集體

的目標和勝利連繫在一起，感到被人承認，有了一個位置。愛和被愛的感覺，值得愛的感覺，愛的趨同作用的感覺。自我信賴、自尊、自信的感覺，相信自己的感覺；值得尊重、具有聲望、領導能力，以及獨立的感覺。自我實現、自我發揮和自我發展的感覺，越來越徹底地發展和享用自己的資源、潛力的感覺，以及由此而產生的成長、成熟、健康以及意志、自由的感覺。

好奇心的滿足，更多的學習和了解的感覺。

對於理解的滿足，這種滿足越來越哲理化；向著範圍越來越廣、包容性越來越大、越來越單一的哲學或宗教靠近；對於連繫和關係的理解更加圓滿成熟；價值信奉。

對於美的需求的滿足，使人顫抖的激動，對於美的震驚、高興、狂喜，對稱感、適合感、條理感或完善感。高級需求的出現。暫時或長久地依賴和獨立於各種滿足物，對於低級需求和低級滿足物的不斷增強的輕視和獨立性。厭惡和愛好的感情。價值觀的改進；趣味的提高；更好的選擇。愉快的興奮、高興、歡樂、幸福、滿意、平靜、安詳、狂喜，它們的強度更大，出現的可能性更大，感情生活更加豐富、健康。狂喜、高峰經驗、極度興奮的情緒、意氣風發以及神祕體驗的更頻繁的出現。抱負水準和挫折水準的改變。走向後動機和存在價值的運動。

其他各類

改變了關於天堂、地獄、尤賽琴、美好生活、成功與失敗等的圖景。走向高級價值；走向高級的「精神生活」。所有表現性行為的變化，例如，微笑、大笑、面部表情、風度、步態、筆跡；趨向於更富有表現性、更少做作、模仿的行為。活力的更替、倦怠、睡眠、安靜、休息、清醒。充滿希望，關注未來（與心情不佳、冷漠、無精打采相對）夢幻生活、幻想生活、早期記憶的變化。基本性格之上的道德、倫理、價值觀的變化。脫離充滿了

得失、輸贏、競爭對手的生活方式。

當某些作者試圖解釋動機並給它下定義時，折磨他們的許多問題都是由過分追求行為標準、外部可見標準產生的。動機最初採用的標準就是除行為主義心理學家以外的人所採用的標準屬於主觀性行為。

生存長期缺失基本滿足的特徵

根據「基本需求」所能回答的問題和操作「基本需求」的方法可以給基本需求下定義，我首先要問的是心理變態的根源：「是什麼東西造成了人的精神病呢？」我的回答（我認為這是對心理分析的回答的一種修訂和改進）簡單地說就是：神經病從其核心和起源來看，似乎是一種缺失性疾病；它起源於沒有在一定程度上滿足我稱之為需求的東西，這些需求是和對於氨基酸和鈣的需求是一樣的，即它們的缺失就會引起疾病。

事實上，有許多神經病的起因並不複雜，只是由於一些心願，如成功、安全、歸屬等，未能達成而造成的。我的「資料」是透過 12 年心理治療工作和 20 年人格研究蒐集起來的。一項顯著的對照研究（在同一時間同一操作情境中做出的）檢驗了替代療法的效果，這一研究證實：當這些缺失得到滿足的時候，病症就趨於消失。當然還有許多複雜的情況存在。

由於一些診療學家、臨床學家以及兒童心理學家擁有了這些結論，這就使得一年比一年更有可能以一種自然的、流暢的、自發的方式，作為實際經驗的概括化，來給需求下定義，而不是僅僅為了顯得更客觀就過早地專斷地下結論，先於知識的累積而不是在知識的累積之後這樣做。

如果產生了下述情況，那麼它就是基本需求，或類似本能的需求。

- 它的缺乏導致疾病；

- 它的出現防止疾病；
- 它的恢復治療疾病；

在某種（十分複雜的）自由選擇的情境中，被剝奪的人較之其他滿足，更樂於得到它的滿足。

它處於低潮時在健康人身上是不活躍的，或在功能上不出現。

基本需求還有兩個主觀特徵：一方面體現為愜意感或體驗良好，另一方面體現匱乏感或缺失感，就如同有什麼東西丟失了似的。

關於定義的最後一個結論是：當某些作者試圖解釋動機並給它下定義時，折磨他們的許多問題都是由過分追求行為標準、外部可見標準產生的。動機最初採用的標準就是除行為主義心理學家以外的人所採用的標準屬於主觀性行為。在我感覺到欲望、要求、嚮往、希望或缺失的時候，我就被激發了。嚴格說來，尚未發現與這種主觀報告相關的客觀可見狀態，也就是說，還沒有找到動機的恰當的行為定義。

不錯，我們不應放棄對主觀狀態下的客觀指標的探尋，在我們終能如願以償地發現我們想要找尋的指標時，心理學就會發展到下一個世紀的水準。但是，在我們發現它之前，我們不應該自認為已經具有了它，我們也不應該忽視我們已有的主觀數據。不幸的是，我們不可能要求白鼠提供主觀報告；然而，我們卻能夠要求人這樣做。在我們具備更好的資料來源之前，我們根本沒有制止這樣做的理由。

由於這些不能滿足有機體的需求，所以把它稱為缺失性需求或匱乏需求。這些缺失就像為了健康的緣故必須填充起來的空洞，而且必定是由其他人從外部填充的，而不是由主體填充的空洞。這樣做是為了說明它們，以及它們與另一類動機、而且是非常不同的動機加以對比。

對於我們「需要」鈣和維生素 C 的說法，任何人都不會產生疑問。我要

提醒你們，我們有以我全相同的方式「需要」愛的證據。

　　心理學家已形成一個新認知，那就是他們必須事先努力使自己保持成長或者自我完成的趨向，而且這些必須平衡、體內平衡、降低緊張、防禦以及其他自保動機的概念之上。這是有多種原因的：

- **心理治療**：趨向健康的壓力造成治療的可能性，它是心理治療的一個絕對必要的條件。如果沒有這種追求健康的趨勢，那麼，只要治療超出防禦痛苦和焦慮的範圍，它就成為不可解釋的了。

- **腦損傷的士兵**：哥爾德斯坦的著作是眾所周知的。他發現，為了闡明在腦損傷之後人的智慧的重新組織，創造自我實現的概念是必須的。

- **心理分析**：一些心理分析學家發現，著名的有佛洛姆（Erich Fromm）和霍尼（Karen Horney），如果不假定神經病患者具有一種趨向成長、完善發展、實現潛能的衝動，那麼，即使是理解神經病，也將是不可能的。

- **創造性**：透過研究健康成長著的和健康成長起來的人，尤其是把他們同態的人對比研究的時候，給一般創造性問題帶來了許多光明。尤其是藝術理論和藝術教育，特別需要成長概念和自發性概念。

- **兒童心理學**：從兒童的日常行為和談話中可以得出，健康兒童對成長和向前運動充滿了喜愛之情，也願意學新的技能和知識。這恰恰是與佛洛伊德的那種理論相矛盾的，他的理論把每一個兒童都設想成危險地懸在他達到的第一種順應、每一種靜止或平衡狀態上。按著這種理論的說法，勉強的、保守的兒童，仍然必須不斷地被推上臺階，從他偏愛的安逸休息狀態進入一種可怕的新狀態。

　　然而，佛洛伊德的這個概念仍然不斷地被證實，對於不安的驚恐的兒童來說，大部分確實如此；就全人類來說，也的確是這個現狀，但就健康幸福、天真的兒童來說，這個現狀則不能令人滿意，此概念也與實際不相符。

在這些兒童中，我們清楚地看到對於成長、成熟的渴望，他們像扔掉一雙穿破的襪子一樣扔掉過時的順應。在他們身上，我們不僅清晰地看到對於獲得新技能的渴望，而且也看到重新享有它時的最明顯的快樂，這就是 □ · 經勒所說的功能渴望。

對於各種派別裡的這些作者來說，著名的有佛洛姆、霍尼、榮格（Carl Gustav Jung）、安吉爾（James Rowland Angell）、羅傑斯（Carl Ransom Rogers）、G · 奧爾波特（Gordon Willard Allport）、沙赫特（Stanley Schachter）。對於一些天主教的心理學家來說，成長、個體化、自主、自我實現等等，全都是標示模糊覺察到的領域的大致同義的術語，而不是嚴格確定的概念。我認為，現在確定這個還行不通，而且也與需求不相符，這種不是從熟知的事實中自然而然產生的定義，容易起阻礙和歪曲的作用，而不是起好的作用。因為在先驗的基礎上任意地製造出定義，就很可能是一種錯誤和誤解。關於成長，就我們對它的了解來看，現在還未達到足以妥善地給它下定義的程度。

成長的意義即可以由正面加以說明，也可以借助反面來襯托、表現，即它不是什麼，例如它和平衡、體內平衡、緊張、降低是不同的。然而，這不是給它下定義。

成長概念的倡導者提出這一概念的原因有二，一方面他們對現有理論不贊成；二是這些理論沒有某些新理論在內；部分是因為在舊的價值體系崩潰之後，確實需要能提供關於更好的、新的、人道主義的價值體系的理論和概念。

然而，眼前這個論述大多是從直接研究心理上健康的個體中引伸出來的。採取這種做法，不僅是由於個人的固有興趣，而且也是為了給治療和病理理論以及價值理論提供比較牢固的基礎。教育、家庭教養、心理治療和自我憎愛分明的真正目標，在我看來似乎能透過這樣的直接接觸來揭示。成長的最終產物是能夠教給我們在成功過程中需要懂得的知識。

第一章　探索生命的需求

　　另外，我也直率地推論出這種直接研究好人而不是壞人、健康人而不是病態人的體積法，以及對於普通心理學各種可能的積極後果以及消極後果。我應該預先告訴你們，在某人重複了這個研究之前，這些資料不能看成是確實的。投射的可能性是很現實的，當然這不可能被研究者自己察覺到。現在，我準備對健康人和非健康人的動機生活的差異做一下論述，即對由成長性需求激發的人和由基本需求激發的人做一下對比。

　　就所涉及的動機狀態來說，健康人的安全、從屬、愛、尊重和自尊等等基本需求已得到充分滿足，因此，他們現在主要是被自我實現的趨向激發（自我實現定義為不斷實現潛能、智慧和天資，定義為完成天職或稱為天數、命運或稟性，定義為更充分的認識、承認個人的內在天性，定義為在個人內部不斷趨向統一、整合或協同動作的過程）。

　　關於對這個一般性的定義的闡述，跟我的那些公開過的定義一樣，是屬於描述性和操作性的。在那裡，我透過描述臨床觀察到的特徵來給健康人下定義。這些特徵是：

- 優良的現實知覺。
- 更能接受自我、其他人和自然。
- 增長了自發性。
- 問題中心主義的加強。
- 增強了超然和獨處的願望。
- 增強了自主性，抗拒文化適應。
- 更新穎的鑑賞，情緒反應的豐富性。
- 更頻繁的高峰經驗。
- 增進了與人類趨同的傾向。
- 改變（診療心理學者會說是改善）了人際關係。

- 更民主的性格結構。
- 大大增長了創造性。
- 價值體系上的某些變革。

另外，我也敘述了研究方面的侷限性，即由於在選樣上和數據效用上的不可避免的缺點，定義不能不受到一定影響。

從一開始到現在在闡述健康人概念時所遇到的一個主要困境就是由於它具有某些靜力學特點，因為一直以來我把研究對象大多定在年老人身上，所以自我實現傾向於被看成是最終的事態，是遙遠的目標，而不是被看成能動的、貫穿一生的動力過程；傾向於被看成存在而不是形成。

為了體現自我實現自始至終前進的特點，也為了更加符合實際情況，可以把成長定義為導致最終自我實現的過程。而且，這樣也會防止把自我實現的動機序列設想為全是漸進而沒有突變，或者全是突變而沒有漸進，在這個序列中，在另一種更高級的需求在意識中出現之前，基本需求必須一個接一個地得到完全滿足。這樣，成長就不僅在逐漸滿足基本需求達到它們「消失」的一點時看到，而且也在超越基本需求的、特殊的成長動機形態中，即在天資、智慧、創造傾向、體質潛能的形態中看到。因而有助於我們認清基本需求和自我實現彼此間的矛盾 —— 並不多於童年和成熟之間的矛盾。前者轉化為後者，而且是後者的必要條件。

自我實現的人之所以對別人採取無所欲求的不評價、不判斷、不干預、不宣判的態度，是因為他們一般沒有必要從別人身上抽取滿足他的需求的特質，而且從不把別人當工具看待，從而能夠更清楚、更有洞察力地知覺和理解其他人的實際情況。

成長需求與基本需求的差異

　　成長需求和基本需求之間的差異是以它們之間差異所形成的結果而反映的。列在下面的這些差異，雖然不是完善的，但總是由成長性需求和缺失性需求這兩個相當準確地描述出來的。例如，並不是所有的心理需求都是缺失性需求，也就是說不全是性的、排泄的、睡眠的和休息的需求等。

　　可以這麼說，屈從於缺失性需求的滿足，與他被成長或超越成長、自我實現激發時，在人的心理生活的許多方面是不一樣的。下述的一些差異可以把這一點搞清楚。

對衝動的態度：抵制衝動和認可衝動

　　事實上，一切的動機理論，在把需求驅力以及激發使人生氣的、叫人苦惱的、令人不高興的、不適合的闡述時，是一致的；認為被激發的行為、有目標的探索、完成的反應全都是減輕這種不舒適的方法。這種對衝動的態度顯然是接受了那種廣泛流傳的解釋，即把動機描繪成是縮小需求、緩解緊張、降低驅力、減少焦慮。

　　在動物心理學或把大量動物作為研究對象的行為主義心理學看來，這種態度是正常的，這其中的原因也許是動物有缺失性需求。不管事實是否原來就是這樣，反正為了客觀性起見，我們已經這樣對待動物了。目標對象是動物有機體之外的某種東西，因此，我們就能測量動物在達到這個目標的過程中所做出的努力。

　　對於這一點也應抱理解的態度，也就是說佛洛伊德心理學的思想基礎也是對動機持相同的態度，即它認為衝動是危險的，我們要與之搏鬥。這是因為，畢竟整個佛洛伊德心理學都是以病態人的體驗為根據的，而在事實上，病態人在他們的需求滿足與挫折上都經歷了不良體驗。因此，毫不奇怪，這

樣的人自然會畏懼、甚至憎恨他們的衝動了，因為這些衝動曾造成他們如此多的煩惱，它們的控制是如此有害，它們經常以壓制的方式駕馭他們。

當然，貶低欲望和需求，這是貫穿哲學、神學和心理學史的經久不變的主題。禁慾主義者，大多數歡樂主義者，尤其是所有的神學家，許多政治哲學家，以及大多數經濟理論學家，在這方面是完全一致的，他們都斷言愉快、幸福和快樂，實質上都是改善需求、欲望、要求的事態的結果。

簡而言之，欲望和衝動是這些人都不喜歡的東西，這些東西能危害到他們，因此他們都努力去排除它，至少不招惹它。

這個論點有時也正是對實際情況的準確報告。生理需求、安全需求、愛的需求、尊重需求以及資訊需求，對於許多人來說，比如對於心靈鬧事者、問題製造者來說，特別是對於那些在滿足需求上有不成功體驗的人來說，以及對於那些現在沒有指望滿足這些需求的人來說，實際上經常是令人討厭的。

但是，不管基於何種理由，這些缺失性需求似乎渲染得太離譜了，假如一個人有償地體驗過這些需求；如果現在和將來有指望滿足這些需求的話，那麼，他就可以認可並喜愛他的這些需求，並且歡迎它們進入他的意識。比方說一個人平時就喜愛某種食物，而這種食物又在需求的時候恰當地出現，那麼，食慾在這時是受人歡迎的。食物上的麻煩，在於它扼殺了我的食慾。解渴、睡眠、性的需求、從屬需求以及愛的需求等等，確實都與此類似。然而，對於「需求討厭論」的一個更強有力的駁斥，在對於成長（自我實現）性動機的覺知和關心中發現了。

由於個人的天資，智力有著程度不一的差異，因此它們無法在自我實現下進行排列，然而，有些特性卻是人所共有的，而且，它們一致的地方在於，這些衝動是令人滿意和受人歡迎的，是使人高興和愉快的，人想使它們

第一章　探索生命的需求

更多些而不是更少些，而且也在於，假如它們構成了緊張，這些緊張也是令人愉快的緊張。創造者一般都歡迎他們的創造衝動，一般有天資的人都喜愛運用和擴展他們的天才。

在這樣的事例中，談論緊張緩解是完全錯誤的。緊張緩解的意思是排除令人煩惱的狀態，而現在這些狀態並不是令人煩惱的。

滿足的不同效應

這樣的想法中時常纏繞著需求的否定態度，也就意味著有機體的目標是把不如意的需求去除，從而達到緊張中止，達到沒有痛苦的平衡、體內平衡、靜止和休止狀態。

驅力和需求把清除自身作為主要目的，它目的就是使自己不再受需求的纏繞。把這一點推到邏輯極端，我們就與佛洛伊德死的本能糾纏在一起了。

安吉爾、哥爾德斯坦、G‧奧爾波特、C‧比勒、沙赫特以及其他人，都有力地批判了這種本質上是循環論的立場。假如說，組成動機生活的是一些令人煩惱的緊張，而且緩解這些緊張的終產物就是消極地等待更加不受歡迎的煩惱，那麼，怎麼還會產生變化、發展、運動和傾向性呢？人為什麼還要改善、還要更聰明呢？生活的興趣又意味著什麼呢？

C‧比勒指出，穩態論不同於休止論，休止論直率地談論消除緊張，最好含有零度緊張這樣的意思。穩態則不意味著使緊張達到零度，而是要它達到最佳水準。這就意味著，有時要降低緊張，有時則要增加緊張，比如血壓可能是太低了，也可能是太高了。

無論哪一個理論，都不存在貫穿其中的主線，自我實現的增強，智慧能力的提高，人格的提升，這些問題在兩種理論中都沒有得到體現。為了使貫穿一生的發展具有某種意義，必須求助於一些長期的航線或定向傾向。

必須估計到，即便是對於缺失性動機，這些理論也沒有做適當的描繪。

這裡缺少的是沒有意識到有一種把所有分離的動機事件連繫起來、串在一起的動力規律。不同的基本需求以層次等級的方式彼此連繫起來，以致一種需求的滿足以及它從活動中心移開的後果，並不導致休止狀態或禁慾主義的冷漠狀態，而是在意識中浮現出一種「更高級的」需求；需求和欲望在繼續展開，然而是在更高一級的水準上繼續展開。因而，達到休止的理論，即便是對於缺失性動機來說，也是不適當的。

待我們察看了已確立完畢的成長性動機的人時，那種盼望結束的念頭變得毫無意義了，原因在於滿足使這樣的成長性動機的人滋生了更多的動機；滿足提高了而不是降低了興奮，欲望變得更強也更高了。他們發展他們自己，要求不是越來越少，相反，要求是越來越多，例如對教育的要求就是如此。這種人不僅不走向休止，反而變得更積極了。

滿足增強了而不是減弱了他們的成長願望。成長本身是一種成功的表現，如實現了自己的願望成為一名合格的教師，為國家建設培養了人才；如演奏小提琴或成為好木工；扎實地增進對人、對宇宙，或者對自身的了解；在不論哪一個領域中發揮創造性等等。總之有成為一個真正的人的雄心。

韋特海默對同一區別的另一個側面已經做了過多的描述，他說追求目標的活動時間很少不超過他的時間的 10%。由於活動自身的緣故，本身可能就固有受歡迎的東西，也可能只是由於它在滿足願望上發揮了手段的作用才具有了價值。在後一種情況下，當它不再是成功的或有效的時候，活動就喪失了它的價值，不再令人愉快了。而更為常見的情況則是，活動簡直完全不令人喜愛，受到喜愛的只是目標。這一點和某種對待人生的態度類似，由於人生最終要進入天堂，所以對人生本身重視較少。以這一觀察為基礎的結論就是，自我實現的人喜歡生活的各個方面，而不具備自我實現能力的人只是對偶然遇到的勝利、成功以及獎賞而欣喜若狂。

生活的這種內在效力，部分來自成長和成長中所固有的愉快。但是，它

也來自健康人把作為手段的活動轉變為目的體驗的能力。因而，即使是作為手段的活動彷彿也像目的活動似的受到喜愛。從性質上看，成長性動機是長期的，有相當一部分人可能一心一意地夢想做教育家、心理學家等。所有平衡論、穩態論或休止論，只是論述了彼此有關係的一些短期事件。

奧爾波特小組特別強調了這一點，他指出：計劃性和看到未來是健康人的核心本質或天性。實際上，缺失性動機要求緊張緩解和恢復平衡。另一方面，成長性動機則為了長遠的和通常達不到的目標而保持緊張。也是在此基礎上，成長性動機有條件把成人的形成和嬰兒的形成以及人的形成和動物的形成區別開來。

滿足在診療和人格上的作用

缺失性需求的滿足和成長性需求的滿足，在人格上有不同主觀效果和客觀效果。假如我可以以概括的方式表示我正在探索的東西的話，那麼，缺失性需求的滿足避免了疾病，而成長性需求的滿足則導致積極的健康。我應當承認，在現時圈定研究意圖是困難的。然而，防止威脅和襲擊與積極的勝利和成就，保護、防禦和保存自己與實現、激勵和擴展自己，在診療上的差異卻是實實在在的。我曾經嘗試把這一點表述為：完全的使用過的對比，是防禦機制（逃避痛苦）和獲取機制（達到成功和戰勝困難）的懸殊差別。

不同種類的愉快

佛洛姆在區分高級愉快和低級愉快方面，做出了令人讚賞的貢獻。這對於突破主體的道德相對性是關鍵性的，而且也是科學價值論的前提條件。

他區分出貧乏的愉快和豐富的愉快、要求過分滿足的「低級」愉快和生產、創造、發展洞察力的「高級」愉快。隨著缺失性需求的過分滿足而來的厭膩、鬆懈和喪失緊張，與一個人在順利完善地活動時，處在其能力的顛峰

時——可以說是在超速活動時，所體驗到的機能渴望、入迷、安詳相比，至多能夠叫做「寬慰」。

寬慰本身依存於某種需求，但它本身也更易於消失，比隨著持續不斷成長的過程而來的愉快更缺乏持久性、不變性和穩定性的支持。

能達到的（一個事件的）目標狀態

缺失性需求的滿足傾向於成為間斷的和有頂點的。在這裡，最通常的圖式是從一種能引起有目標的行為的慾惠、激發狀態開始，然後漸漸地、平穩地上升到欲望和激動，最後在成功和完成的時候達到巔峰。欲望、激動和愉快的曲線從這個巔峰急遽下降到緊張釋放和缺乏動機的平衡期。

雖然說這個圖式並不能讓所有人滿意，但它始終與成長性動機的情況保持了強烈的對比，無極點和完成的成長性動機，沒有歡樂的極點，沒有終止的狀態，而且如果極端地解釋成長性動機的話，它甚至也沒有目的。成長是持續地、或多或少地、平穩地向上或向前發展。一個人獲得的越多，這個人需要的也就越多，因此，這種成長性需求是無止境的，永遠不可能達到滿足。

正是這個原因導致力爭、誘導目標的行為、對象和相伴的效應之間的脫離已全部消失殆盡。行為本身就是目標，而且，區分成長目標和對成長慾惠是不可能的，它們是同一的。

種的廣泛目標和特異的目標

缺失性需求的應用範圍極廣，不僅僅為人類所共同擁有，而且也被其他物體所部分擁有，自我實現的需求是與眾不同的，只因為每個人都有自己的特點。缺失性需求，即種的需求，通常應該在真正的個性充分發展之前，得到相當充分的滿足。

正如所有的樹林都需要陽光、水和養分的環境一樣，所有的人也都需要

從他們的環境中獲得安全、愛和地位。在這兩種情況下，這些恰恰都是個體真正發展能夠開始的地方，一旦滿足了這些初級的、種的需求，每一棵樹和每個人就以他自己的獨特形式開始發展，為了他自己的目的使用這些必須品。從一種意味深長的意義上說，這時的發展就變得更加依賴內部而不是依賴外部了。

依賴環境和對環境的獨立性

因為諸如安全、從屬、親愛以及尊重只能由外人來滿足需求，也就是說這些關係對外界有很大的依賴性。在這種依賴狀態下的一個人，確實不能說他統治著自己或支配著自己的命運。他必須感激滿足需求的供應來源。他必須接受別人想法、規則和狂想的支配，而不能置之不理，否則對他的源泉則有弊而無利。在一定程度上，他必須是「他向的」，而且對於其他人的認可、感情和意志必須是敏感的。這就是說，他必須適應調整，依靠發展靈活性和反應以及改變自己來適合外部的情況。他是因變量；而環境則是固定的自變量。

因為環境對缺失性動機存在著制約性，因此缺失性動機的人比他人對環境更懷著懼怕感。現在我們都清楚，這些令人憂慮的依賴性也孕育出敵對行動。所有這些加起來就意味著自由的喪失，一切或多或少都是以個人的運氣好壞而定。

截然不同的是，個體的需求雖已得到滿足，但其依賴性和受動性則很缺乏，而自動性和自我定向則要多許多。有成長性動機的人遠遠不是必須依賴他人的人，實際上他們可能是受他人妨礙。我已經報告他們特別喜歡獨立和沉思。

自我實現的人變得自信和自制多了。支配他們的決定因素，現在主要是內部的因素，而不是社會和環境的因素了。這些內部的因素是他們自己內在本性的法則，是他們的潛能和自然傾向，是他們的天資，是他們的潛在資源，

是他們的創造衝動，是他們認識自己並使自己變得越來越整合、越來越一致的需求，以及是越來越了解自己的實際、自己的召喚、天職和命運的需求。

由於自我實現的人較少依賴他人，所以，他們對別人較少既受又恨的矛盾心理，他們既不怎麼渴望也不怎麼敵視別人，他們不太需要他人的讚揚和慈愛，他們不那麼汲汲於榮譽、威信和獎賞。

自主性或者說環境的相對獨立性意味著相對獨立於不利的外部環境，這些不利的外部環境如意外的壞運氣、壓抑和剝奪。奧爾波特別強調，把人看成實質上是反應性的，認為他是由外部刺激推動的，我們可以稱之為刺激－反應的人，這種看法對自我實現的人來說是完全站不住腳的。他們的活動源於內部的超過源於反應的。這種對於外部世界及其命令和壓力的相對獨立性，當然並不意味著不與它交往，或者不尊重它的「要求特性」。相對獨立性只不過反映了自我實現者的希望和計劃是事情的決策者，但是要明確的是，這其中的主要壓力不是來自於環境，它與地理自由是大不相同的。

奧爾波特論述的行為的「機會主義」決定和行為的「依據個人的」決定之間的對比，與我們所說的外部決定和內部決定的對立有密切的對應關係。這使我們回憶起，生物學家無一例外，將環境刺激的自主性和獨立性的不斷增長視為符合條件的個體性、真正的自由和全部演化過程的獨特性。

有私利和無私利的人際關係

實質上，受缺失激發的人與主要受成長激發的人相比，前者要更多的依賴他人。他們是出於私利更需要、更依戀、更期待他人的。

這種依賴性歪曲和限制了人際關係。把他人主要看作是滿足需求者和供應來源，這是一種抽取行為，因為他不再把人看作完整的、複雜的、獨特的個體，而是用實用的眼光看待他們。他們身上與觀察者無關的東西，或者看成是威脅他的東西，都被遠遠地拋開了。這樣就與我們同牛、馬、羊的關係

類似了，也與我們跟我們使用的侍者、出租汽車司機、看門人、警察等的關係類似了。

要想完全地、真正地、透徹地、明白地了解一個人，只有對他無所求和無需求時才能做到這一點。獨特地、審美地認知完整的人，對於自我實現者（或在自我實現的時候）來說，可能性要大得多。而且，自我實現者的認可、欽佩和熱愛他人，也較少由於對自己有過好處的感恩心情，更多的是以他人的內在特質為依據。他之所以受到欽佩是由於客觀上有令人欽慕的品格，而不是因為他們奉承和讚揚。

和他人「有私心的」和滿足需求的關係的一個特性，就是這些滿足需求的人在很大程度上是可以替換的。例如，由於少女本來就需要羨慕，所以，這樣就造成了對她表現出羨慕的人的極小差別：這一個表現出羨慕的人大致與另一個表現出羨慕的人一樣好。對於提供愛的人和提供安全的人來說，情況也大致如此。

知覺者只有對缺失性需求表現出極度的渴求，那麼才有可能無私心地、無所求地把別人視為具有獨立性的人，在他自身的限度內認知他，換句話說，把他作為一個人而不是作為一個工具來看待，這是非常困難的。「高限的」人際心理學，即對人際關係發展的最高可能性的認識，不能把自己建立在缺失性動機理論的基礎上。

自我中心和自我超越

當我們努力表達成長定向、自我實現的人對自身的複雜態度時，我們就與平時觀點對立的論點不期而遇了。用安吉爾的話來說，恰恰是這種自我的力量處在巔峰上的人最容易忘記自我或超越自我，他可能是最以問題為中心的，最忘掉自我的，在其活動中最自動的人。這樣的人，專注於察看、行動、欣賞和創造，可能是最完美、最整合、最純潔的人。

缺失性需求愈多的人注意世界的精力花費就越多，而注意自我意識、自我中心和滿足定向的能力就反而越少。越受成長性動機激發的人也越能以問題為中心，當他處理客觀事物時，也越能把自我意識丟在腦後。

人際心理治療和人際心理學

患有心理疾患的人大多都有從始至終缺乏基本需求滿足的經歷，精神病就是缺失性疾病。正因為如此，所以治療基本要求是提供所缺乏的東西，或者使病人自己有可能做到這一點。由於這些物品來自別人，所以一般地說，治療必然是人際的。

然而，這個事實已被錯誤地分泛化，當然，缺乏性需求已經滿足主要受成長性動機控制的人，並沒有出現了一些衝突、困難和焦慮。在這種時候他們也會來尋求幫助，而且能很好地轉向人際治療。然而，忘記下面這一點則是不明智的，即主要受成長性動機支配的人的衝突和問題，經常是他自己透過向內求助於沉思方法，即自我檢查的方法加以解決的，而不是從某個他人那裡尋求幫助。甚至從原則上說，許多自我實現的課題主要是個人內部的，例如制訂計劃、發現自我、發展潛能的選擇、形成人生觀等等。

在人格改善的理論中必須給自我改善和自我檢查、沉思和反省保留位置。在成長的後期，個人本質上是獨立的，並且只能依靠他自己。施瓦爾茨把自己已經治癒者的改善稱為心理促進學。如果說心理治療是使病人不再生病並消除症狀的話，那麼，心理促進學就要在新陳代謝停止的地方開始工作，使不再有病的人健康起來。我很有興趣地注意到了羅傑斯的看法：成功的心理治療把病人在維洛貝·馬特里特量表上的平均分數提高了25％到50％，那麼，誰將把他提高到70％、或提高到100％呢？難道我們不希望有做這件事所必須的新原則和新方法嗎？

第一章　探索生命的需求

作為手段的學習和人格的變化

這個國家的這些學習理論幾乎毫無例外都是以缺失性動機為基礎的，動機的目標對象通常都是外在有機體之外，學習也就是學習滿足需求的最好方法。由於這個原故，連同其他因素，我們的學習心理學知識是有限的，只在很小的生活領域中有用，其他「學習理論家」也只對其中很小一部分感興趣。

但是，類似這樣的學習理論在解決自我實現和成長的問題時卻徒勞無功，因此對從外部世界滿足缺失性動機的方法實在多此一舉。聯結學習和拓通學習已經更多的讓位給知覺學習、增進頓悟和理解、認識自我和人格的穩定成長，即增強協同、整合和內部一致性的學習了。變化不再是一個接一個地掌握習慣和聯想，更多的成了整個人的完整變化，即變成一個新的人，而不是在同一個人身上增添某些習慣，像增加一些物質財富那樣。

這種性格變化的學習，意味著改變很複雜的、高度整合的、作為整體的有機體，而這又從反面證明有大量的影響將不會再造成作用，原因在於這種影響將會受到由變化導致的堅強的人的抵制。

我的被試向我報告的最重要的學習經驗，最為經常的是關於個人生活的經驗。例如，不幸、死亡、創傷、轉折和突然頓悟等迫使這個人在人生觀上發生了變化，從而在他所做的任何事情上也就發生了變化。當然，不幸和頓悟的所謂「工作」貫穿較長的時間，但是，這根本不是聯結學習的問題。

只要成長排除了阻礙和壓抑，使他回覆到自身，能夠似乎光芒四射地噴發出行為而不是重複動作，自我能按照他的內在本性表現自己時，自我實現者的行為就成為天然的、創造性的、釋放出的，而不是獲得的，成為表現自己的，而不是應付他人的了。

缺失激發的和成長激發的知覺

最終將證明人與人之間的所有差異中最重要的差異是缺失得到滿足的人與存在之間的緊密的連繫。心理學家還未接受哲學家的模糊裁判。這方面的問題雖然還只有大體的輪廓，但卻可從事實中找出確鑿的根據。透過研究自我實現的個體（這種研究對哲學家來說是古老的，但對我們來說則是新的），各種基本的洞察就一目瞭然了，因此，這個領域現在成為可以接受的了。

我們如果能認真區分關心需求的知覺，不關心需求的知覺以及無慾求的知覺的話，就可以大大地改變和擴展我們對知覺和察覺的世界的理解。由於後一種知覺是更具體的和較少抽取與選擇的，所以這樣的人更有可能看到知覺以外的內在本性，他也能同時覺察對立面、二歧式、兩極性、矛盾和不相容的東西。發展不良的人好像生活在亞里斯多德的世界中，在這裡，各種類別和概念都有嚴格的界線，而且彼此排斥、互不相容。例如，男性與女性；自私與無私；成人與兒童；好與壞；仁慈與殘忍等等。在亞里斯多德的邏輯中，A 是 A，而任何其他東西都是非 A，而且二者永遠不會聚合。但是，被自我實現者看到的事實卻是 A 和非 A 相互滲透，而且是一個事物；任何人既是好的又是壞的，既是男性的又是女性的、即是成人又是兒童。我們很難把整個人置於一個連續統一體中，只能看到一個人被抽取出來的一個方面，整體是不能比較的。

當我們被需求決定的方式知覺時，我們可能沒有意識到這一點，然而，當用這種方式觀察我們自己時，例如，只把我們看成是提供金錢者，供應食品者，提供安全者，某種可以依賴的人，或者只把我們看作侍者，或別的普通的僱員，或某種達到目的的工具等等時，我們肯定能意識到這一點。當這樣的事情發生時，我們根本不喜歡。我們要求被看成是我們自己，看成是完全的和整個的個體，我們不希望被看作是有用的對象或工作，我們不喜歡「被利用」。

第一章　探索生命的需求

　　自我實現的人之所以對別人採取無所欲求的不評價、不判斷、不干預、不宣判的態度，是因為他們一般沒有必要從別人身上抽取滿足他的需要的特質，而且從不把別人當工具看待，從而能夠更清楚、更有洞察力地知覺和理解其他人的實際情況。這就是外科醫生和治療者設法爭取的那種不糾纏、不捲入的超然知覺。對於這樣的知覺，自我實現者用不著爭取就能達到。

　　這一知覺上的差異，特別是在人與物具有複雜結構難以捉摸和模糊時顯得最為重要。尤其是這種時候，即察看者必須尊重客體的本性時，知覺必須成為從容的、非強加的、不要求的和能順從地適應事物本性的，像水緩緩地滲進裂縫中去那樣的知覺。它不就當是那種由需求激發的知覺，這樣的知覺會以威逼的、凌駕於上的、開採式的、有目的的方式，以屠夫肢解動物的方式來塑造事物。

　　盡量少加入觀察者的主觀因素、本性，而盡量由被觀察者的內在結構決定，被動多於主動，這是察覺世界內在本性最有效的方法。對於具體事物中一切同時存在的方面，這種超然的、道家的、受動的、不干預的知覺，大量存在於一些美感體驗和神祕體驗的描述中。在這裡強調的重點是一樣的。我們是看真實的、具體的世界呢？還是看我們投射到世界上的我們自己的成規、動機、預期和抽象體系呢？或者更直截了當地說，我們是察看呢？還是蒙上自己的眼睛呢？

　　存在愛能創造合作者，存在愛給他一種自我意識，一種自我認可，一種愛的價值感，所有這些使他能夠成長。沒有存在愛，人不知還能有無可能完善發展。

需要的愛和非需要的愛

平常所研究的愛的需求，例如，鮑爾貝、斯皮茨、利維等所研究的，都是缺失性需求，它是一個必須以愛填充的空洞，一個要注入愛的空洞。如果治癒空洞的必須品 —— 愛不能得到，就會產生嚴重的病態；如果在適當的時候，以適當的數量和形式得到了愛，那麼就能有效地防止病態。病態和健康的中間狀態是繼受挫或得到繼續充分滿足的狀態而來的。如果病態不太嚴重並且能早期發現的話，代替治療就能夠治好它。這就是說，這種疾病、「愛的飢餓」，在某些案例中可以透過補償病理缺失的方式治好。愛的渴望，像鹽和維生素缺乏症一樣，是一種缺失性疾病。

並不需要為沒有這種缺失的健康人在穩定的、很少的、維持劑量之外額外補充什麼，並且有時可以讓這少量的愛也消失一段時間。但是，如果動機完全成為滿足缺失並因而擺脫需求的問題，矛盾就出現了。需求的滿足會導致它的消失，這就是說，處在令人滿意的熱愛關係中的人，恰恰是較少可能提供愛和接受愛的人？然而，對於愛的需求已得到滿足的較健康的人的冷靜研究表明，雖然他們不太需要獲得愛，但是他們卻更能提供愛。在這個意義上說，他們是更親愛的人。

這個發現從本質上揭露了平常的動機理論（集中在缺失性需求上）的侷限性，而且指出了「超動機理論」（成長性動機和自我實現的理論）的必要性。

我已經描述過存在愛和缺失愛相互對照的動力學。在這裡，我只想把人的這兩個對照組作為例子，闡明上面做出的一些結論。

存在愛能順利進入意識，並且受到完全的喜愛。由於它是非占有的、最喜歡的而不是需要的，因此，它不會造成煩惱，實際上它總是提供愉快的。

存在愛從來不會被充分滿足，它可能是沒有盡頭的喜愛。它總是無限增大，而不是消失。它是內在的快樂，它是目的而不是手段。

第一章　探索生命的需求

　　存在愛的體驗經常被描繪成和美感體驗或神祕體驗相同的東西，並被描述成具有同樣的作用。

　　體驗存在愛的心理治療作用和心理促進作用是非常深刻而廣泛的。它的作用同健康母親對嬰兒的完全的愛，同一些神祕主義者所描繪的上帝的無私的愛，在性格上的作用是類似的。

　　超越了懷疑陰影的存在愛是比缺失愛（一切存在愛者對此以前也都體驗過）更豐富、更高尚、更有價值的主觀體驗。這種優勢也被我的年齡較大的研究對象報告過，他們之中的許多人以不同的結合約時體驗著兩種愛。

　　缺失愛能夠滿足。「滿足」的概念則不適用於另一個可羨慕的、可愛的價值的羨慕愛。

　　存在愛中只有極少的焦慮、敵視，從對於人的實際效果來說，甚至可以認為它們是不存在的。當然，在這裡可能是在為別人而焦慮，而在缺失愛中，則總是有一定程度的焦慮和敵視。

　　存在愛者彼此之間，是比較獨立的、更多自主的、較少嫉妒和威脅的、較少需求的，是更獨特的、更無私心的，但同時又是更熱心於幫助別人自我實現的，更為別人的成就而感到高興的，是更利他的，更慷慨的，更培育人的。

　　存在愛能夠最真實、最深入地知覺別人，正如其中的情緒意動反應一樣多。這一點是給人以深刻印象的，並且經常為其他人的晚期體驗所證實，就是說，他們完全不同意「愛使人變成瞎子」這種粗俗的陳詞濫調。我自己也認為不愛才使我們變成瞎子。

　　存在愛能創造合作者，存在愛給他一種自我意識，一種自我認可，一種愛的價值感，所有這些使他能夠成長。沒有存在愛，人不知還能有無可能完善發展。

　　把本能等同於不可抗拒的力量，這種誤解也許是推動文化論者攻擊本能

論的主要力量來源。任何一個人種學家的經驗都與這種看法相牴觸,所以攻擊是可以理解的。

對生命本能理論的重新考察

重新考察本能理論的理由

我們透過基本需求理論的概述,有必要對本能理論進行重新審議,這不僅要求區分更基本和不太基本、更健康和不太健康、更自然和不太自然的需求,而且,還因為我們不應無限期地推遲對某些有關問題的重新考察,這樣那樣的一些基本需求的理論問題已經無法再迴避下去了。例如,隱含的對文化相對論的排除的問題,隱含的關於體質給定價值的問題,以及條件反射作用範圍的必然縮小等等問題。

總之,有相當數量的其他理論的、臨床的和實驗的研究,它們都一致指出,本能理論需求重新審議,或者以某種形式恢復它。這些都使我們不得不懷疑當前心理學家、社會學家、人類學家對於人的可塑性、靈活性、適應性以及他們學習能力的過分強調。人似乎有遠比現代心理學所估計的更強的自主和自我調節的能力。

例如,坎農的體內平衡概念,佛洛伊德的死亡本能理論;愛好,或自由選擇,或自助餐廳的實驗;利維的本能滿足實驗,以及他評論母親過分溺愛孩子的著作。

各種心理分析研究發現,對孩子大小便訓練的過分要求和急於給孩子斷奶,對孩子的健康發展有負面影響。

大量的觀察資料使主張循序漸進的教育家、幼兒園工作人員以及應用兒童心理學家,在接觸兒童過程中傾向於實行一種更寬容的制度。

羅傑斯非指示療法所依據的概念體系。

第一章　探索生命的需求

　　由動力論者、突生進化論者、現代實驗胚胎學者以及像哥爾德斯坦這樣的整體論者，提供的大量神經病學和生物學的資料，涉及到機體在遭受損壞後自發的再調整。

　　所有已有的和正在進行的探討，都極力堅持我們的機體有更強的自我保護、自我指導和自我控制能力，從而也比一般認可的更值得信賴。

　　此外，我們還可補充一點，各種正在的發展已表明，有必要從理論上假定機體內有某種積極生成或自我實現的傾向。這種傾向不同於機體內自我保存、自我平衡或體內平衡等，也不同於適應外界刺激的傾向。這種生長或自我實現的傾向，曾經由亞里斯多德、伯格森和其他許多哲學家以多種模糊形式所假定過。在精神病學家、心理分析家，以及心理學家中，哥爾德斯坦、蘭克、榮格、霍尼、佛洛姆、梅、羅傑斯，也都感到有必要提出這種假設。

　　但是，心理治療家的經驗，特別是心理分析也許是對主張重新考察本能理論最重要的影響。在這一領域，儘管看起來各種事實有些模糊不清，但事實的必然連繫是準確無誤的。治療者不得不把更基本的願望與不太基本的願望（或需求，或衝動）區別開來。原因很簡單：某些需求遭受挫折會產生病態，而另一些卻不會。某些需求的滿足會產生健康，另一些卻不會。這些更為基本的需求出乎意料地「頑固」，難以對付，它們反對所有的奉承、取代、賄賂和削弱，沒有任何通融的餘地，它們只要求適當的內部滿足，人們總是有意無意地尋求滿足這種需求。這些需求表現出恰如頑固的、不可削弱的、不能再分析的終極的事實，只能作為既定的事實或不容辯駁的基點。幾乎精神病學、心理分析、臨床心理學、社會工作或兒童治療等各個學派，無論它們相互間有怎樣的分歧，都假定了某種有關本能或似本能需求的學說，這一印象是極其深刻的。

　　這是種族的特性、素養、遺傳，而不是膚淺的易於控制的習慣，這些經驗告訴我們必須考慮。如果必須在這兩難抉擇中做出任何一種選擇，治療者

總是寧肯選擇本能來作為基石，而不是選擇條件反射或習慣。這當然是不恰當的，因為我們將看到，有另外一些更恰當的可供選擇的對象，從中我們可以做出更令人滿意的選擇。這就是說並非二者必居其一。

根據一般的動力論要求來看，本能理論，特別是麥克杜格爾和佛洛伊德提出的本能理論，具有某些當時並未被充分理解的優點。它們未被充分理解，這大概也是由於它們的明顯有很多錯誤。

本能論承認以下事實：人是自我促動的，人自己的本性和他所處的環境都有助於決定他的行為；人自己的本性給他提供先決的目的、目標或價值體系；在良好的條件下，為了避免疾病，他所意欲的常常就是他所需要的（對他是有益的東西）；全人類形成一個獨一無二的生物族類；除非一個人理解其行為的動機和目標，否則行為就是盲目的；總的來說，機體依賴自身的資源，它經常顯現出一種生物性的功能或智慧，這一點必須說清楚。

本能理論的失誤

我們的看法是：本能理論家的許多錯誤，雖然是頑固的，需要反駁的，但絕不是本質的或必然的；而且，不少錯誤連本能論者的批評者也同時具有。

語義上和邏輯上的錯誤最為明顯。由於本能論者特意創造一些本能去解釋他們不能理解或不能確定其本源的行為，他們的確做得很不恰當。不過我們自然加強警惕，也無須認為這些本能都是務實的，不必將名稱與事實相混淆，也不必進行無效的三段推論，而且，我們對語義學已有極多的了解了。

粗陋的種族中心論、階級中心論及庸俗化的社會達爾文主義都曾導致早期本能論者的失敗。但我們現在顯然能夠避免這些，因為我們已有更多的人種學、社會學和遺傳學的知識。

我們也必須清楚地意識到，本能論者當時從種族學的天真的行為中轉得

過於極端，過於徹底，以致這一行動本身造成了一個錯誤，即文化相對論。這一學說在過去很多年中曾有很大影響，並且得到廣泛的認可，但現在卻受到廣泛的批評。的確，像本能論者以前做過的那樣，尋求跨文化的種族的特性，值得重新予以重視的。於是，我們必須既避免種族中心主義，又避免極端的文化相對論。例如，工具性行為（手段）與地方文化決定因素的關係比基本需求（目的）更密切，這一點是十分清楚的。

　　大多數反本能論者，例如伯納德（Bernard Weiner）、華生、郭任遠等，批評本能論的根據是，本能不能根據特定的刺激反應概念來描述。簡而言之，就是指責本能不符合簡單的行為主義理論。這是真的，本能的確如此。然而，動力心理學家現在並不著重去指責這些。他們一致認為，僅僅用刺激反應概念是不能解釋任何重要的人類完整品格或完整活動的。

　　這樣一種企圖只能引起混淆。把反射與標準的低等動物本能混淆起來就是一個典型的例子。前者是純粹運動神經的動作；後者除此以外還有更多的特點，例如，先天性的衝動，表達性行為，應對性行為，對目的物的追求，以及情感色彩。

　　甚至僅僅從邏輯上來看，我們也沒有理由一定得在完全的本能（各部分都充分發展的本能）與非本能之間進行取捨。為什麼不能有殘存的本能，不能有似本能的某種尚屬行為的東西，不能有程度的不同，不能有不完全的本能呢？

　　有不少不負責任的作者不加區別地使用本能這個詞代表需求、目的、能力、行為、知覺、表現、價值以及感情的伴隨物，有時取其中單獨一項的含意，有時代表幾項的結合，其結果就形成了不精確用法的大雜燴，正如馬莫爾和伯納德指出的那樣，幾乎每一種已知的人類反應，都被某個作者描述為本能。

我們或許可以這樣認為：人的欲望或基本需求是先天給定的，至少在某種可以察覺的程度上是這樣。那些與此有關的行為或能力、認識或感情則不一定是先天的，而可能是（按我們的觀點）經過學習或引導而獲得的，或者是表現性的。當然，人的許多能力或智慧完全為遺傳所決定或由遺傳提供可能，例如，色覺，發音能力等等，但它們與我們這裡討論的問題無關。

這就是說，基本需求的遺傳成分可以看成是簡單的意動性缺乏，與任何固有的達到目的的行為無關，就像佛洛伊德的本我衝動的盲目、無定向的需求一樣。我們將在下面看到，滿足這些基本需求的因素，似乎也可以由某種方式確定為內在固有的。追求目的的行為（競爭行為）是必須依靠學習才能達到的。

考慮問題時僅用非此即彼的二歧法而不是按程度的差距是本能論者和他們的反對派的嚴重失誤。一整套複雜的反應，怎麼能夠說要麼完全是由遺傳決定的，要麼完全不是由遺傳決定的呢？任何一個結構，無論怎樣簡單，不可能是只具有基因的決定因素，更不用說任何完整的反應了。即使是孟德爾的甜豌豆也需要空氣、水以及養分。談到這一點，可以說基因本身也需要一個環境，即鄰近的基因。

在另一極端，同樣明顯的是，沒有什麼東西能夠完全脫離遺傳的影響，因為人也是一個生物族類。這一由遺傳決定的事實，是任何人行為、能力、認識等等的前提，也正因為他是人類的一員，他才能做人類所能做的各種事情。而這一人類成員的身分是一個基因問題。

在這一拙劣的兩分法造成的混亂後果中出現了這樣一種傾向：只要有任何學習的跡象顯露時，就斷言這是非本能的，或者相反，假如有了點遺傳影響的證據，就判定這是本能的。既然對於大多數甚至全部衝動、能力或情感來說，證實這兩種看法都是容易的，這樣的爭論必然永遠存在下去。

第一章　探索生命的需求

　　本能論者和反本能論者都是極端主義者。當然，我們完全可以避免這樣的錯誤。

　　動物的本能是本能論者常用的範例，各種錯誤也是因此而產生的。例如，不去尋找人類獨有的本能。然而，從低等動物研究中得出的最有害的經驗釀成了這樣一個原理：本能是強大的、牢固的，是不可更改、不可控制、不可壓抑的。但是，這對鮭、蛙、北極鼠來說，也許是真實的，對人類卻並不適用。

　　我們在憑觀察尋找本能時，可以看出基本需求中的遺傳基礎，不過當它明顯真正地獨立於環境並強過全部的環境力量時，才認為它是本能，那麼，我們就很可能犯大錯誤。為什麼就不會有雖然似本能但仍然較容易受壓抑或控制的需求呢？為什麼就不會有容易為習慣、暗示、文化壓力、內疚等等掩飾、更改、甚至抑制的需求呢？換句話說，為什麼就不會有弱本能呢？

　　把本能等同於不可抗拒的力量，這種誤解也許是推動文化論者攻擊本能論的主要力量來源。任何一個人種學家的經驗都同這種看法相牴觸，所以攻擊是可以理解的。但是，假如我們對文化和生物兩種因素都有恰當的尊重，並且，假如我們進一步考慮文化是比似本能的需求更強的力量，那麼，下述的主張就不是謬論而是順理成章的了：如果我們要使柔弱、微薄的似本能的需求不被更強、更有力的文化所吞沒的話，就應該保護它們。而不是相反，它們很可能被吞沒，儘管這些似本能的需求在另一種意義上說是強大的，亦即它們頑強地堅持要求獲得滿足，一旦受挫，就會產生嚴重的病態後果。

　　對這一論點很有幫助的是一個與一般見解對立的反論。我認為，揭露、頓悟和深度治療——這種治療實際上包括除催眠治療和行為治療之外的所有治療——從某種意義來說是要揭露、恢復和加強我們那些被削弱了的和失去了的似本能傾向和本能殘餘、我們那些動物性的自身、我們的主觀生物學。這一終極目的在所謂的個人成長實習班裡表露得最明顯。所有這些——治療和實習班——都需要人們付出積極的、痛苦的、長時間的努力，這種努力

需要人一生的鬥爭、耐心和堅韌不拔的精神，即使這樣，最終還有可能遭到失敗。

但是，到底有多少隻貓、狗或鳥需要幫助才能知道怎樣去做一隻貓、一條狗或一隻鳥呢？它們由於衝動而發出的聲音十分響亮、清晰和明確，而我們的聲音卻是微弱的、混淆不清和容易被忽略的，因此我們需要幫助才能聽到那些聲音。

所以，在自我實現者身上可清楚看到動物的自然性。而在神經病患者或「一般病人」那裡則表現得非常模糊。我甚至可以說，疾病經常意味著一個人的動物本性的喪失。這樣，就出現了下面這一似乎矛盾的情況：在那些精神層次最高的、最有智慧的聖人身上，在那些最有理性的人身上，我們可以見到最明顯的自然性或動物性。

另一個更嚴重的錯誤也是由注意動物的本能而引起的。某些令人費解的原因也許只有清醒的歷史學家才能夠解釋，不過，西方文明普遍認為，我們身上的動物性是一種惡的動物性，我們大多數的原始衝動是邪惡的、貪婪的、自私的、敵意的。神學家把它叫做原罪或魔鬼；佛洛伊德主義者把它叫做本我；哲學家、經濟學家以及教育家，也用各式各樣的名稱來稱呼它。達爾文由於偏愛這種觀點，以致他只看到了動物界的競爭，完全忽視了同樣普遍存在的協作，沒有注意到克魯泡特金曾輕而易舉地觀察到了這一點。

有時也可以這樣表達這種世界觀，把我們的動物性看成與狼、老虎、豬、禿鷲或蛇的本性一樣，而不是用稍好些或至少溫順些的動物，如鹿、象、狗或猩猩來比較。這種表達方式是將我們的內在本性解釋為惡的動物性，但應指出，如果必須從動物類推到人的話，我們最好選擇那些與我們最接近的動物，例如類人猿。整體來說，既然這些動物是令人愉快的、可愛的，跟我們分享許多善良的特性，那麼比較心理學也不會支持惡動物性這種說法。

第一章　探索生命的需求

當論及遺傳特性不會變化、不可更改的假論時，我們還要注意另一種可能：縱然一種特性最初就被基因遺傳所決定，但它仍然可能改變。如果我們在發現過程中運氣不錯，這種特性也許很容易改變和控制。如果我們假定癌有一個穩定的遺傳基因，也沒有必要阻止任何人尋求一種方法來控制它。假如僅根據演繹的理由，我們也得承認有可能證實智商既具有顯著的遺傳因素，同時又可以由教育或心理治療加以改進。

我們與本能者的區別是，我們相信本能有更大的變異性。認識和理解的需求似乎只對聰明的個體而言才有明顯的力量。對於低能者來說，它們似乎並不存在，至少發展不完全。利維已經證明，母性衝動在婦女中的差異是極大的，以致從某些婦女那裡很難看到這種衝動。音樂、數學、藝術等方面的特殊天才，很可能具有基因的決定因素，而大多數人卻沒有這種基因的決定因素。

動物的本能永遠存在，而動物本能的衝動則會永久性喪失。比方說，在變態人格身上，愛和被愛的需求已經喪失了，而且如我們目前所知，這是一種永久性的喪失，也就是說，這種變態人格是已知的任何精神治療術醫治不好的。我們還有更早的關於奧地利村莊失業（以及蘇格蘭失業研究）的例子，這些例子表明，長久的失業會嚴重地損傷心理，以致摧殘一些需求。對有些人來講，這些需求甚至在環境已經變好時仍不能恢復。從納粹集中營裡也獲得了類似的材料。或許巴特森（Daniel Batson）和米德（George Herbert Mead）關於巴厘人的觀察是最具說服力的。成年的巴厘人不是我們西方意義上那種喜愛的人，他們也不必如此。在巴厘島拍攝的電影表明，嬰兒和兒童有對缺乏愛的抱怨和不滿，我們由此只能推斷出：這種愛的衝動的喪失是一種後天的喪失。

在種系的階梯上，我們已發現本能和對新事物靈活適應和認知適應的能力往往是互相排斥的。我們對其中一個發現得越多，對另一個可能期待得就

越少。這樣一來，就產生了一個嚴重的甚至是悲劇性的錯誤（考慮到歷史後果），這種錯誤把人類的本能性衝動與理解力截然分開。對於人類來說，本能性衝動和理解力可能都是似本能的；更重要的是，它們的結果或者隱含的目標可能是同一的、合作的，而不是排斥性的。絕大多數人都沒有意識到這一點。

我們得到一個論點：認識或理解的衝動也許與歸屬感和友愛的需求一樣，是意動的。

被錯誤認知的本能和理性在一般的本能理性兩分法中是相互對抗的。如按照現代知識來正確地劃分，它們就不會被看成是相互對立或對抗的。健康的理性與健康的似本能的衝動的重新定義，在健康人那裡並不互相排斥，而是指向同一個方向；不過對不健康的人而言，它們可能是互相對立的。

當前已獲得的所有科學資料指出，保護、寬待、愛、尊重兒童，在精神病學上是合乎需求的。這也正是兒童（本能地）所希望的。正是在這種非常明確的、在科學上可檢驗的意義上，我們認定似本能的需求和理性是合作的而非敵對的，它們表面的對抗只注意病人表面的印象。假如這一論點成立，我們因此就將解決一個古老的難題：本能與理性，應該認誰為主？其實這就像另一個問題一樣陳腐：在一個良好的婚姻關係中，應該是丈夫為主人還是妻子為主人？

許多具有最保守、甚至反民主性質的社會、經濟和政治上的推論，都產生於本能理論得到理解的全盛時期。正如巴斯托爾在他對麥克杜格爾、桑戴克、榮格、佛洛伊德的分析中特別做出的總結性的推論那樣。由於錯誤地將遺傳與命運等同起來，把它們都看成是無情的、不可抗拒的、不可雕塑的，這就導致了這些推論的產生。

我們很容易就會發現這個結論的錯誤之處。柔弱的似本能需求一個慈善的文化孕育它們，使它們出現，並得到表現和滿足。它們很容易被惡劣的文

化環境所摧殘。比如在我們的社會，必須有相當大的改進，柔弱的遺傳性需求才能指望得到滿足。

巴斯托爾把遺傳與命運等同起來的各種關係，不管怎麼說都表明是不固定的。研究表明，我們有必要使用兩個而不是一個連續統一體來說明問題。甚至在科學的問題上，開放－保守連續統一體也已讓位給社會主義－資本主義和民主－專制兩個連續統一體。現在也許還有環境論－專制－社會主義，或者環境論－民主－社會主義，或者環境論－民主－資本主義。

總之，認為本能和社會、個人利益和社會利益之間存在著固有的對抗，是一個危險的未經證明的論斷基礎。它的主要藉口是，病態的社會和個人非常傾向於這些對抗。但正如班奈狄克（Ruth Benedict）所證明的那樣，事情並非只能如此。在良好的社會中，至少在她所描述的那種社會中，這不可能是真實的。健康社會狀況下的個人利益與社會利益是合作的而不是對抗的。對於對個人利益與社會利益的錯誤看法以及不正確的研究方法來說，只有在惡的個人環境和社會環境下它們才會存在。

本能理論的缺陷還在於，它忽略了衝動是在一個強度大小不同的層級序列裡，而且能動地互相連繫。如果孤立地對待每一個衝動，紛繁複雜的問題一定得不到解決，許多似是而非的問題就會產生。例如，動機生命在本質上的一元性或整體性被抹煞，形成了羅列動機的無法解決的問題。

此外，價值或者選擇原則也被忽略了，而它們恰是使我們決定一個需求比另一個需求更高級、更重要或者更基本的重要尺度。（與整體化相對的）動機生命原素化的最為重要的一個後果就是給本能敞開了通向涅、死亡、靜寂、體內平衡、自滿、穩定的大門，原因在於，孤立地看待需求所能做的唯一的事情，就是迫切要求滿足，這就是說，要求它自身的湮滅。

在這裡，一個明顯的事實幾乎被忽視了：任何一個需求的滿足，隨著它的逐漸滿足，其他曾被擠到一旁的較弱需求就占據了需求層次論的突出位

置，極力爭取各自的要求。需求永不停息，一個需求的滿足將導致另一個需求的產生。

在將本能解釋為惡的動物本能的同時，人們認為，在精神錯亂者、神經病患者、罪犯、智商低下者或孤注一擲者身上，這些惡的動物本能會表現得更為強烈。這種情況很自然就會產生這樣的學說：良心、理性以及道德觀，不過是一種後天的面具，與被掩蓋的內容在性質上截然不同。前者於後者，恰如手銬與罪犯。這個誤解使文明及其所有機構，包括學校、教堂、法庭、立法機關等等都被說成是抑制惡的動物性的力量。

悲劇往往是由這個嚴重的錯誤釀成的。也許，從歷史的重要性來看，可以將它與這樣一些錯誤相比：崇信王權神聖，迷信某一宗教的唯一合法性，否認進化論，或者相信地球是平面的。任何一種使人們不信任自己和他人的想法，任何不現實地對人類各種可能性抱悲觀態度的想法，都必須對每一場戰爭、每一次種族對抗、每一次宗教衝突負部分責任。

奇怪的是，本能論者以及反本能論者仍然堅持這種錯誤的人性論。那些希望人類有更光明的前景的樂觀主義者、人道主義者、神論者、自由主義者、激進主義者和環境論者，大體上都帶著畏懼反對本能理論，因為本能理論已被歪曲了，它似乎把人類宣判為非理性的，詛咒人類永遠擺脫不了戰爭，擺脫不了充滿分裂和對抗的弱肉強食的世界。

本能論者在人性問題上也做出了類似錯誤的解釋，而且拒絕與不可迴避的命運抗爭，他們大多是在無所謂中放棄樂觀主義的。當然，有些人對拋棄樂觀主義是非常渴望的。

比如我們以那些沉迷於酒精麻醉的人為例，他們或許是嗜酒如命，或許是被迫應酬，但最後會得到相同的後果。難怪人們發現在許多問題上佛洛伊德與希特勒有很多相似甚至相同之處。難怪一種惡的動物本能論能迫使像桑戴克和麥克杜格爾這樣的非凡人物轉向漢密爾頓主義和反民主的陣營。

第一章　探索生命的需求

認清似本能的需求並不是惡的，而是中性的，甚至是有益處的，許多含混模糊的問題會因此而豁然開朗。

舉例來說，對孩子的培養將會引發一場教育革命，在培養他們時甚至用不著說一句訓斥的話。當我們意識到合理的動物性需求時，會促使我們去滿足這些需求，使我們更加寬容。

在傳統的文化裡，一個喪失了部分天真但尚未被徹底同化的兒童，即那些健康的動物性需求尚未被完全剝奪的兒童，總是以他自己創造的每一種方式不斷地要求讚許，要求安全、自主、愛等等。複雜的成年人對此的一般反應是：「喔，他不過是在賣弄、炫耀。」或者說：「他只是想引起我們的注意。」於是，成年人就把孩子狠狠地批評一頓，也就是說，這種動物性需求通常被理解為一道禁令，不要滿足孩子的追求，不要評論，不要讚許，不要喝彩。

然而，如果我們能慢慢地將這些對承諾、愛以及讚許的懇求視為合理的要求，就像孩子對待飢、渴、寒冷或疼痛的需求滿足一樣，我們就會自然而然地成為需求的滿足者而不是需求的扼殺者。這樣做的結果就是孩子和父母都得到了美妙的樂趣，在一起時更愉快，因而也就必然增進相互的愛和理解。

這種文化類型可以理解為無限度的、毫無區別的寬容，即透過培養使孩子獲得適應外界文化環境的能力和習慣外表，將是必要的。在基本需求獲得滿足的情況下，這種人為製造的收穫不應引起什麼特別的麻煩。另外，吸毒的需求，習慣的需求，熟悉的需求，或其他任何非似本能的需求，是不能包容放縱的。最後，我們再次繞過有關挫折、災難、不幸等等有益的效果問題。

基本需求的重要地位，已經由對自我實現者進行的臨床以及理論的研究證明得很清楚了。健康的生活取決於這些需求的滿足而不是其他，並且，很容易看出，對於似本能假設所要求的滿足，自我實現者是在接受衝動而不是控制衝動。

生命存在本能的基本需求

透過前面的思索促使我們提出這樣的設想：從某種可以察覺的程度上說，基本需求有時會被發現是由體質或遺傳決定的。目前不可能直接證明這個假設，因為遺傳或神經學的技術尚未達到所需水準。其他分析形式，例如行為、家庭、社會、人種則大都被用來反駁而不是證實這個遺傳假設，只有很明確的情況才是例外，而我們的假設又絕非是很明確的。

我們盡可能蒐集並提出一些可以利用的資料和理論上的研究來支持似本能的假設。

舊理論的失敗源於新假設的提出。本能論被環境論和行為論聯合起來推翻了，這兩種理論幾乎完全依仗聯合學習來作為基本的、幾乎是全能的解釋工具。

概括來講，而且是可以肯定的，這種研究心理學的方法不能解決動力學問題，例如動機問題，動機的滿足與挫折，以及由此引起的後果，如健康狀況、心理病態、心理治療等。

所以，為了證實某個結論而進行一次詳細的辯論是沒有必要的。只要注意以下這點就夠了：臨床心理學家、精神病醫生、心理分析家、社會工作者以及所有其他臨床工作者，幾乎從不採用行為主義理論；他們固執地以一種特別的方法在並不充分的理論基礎上營造一個龐大的實用結構；他們往往注重實踐而不是注意理論。值得注意的是，就臨床工作者所使用的理論而言，它總是一種粗糙的、非系統的動力論，其中本能總是扮演劇中的主角。這也是佛洛伊德的理論。

一般說來，在確定似本能的心理衝動方面，非臨床心理學家意見一致。他們認為只有諸如飢、渴等心理衝動才算是似本能的。根據此點，他們又借助於條件作用，從而假定所有高級需求都是可以透過後天學習獲得的。

第一章　探索生命的需求

那就是說，因為父母供給我們吃的和滿足我們其他方面需求，所以我們要愛他們。根據這個理論，愛是滿足或交易的副產品，或者正如那些廣告所說的，是顧客的需求。

能成功地證明這種理論對於愛、安全、歸屬、尊重、理解等需求的解釋是事實的實驗還沒有一個，它不過是沒有進一步論證的假設。實際上，人們從未對這些理論作過嚴格的考察，這或許也正好能解釋它為何能得以生存。

條件作用的論據當然不能證明這個假設，相反，這類需求表現得更像其最初賴以為基礎的無條件的反應，而不像次級條件反應。

實際上，這種漏洞百出的理論，就連具有一般觀察力的人也能夠看穿。母親為何如此熱切地滿足一切要求？她自己又能得到什麼報酬呢？懷孕的損害和分娩的痛苦有何益處？如果這種關係本質上就是一種交易，那麼母親又為何要做賠本的買賣？

再者，為什麼臨床工作者一致堅持說，嬰兒不僅需要食物、溫暖、良好的護理以及其他諸如此類的滿足，而且也需要愛，這似乎說愛是這類滿足以外的某種東西，難道愛是多餘的東西嗎？難道僅能滿足孩子的要求嗎？對孩子沒有愛的母親會比窮困但卻慈祥的母親能更多的為孩子所愛嗎？

還有另外一些問題也需要澄清。到底什麼是滿足（包括生理上的滿足）？我們不得不假定它是一種生理快感，因為該理論試圖證明一切其他快感都來源於生理快感。但是得到溫柔的擁抱、精心的呵護、不被突然摔在地上、不受驚嚇等等，這些安全的滿足難道是生理滿足嗎？為什麼當對幼兒喃喃自語、溫柔微笑，或把他抱在懷裡，或對兒童表示關注、親吻，以及擁抱他們時，他們會顯得很快活呢？給予孩子、滿足孩子、餵養孩子、為孩子犧牲，從何種意義上講是有益於給予者嗎？

越來越多的證據表明，滿足的方式與滿足本身具同等價值，這對滿足的

概念有什麼意義呢？餵養的定時與可靠滿足了飢餓的需求嗎？或者是一些其他因素？允諾所滿足的又是指哪一種需求呢？尊重孩子的需求又是哪一種需求呢？當孩子需要時，對他斷奶或進行大小便訓練又是哪種需求呢？為什麼收容所裡的孩子無論受到多好的照顧，即生活上得到很好的滿足，他們仍常常出現病態的發展呢？假如愛的飢餓最終是對食物的要求，為什麼它不能被食物的滿足所平息呢？

在這一點上，墨菲的疏通作用的概念是非常有用的。他指出任意的連繫可以在無條件刺激和其他各種刺激之間發生，因為後一種任意的刺激只是一種信號，而不是滿足物本身。當一個人要滿足生理需求時（如飢餓），信號不能給予滿足，而只有滿足本身才具有實際意義（只有食物才能減輕飢餓）。在一個相當穩定的環境中，信號將產生像餐鈴一樣的作用。但更為重要的學習是疏通作用，而不僅僅是連繫作用。也就是說，應了解哪些東西是適當的滿足物，哪些不是，在這些滿足物中，又由於某種原因哪些是最令人滿意的或最值得選擇的？

我所觀察到的與論點有關的是：愛的需求、尊重的需求、理解的需求，以及其他諸如此類需求的健康滿足，是由於疏通作用，亦即內在的適當的滿足，而不是任意的連繫。凡是任意連繫出現的地方，我們就認為是神經病態，是病態的需求，例如戀物。

在這方面，哈洛和同事們在威斯康星的靈長目動物實驗所進行了非常重要的實驗。在一個著名的實驗中，讓一群猴嬰離開它們的母親，代之以一個用金屬做成的但可以餵奶的母猴和另一個不能餵奶但裹了一層毛圈織物的母猴。猴嬰寧肯選擇可以擁抱和依戀的後者作為母親的代理者，而不是前一個即使可以得到食物的「金屬母親」。這些沒有母親的猴嬰雖然餵養得很好，但在各方面成長極不正常，包括完全失去了他們自己的母性的「本能」。很

第一章　探索生命的需求

明顯，即使對於猴子，僅有食物和保護也是遠遠不夠的。

不能奢望常規的生物學標準給我們提供幫助，不僅因為我們缺乏材料，也因為我們現在也在不由自主地懷疑這些標準本身。

由此我們得出結論，不重視人種與其他物種的本質區別，卻過分強調人與動物相關聯的部分，是早期本能論者的嚴重錯誤。我們至今還可以在他們的著作裡看到這種自信的傾向：在一般動物的意義上來解釋和羅列本能，以便使每一種本能都適應於任何一種動物。由於這個原因，任何只在人身上有的而在動物身上沒有的衝動都被認為是非本能的。當然，任何在人和其他動物身上發現的衝動或需求都因此被證實為本能的，無須進一步論證。但是，這並不能否定這樣一種可能性：一些似本能的需求只有人才有，或者由人與動物界中的黑猩猩所共有，如愛的衝動。通信鴿、鮭、貓等等，都有自己特殊的不同於其他物種的本能，為什麼人種不能有自己特殊的本能呢？

以改進了的學習、思考以及交際能力為基礎的適應性，可以取代人類進入種系高級需求階段時的逐漸消退的本能，這是流行理論的推論。假如我們用低級動物標準來解釋本能，把它說成是由先天決定的衝動、感知的衝動、工具行為和技能，以及目標對象（甚至還有表達感情時的伴隨物，如果我們能細心觀察的話）構成的混合物，那麼，這種理論似乎是真實的。

根據這種解釋，在白鼠中，我們發現了性本能、母性本能、餵養本能以及其他本能。在猴子那裡，母性本能仍然存在，餵養本能已經改變並可繼續更改，性本能則已消失，只剩下似本能的欲望。猴子要選擇性配偶，有效地完成性行為必須透過學習。人類沒有留下這些（或其他）本能中的任何一種。性和餵養欲望保留下來，甚至大概還有母性欲望，儘管很微弱。但是工具行為、技能、選擇性知覺、目標對象等必須透過學習才能獲得（主要是在疏通意義上的學習）。人類沒有本能，只有本能痕跡。

　　隨著這種進化的發展，當我們的研究種系升級時，我們可能會逐漸發現新的（更高級的）欲望，發現另一種本能，它在本質上是似本能的，即在強弱程度上由機體結構和作用所決定。雖然我們大膽提出了我們的假設，但實際上，對低於人類的動物身上的高級欲望我們還只能是猜測。這給未來留下了一個難題，即確定在什麼程度和意義上，老鼠、狗、貓以及猴子顯示出對安全、歸屬、愛、尊重、自主、自信、好奇、理解或美的欲望。再次提請大家注意，我們這兒論述的是似本能的衝動或欲望，而不是先定的工具行為、能力或滿足方式，即不是本能的。

　　有一組實驗表明，這是一個可驗證的假設。我與克勞福德、耶基斯（Robert M. Yerkes）已證明，幼小的黑猩猩是一種利他的、非控制慾的、友好的、有撫愛能力的動物。這也是所有同他們一起工作的人的印象。沃爾夫在羅猴、獼猴身上重複了克勞福德的這一實驗，發現它們不是這樣。因此，我們目前只能說，在動物界的所有物種之中，只有人與黑猩猩才有利他、友好、愛等這類行為（也許根據普通的觀察，狗應該包括在內）。其他的需求，即在人那裡比在其他動物那裡更強烈的需求，是對資訊、對理解、對美的需求，或者是對於對稱、秩序、完美的需求等。

　　當然，所有人都必須承認，這些欲望在人身上是向高峰發展，而不是趨向廢退。人是所有動物中最富有科學、哲學、神學以及藝術精神的。而且，完全可以肯定，至少對某些人來說，這些都是像安全、愛等一樣的需求。不過，它們是本能的原基，而不是本能的殘餘。

　　不過遺憾的是，關於這些需求，雖然它們顯然是很重要的，但實際上我們沒有實驗的或臨床上的資料。

　　可以根據演繹理由假定：這些欲望的外在的、後天的決定因素雖然是確切存在的，但也同樣無疑是很脆弱的。大多數理論家認為或假定，愛的需求

第一章　探索生命的需求

是以生理需求的滿足為基礎，並透過條件作用形成的。例如，我們學著去愛，是因為我們愛的人過去是食物、溫暖、保障的給予者。這樣，這種派生需求論就必須堅持這樣的主張：知識、理解和美的需求是以生理需求的滿足為基礎，並透過條件作用形成的，即它們過去和現在都是代替食物的信號，可是通常的經驗幾乎根本不支持這種論點。不難看出，它比類似的愛的後天獲得論更站不住腳。

本能的文化標準（我們現在說到的這種反應是獨立於文化的嗎？）是一種決定性的標準，但不幸的是，我們還沒有明確的資料。我個人的看法是，就其本身而言，它們支持我們考慮的理論，或者與我們的思路一樣。然而，必須承認，換一個人審閱同樣的材料，可以得出完全相反的結論。

由於我的現場經驗僅限於與一群印第安人有過短期接觸，而且由於問題取決於人類學家未來的發現而不是心理學家的發現，在這裡我們將不再對這一問題作進一步考察。

基本需求本質上是似本能的原因我們早已談過了，並且上文還提到了其中一個重要的原因。這些需求受挫會導致精神疾病，這是所有臨床工作者都同意的。然而，對於神經質的需求，對於習慣、吸毒、對熟悉事物的偏愛以及對於工具性需求來說，這不是事實，只是在某種特殊的意義上，這對完成行動的需求和表達能力的需求來說才是事實。至少，對於這些形形色色的需要能夠根據實用或實效來區別，並且應該基於理論和實踐的原因來加以區別。

假如價值觀造就會創造的人，並使人接受它們，那麼，為什麼某些價值觀念在受到挫折時會導致精神疾病？我們學會一日三餐，學會道謝，學會使用叉匙、桌椅，我們穿著衣服、鞋子，夜晚睡在床上，說英語，我們吃牛肉、羊肉，而不吃狗肉、貓肉，我們保持清潔，為等級競爭，對金錢挖空心

思、絞盡腦汁，然而，這一切強大的習慣在受到挫折時可以沒有痛苦，甚至還有積極的結果。在某些情況下，例如在泛舟或野營時，我們透過輕舒一口氣拋開這一切，承認它們的非本質性質，但對於愛、安全或尊重，卻絕對做不到這一點。

很顯然，在特殊心理學和生物學中，基本需求占有重要地位。它們有與眾不同的地方。基本需求必須得到滿足，否則我們就要得病，誰要是否認這一點，就得拿出證據說明它們不屬於似本能的需求。

基本需求的滿足會導致各種各樣的後果：產生有益的、良好的、健康的、自我實現的效應。有益與良好這兩個詞是從生物學的意義而不是先定的意義上來說的，可以用操作來給它們下定義。只要條件允許，健康的機體本身就傾向於選擇並努力獲取這些結果。

在論及基本需求的滿足問題時，我們已經概述過這些心理上和身體上的結果，這裡沒有必要繼續考察下去，只是仍需要指出，這一評判標準並無奧祕、荒謬之處。可以很容易地以實驗甚至工程為根據來驗證這個標準，我們只需記住，這與為一輛汽車選擇合適的汽油是一樣的道理。假如一輛汽車使用了某種汽油發動得更好，這種汽油對於這輛汽車就比別的汽油更適用。普遍的臨床發現，當安全、愛以及尊重得到滿足時，機體就發揮得更好，感覺更敏銳，智力使用得更充分，更能使思維正確而縝密，更有效消化食物，更少患各種疾病等等。

將基本需求滿足物與其他需求的滿足物區別開來的是它們自身的必須性。出於本性，機體自己指明了滿足因素的固有範圍，這是不能由他物替換的，而這對於習慣需求，甚至神經質需求卻是可能的。也正由於基本需求滿足物的必須性，最終將需求與滿足物連繫在一起的是疏導作用而不是任意的連繫。

第一章　探索生命的需求

對我們的目的而言，心理治療的效果是相當有利的，似乎所有主要的心理治療方式都培育、促進、鞏固了我們稱為基本的、似本能的需求，同時削弱或徹底消除了所謂神經質的需求，直到它們取得心理上的成就感。

例如在羅傑斯、佛洛姆、霍尼等人的療法中，這些重要的事實可以使他們直接宣稱自己能使患者恢復自己內在本質。因為這意味著，人格本身具有某種固有的本質，它不是由治療家新創造的，而是由他挖掘出來的，以便按它自己的風格成長、發展。如果頓悟和壓抑的解除會使反應消失，那麼就可以認為這個反應是異質的，不是內在固有的。反之，如果頓悟使反應更強烈，我們就可以認為它是本質的。同樣如霍尼所推論的，假如解除焦慮使患者變得更富有感情或更少怨恨。對於人的本性來說，這就表明愛是基本的，而仇恨則不是基本的。

關於動機、自我實現、價值、學習、一般認知、人與人之間的關係，文化適應與反文化適應等等理論，從原理上講有一批寶貴的資料。遺憾的是，這些關於治療轉變的有意義的資料還沒有系統地累積起來。

基本需求的重要地位，已經由對自我實現者進行的臨床以及理論的研究證明得很清楚了。健康的生活取決於這些需求的滿足而不是其他，並且，很容易看出，對於似本能假設所要求的滿足，自我實現者是在接受衝動而不是控制衝動。總之，我們還必須深入下去，就像研究治療效果一樣。

研究現場調查的工作者們最先表現了對人類學中文化相對論的指責。他們感覺到，文化相對論把民族與民族之間的差異誇大了，把這種差異說成是相互敵對和不可調和的，實際情況卻並非如此。我在一次旅行中獲得的第一個重要的經驗就是，印第安人首先是人、個體、人類，然後才是印第安黑腳族人。雖然區別的存在不容置疑，但與共同點相比，差異是表面的。不僅印第安人，而且記錄文獻中描述的所有種族幾乎都有自豪感，願意受人喜愛，

追求尊重和地位，迴避焦慮。另外，我們自己文化中可觀察到的素養上的差異，在全世界都普遍存在，如智力的高低，意志的強弱，積極性或惰性，沉靜或激動等等。

甚至在區別很明顯的地方，也可以證實這種人類共性。因為這些區別往往可以馬上為人所理解，並被認為是任何人在同樣情況下都會有的反應，與對失敗、焦慮、沮喪、勝利以及臨近死亡的反應一樣。

這種感情有點模糊不清，無法肯定是科學的，然而，如果我們考慮到上文已經提出和下文還要提出的假說，例如：似本能需求的微弱聲音；自我實現的人的不同尋常的超然與自主力，以及他們對文化習俗的反抗；健康概念和適應概念的區別等等，那麼，重新考察文化與人格的關係，從而更加重視機體內部力量的決定權，看起來就是成效卓著的，至少對於較健康者是這樣。

假如一個人在成長時並不考慮這一結構，他的確不會摔壞腿腳，也不會立即出現明顯的病態。然而，得到大家一致公認的是，或遲或早，或隱或顯，病態將會出現；可以引用普通成年人的神經病作為說明早期對機體內在（雖很微弱）需求挫折造成有害後果的例子。顯而易見這是確切的。

人為了維護自己的獨立人格和特質不被破壞而與文化習俗抗爭，則應該是心理學和社會學中一個很有意義的、值得研究的課題。很快就能順從於自己文化中的摧殘力量的人，即適應性強的人，也許還不如那些違法者、罪犯、神經病患者健康，這些人也許正是以自身的反應顯示了他們有足夠的勇氣反抗折斷自己精神支柱的文化。而且，思考這一理論的同時還出現了一個乍看起來似乎是荒謬之極的反論。

教育、文明、理性、宗教、法律、政府通通被大多數人解釋為本質上約束本能的壓制力量，但是，假如本能懼怕文明比文明懼怕本能更加嚴重，假

第一章　探索生命的需求

如我們仍希望產生更完善的人、更完善的社會，我們就應從對立的角度看待這個問題：教育、法律、宗教等至少應起保護、促進、鼓勵安全、愛、自尊、自我實現等似本能需求的表達和滿足。

似本能的基本需求有助於解決和超越許多哲學中早已提出的矛盾，例如自然性與社會性、先天與後天、主觀與客觀、獨特性與普遍性之間的矛盾。之所以這麼說，是因為揭露治療、自我尋求治療、個人成長、「靈魂尋求」技術都是一條發現自己的客觀生物本性、動物性和神經性，即自我價值的道路。

不管是哪一個學派，它的大多數心理治療學家都認為，當透過神經病症深入到那個原本存在，但卻被疾病的表層所覆蓋、掩藏和抑制的核心的時候，他們是在揭露或釋放某種更基本的、更真實的、更實在的人格。當霍尼談到透過虛假自我深入到真實自我這一問題時，她的這一論述很清楚地表明了這一點。關於自我實現的論述也迫使一個人內心的狀態變得真實或實際，雖然是以一種潛在的形式。對認同的追求與「成為自己真正是的那個人」一樣，也是同樣的意思。使自己成為「充分發揮作用」或具有充分的獨特性的和具有真正自我的人含義也是一樣。

中心任務顯然就是要意識到自己真正是的那個人是在生物上、氣質上和素養上作為一個特殊族類。這正是花樣繁多的心理分析所要做的事，即幫助人們意識到自己的需求、衝動、情感、快樂和痛苦。但這是一種個人自己內在的生物性、動物性和種族性的現象學，它透過體驗生物性而去發現生物性，我們可以把這種生物性稱為主觀生物性、內省生物性、體驗生物性等等。

但是，這就等於是對客觀性的主觀發現，即對種族所特有的人性特徵的發現。它還等於是對一般的和普通的事物的個人的發現，是對不受個人影響的超越個人的（甚至超越人類）的東西的個人的發現。一句話，我們可以透

過「靈魂探索」，透過科學家的大量的外部觀察去從主觀和客觀兩方面研究似本能。生物學不僅是一門客觀的科學，也是一門主觀的科學。

如果我把麥克利什的那首詩略加釋義，我可以說：

一個人並不想要成為什麼，

他本來就是這樣。

我曾沿著心理病理發生學的路線進行探索，從成年人的病態進行分析追溯到它的早期起源。我的問題是，使人患神經症的原因何在？神經症從哪裡來？我不斷提出新問題，品格紛擾和價值畸變從哪裡來？同樣，人性豐滿的、心理上健康的人從哪裡來？這也是很有教育意義的。或者，更進一步，人類能達到的最完美境界是什麼？妨礙他達到高峰經驗的原因何在？

判斷需求類似本能的標準

就像佛洛伊德那樣，而不是動物行為論者那樣，對人類最深刻的希望衝動和需求的發現進行研究。我曾沿著心理病理發生學的路線進行探索，從成年人的病態進行分析追溯到它的早期起源。我的問題是，使人患神經症的原因何在？神經症從哪裡來？我不斷提出新問題，品格紛擾和價值畸變從哪裡來？同樣，人性豐滿的、心理上健康的人從哪裡來？這也是很有教育意義的。或者，更進一步，人類能達到的最完美境界是什麼？妨礙他達到高峰經驗的原因何在？

我的結論大致是這樣的：神經症也像其他心理病態一樣，主要是由於缺乏某些滿足（客觀上和主觀上可覺察的需求或希望的滿足）。我認為這些基本需求是似本能的，因為它們必須得到滿足，不然病態（人性的萎縮，即，那些規定人性的特徵有某些喪失）就會出現。這表示，神經症要比早期意義上的更接近於缺失性病症。進一步的假設是：基本需求的滿足是健康的必要

而不充分的條件，但缺少了他，是不可能有健康的。

在生物學和醫學中，這一改造生物學方法的歷史是令人尊敬的。例如，它曾被用來搜尋隱匿的生物性需求，如營養學家，他們曾發現我們對維生素、礦物質等等的「類似本能」的需求。在這裡，溯源也是從面對一種疾病（如軟骨病或壞血症）開始的，病的起因可以追溯到一種缺失，它於是被稱為一種「需求」、一種對「維生素 C 的需求」，表示它對於達到健康和避免疾病是一種必要的條件。這能進一步核實，假說也能用其他有控制的實驗印證，例如，用預防控制、替代控制等測驗，這些方法同樣也能應用於基本的心理需求。

概括地說，我提出的主要論點是：

人的機體有它自身的本性，要比過去我們所了解的更值得信賴並更有自我管理的能力。

我們有充分的理由假設，人有一種天生的趨向自我實現的成長傾向。

大多數心理治療專家都承認有某些類似本能的需求，它們的受挫會導致心理病態。

這些需求為他提供了一種現成的達到生物性終點、目標或價值的基礎框架。

早期我曾列出舊時本能理論的錯誤，並認真考慮過這些錯誤能否避免的問題。那時得出的結論是：

試圖用行為的概念說服人的本能是難以成功的。行為（在人類中）可能是而且往往是針對衝動的一種防禦，它表現的不單是衝動，而且是多種衝動合成的行動，是對這些衝動的控制及其表達，是意動因素，是驅力或需求。在某種意義和某種程度上來講，這也有可能是先天的。

在人類中沒有發現類似於動物的原始的本能。在人類中似乎只有動物本能的部分殘餘，例如，只有驅力，或只有能力。

　　無法說明為什麼人不應該具有人類特有的需求或能力，而且，實際上，已有某些臨床證據表明，人確實具有一些動機（可能是先天的），那是人類所獨有的。

　　人類中類似本能的驅力一般是較弱的，不像動物本能那樣強烈。這些驅力很容易受文化、學習、防禦過程的克制和壓抑。精神分析可以看作是恢復這些似本能需求的冗長、費力的過程，直至它們能成長壯大到足以抵抗畏懼和習慣的壓制。那就是說，它們需要幫助才能出現。

　　在大多數關於人類似本能需求的討論中一直隱藏著這樣一種信念：人體內在的動物性是邪惡的，我們最原始的衝動僅僅是貪婪、壞念頭、自私、破壞。很顯然，這是錯誤的。

　　由於長期廢置不用，人類中的似本能衝動可能會完全消失。

　　本能不應該因與學習、理性有區別而二歧化。理智本身也是意動的。往往，在優秀人品中衝動和理智傾向於協同而不是敵對。而且，似本能的驅力能非常迅速地納入手段行為和趨向目的的管道，即，它們會變成「情操」。

　　我認為，許多有關本能和遺傳的混亂看法都來自一種無意識的和錯誤的設想；遺傳論者必然在政治上是保守的或反動的，而環境論者必然是開明的或進步的。雖然曾經是這樣，但並不存在著必然性。這是由於錯誤的認知而造成的。

　　據調查，在精神錯亂者、神經質者、酗酒的人、低能的人、兒童及動物身上，深層驅力表現得最明顯。這是一種誤解。這些驅力也許在最健康的、最進化的和最成熟的人身上才能表現得最明顯；在這樣的人身上，能看到這些最深層的驅力和需求可以「下降」也可以「升高」，例如，探索真理，審美的需求等等。

　　用來判斷一種需求具有類似本能性質的機率的種種標準陸續提出。我現在要討論的正是這些標準，並連帶談一談可以附加的修改意見。我還想就每

種標準對幾種需求的適用性進行比較：首先是對維生素需求的適用程度；第二，是對愛和歸屬需求；第三，是對好奇需求；最後是對神經質需求。你將看到在維生素需求和愛的需求之間各項標準的適合程度非常接近。否認其一，也許就必須否認其二。好奇或認知需求，是我稱之為一種成長性的需求（或超越性需求或存在價值），是和缺失性需求相對照而區分開的，因為它在性質上雖然是類似本能的，但和基本需求仍有明顯不同。至於神經質需求，並不符合這些標準，因而不能說是類似本能的。嗜好需求和由於習慣而形成的需求與此類似。

如果一種需求是類似本能的，那麼它應該符合以下標準：

- 滿足的長期缺乏會引起病態，特別是這種缺乏在早年生活中發生時。但不容忽視的是，滿足的短期缺乏也能引起一定程度的效應，如，食慾，挫折忍受，健康性延遲的能力，自制等等。

  · **維生素**：符合標準
  · **愛**：符合標準
  · **好奇**：符合標準
  · **神經質需求**：滿足的缺乏引起焦慮和其他症狀但並不引起品格病態；相反，某種神經質需求的滿足剝奪可能引起心理健康的增進。

- 關鍵期的剝奪能引起有關欲望和（或）需求的完全而長久的喪失，很可能永遠不會再學到或復原；個人從而會長久萎縮，並由此而喪失人類的一項標誌性特徵：他不再具有豐滿的人性。

  · **維生素**：我們的所知還不足以說明它的正確性。各種維生素的剝奪會引起不同的後果，我們對此了解得很少。
  · **愛**：符合標準（由心理變態者所表明的）
  · **好奇**：對此我們也沒有足夠的證據能使我們做出可靠的判斷，但文

化的資料和臨床的證據相當明顯地表明，在生活程式化的孩子中，自身可能喪失甚至長久喪失好奇，例如，早期好奇得不到滿足的孩子，會弄得愚鈍，滿足於無知，呆滯，矇昧主義，迷信等等。

　・**神經質需求**：標準不適用。

- 直接剝奪的影響，例如，羅森茲威格（Franz Rosenzweig）所說明的。

　・**維生素**：維生素缺乏症等等。

　・**愛**：渴望愛和情人；D・M・萊維所說的「親吻迷」。

　・**好奇**：強烈的好奇，不由自主的好奇，好奇的持續不絕，視淫等等。

　・**神經質需求**：不符合標準

- 品格、價值系統和世界觀的畸形；為達目的不擇手段和病態化。為了和這種缺乏打交道，機體發展出一種應付系統。

　・**維生素**：不確定

　・**愛**：符合標準

　・**好奇**：符合標準（犬儒主義，虛無主義，厭煩，猜疑，拋棄價值等等）

　・**神經質需求**：不符合標準

- 各種不同的情緒反應，不論急性的或慢性的，例如，焦慮，威脅，憤怒，憂鬱等等。

　・**維生素**：符合標準

　・**愛**：符合標準

　・**好奇**：符合標準

　・**神經質需求**：混合的、矛盾的、衝突的情緒。

第一章　探索生命的需求

- 缺失滿足物的復得如果及時的話，能使健康恢復（或多或少）並使疾病得到治療（或多或少），只要病態是可逆轉的，即，復位控制，情感依附治療。

    · **維生素**：符合標準
    · **愛**：符合標準
    · **好奇**：符合標準
    · **神經質需求**：不符合標準

- 該需求有內在固有的滿足物；這些滿足物確實能滿足該需求而且是唯一的滿足物；疏通學習而不是聯想學習或專斷學習。 沒有什麼完全令人滿意的昇華或替代是可能的。

    · **維生素**：符合標準
    · **愛**：符合標準
    · **好奇**：符合標準
    · **神經質需求**：不符合標準

- 基本需求的神經症化，例如，它變得難以自制，不能滿足，自我異化，僵化，固定不變，強迫的，不加區分的，選擇不當的對象，伴隨焦慮等等；對於需求的態度變得自相矛盾，充滿畏懼，遲疑心理，否認事實，需求變成危險的了。

    · **維生素**：不適用
    · **愛**：符合標準
    · **好奇**：不確定（視淫？）
    · **神經質需求**：不符合標準

- 適當得到某一「真正的」滿足物在一生中都能避免病態，即，預防控制。
  - **維生素**：符合標準
  - **愛**：符合標準
  - **好奇**：符合標準
  - **神經質需求**：不符合標準

- 「真正的」滿足物是在真正自由選擇情境中受到健康機體偏愛而選定的。個人越健康，偏愛越強烈，他也更有可能成為一位「優秀的選擇者」。或者說，在個人心理健康和他將偏愛和選擇他所需要的真正滿足物而不是虛假滿足物的這種可能性之間，有一種很強的實際內在連繫。
  - **維生素**：不符合標準（但有某些綜合物質如糖精能欺騙機體。）
  - **愛**：符合標準
  - **好奇**：符合標準
  - **神經質需求**：不符合標準

- 「真正的」滿足物味道良好，或者說至少比虛假的滿足物味道更好，在特定的方式和現象學上可以這樣描述，例如，真正的滿足物留下一種充實的、滿意的或愉快的感受，甚至是高峰經驗或神祕體驗（即使是沒有感覺到的需求也一樣，如在某些貧困的人那裡，在真正的滿足物到來之前，告訴他說他有多麼需要它，或告訴他說這就是他這一生都缺失的東西等等）。

  這就是為什麼對「需求」或「欲望」等下最後定義這麼困難。即有時會有一種情況，這時一個人會不知道他缺少的是什麼，他的不安沒有什麼對象，但在他體驗過某一「滿足」以後，他卻知道得非常清楚，什麼是他曾經想要的，渴望的，或需要的。

- **維生素**：符合標準（但糖精，帶甜味的鹽類，又是例外，這些物質能愚弄機體）。
- **愛**：符合標準
- **好奇**：符合標準
- **神經質需求**：不確定。神經質需求的滿足味道可以很好，但這似乎不那麼經常，不會長久持續，似乎混雜著其他感受，更容易引起懊悔，在回顧時感覺相反等等。

■ 需求能得到長久滿足的人（健康人）沒有渴求的表現；他的需求處於理想水準。他能控制或延遲滿足或有一段時間沒有滿足也能適應；他比一般人更能忍受長時期沒有滿足；他能公開地承認需求並歡迎需求；對需求不設防。需求是可以滿足的，正如神經質需求是不可滿足的。

- **維生素**：符合標準
- **愛**：符合標準
- **好奇**：不符合標準。好奇的滿足常常促進好奇的增強而不是減弱。
- **神經質需求**：不符合標準（神經質需求得到神經質滿足對於渴求沒有影響，除非是瞬時影響。）在個人的生命早期（學齡前）生活中往往有公開的需求表露。

■ 在不能用文化認識事物以前，或在學習開始以前，需求或某種欲望的任何表露一般地說能增強一種假設，認為這種需求是類似本能的。

- **維生素**：符合標準
- **愛**：符合標準
- **好奇**：符合標準
- **神經質需求**：不符合標準

- 它（需求）能用頓悟療法、揭露療法（或由於一般健康的增進），或由於社會中的良好條件 ── 即解除防禦、控制、畏懼的療法 ── 揭示出來，給予承認、肯定和加強。

    · **維生素**：符合標準 （很可能如此）
    · **愛**：符合標準
    · **好奇**：符合標準
    · **神經質需求**：不符合標準

- 有易於學習的、適宜的手段行為，有易於疏通的、適宜的目的對象和目的狀態等等。需求本身在其開端時必須被認為是潛在的而不是外露，因為它必須被運用、演習、訓練，被某一文化代表「拖出來」才能實現。這或許可以稱為是一種學習，但我認為這樣一種說法會引起混淆。「學習」一詞已經被賦予太多含義。

    · **維生素**：符合標準
    · **愛**：符合標準
    · **好奇**：符合標準
    · **神經質需求**：不符合標準

- 對於真正的滿足物的偏愛隨著任何身心或社會健康的進步而增強。

    · **維生素**：符合標準 （很可能如此）
    · **愛**：符合標準
    · **好奇**：符合標準
    · **神經質需求**：不符合標準

- 需求是跨文化，跨階級，跨等級的。它和全人類的普遍性越接近，它也越有可能是類似本能的。（這不是一個絕對的證明，因為所有人類文化

都能提供某些經驗。否則必須拿出事實根據說明，需求已經永遠被扼殺，或暫時受到壓抑。）

- ·　**維生素**：符合標準
- ·　**愛**：符合標準
- ·　**神經質需求**：不符合標準

■ 基本需求能夠由那些可靠的健康的或協同的文化或亞文化或工作環境來充分滿足，而極少有安全感。 所有不可靠的、病態、或低協同的文化、亞文化、或工作環境都不能滿足某些基本需求，構成對它們的威脅，對於它們的滿足索取的代價太高， 使它們的滿足難免會和其他基本需求的滿足發生衝突等等。

- ·　**維生素**：符合標準
- ·　**愛**：符合標準
- ·　**好奇**：符合標準
- ·　**神經質需求**：不符合標準

■ 需求的跨物種表現當然會增強需求是類似本能的可能性，但這不是一種必須的標準或充分的標準，因為在一切物種中都有它們特有的「本能」，包括人類在內也是如此。

- ·　**維生素**：符合標準
- ·　**愛**：符合標準
- ·　**好奇**：符合標準
- ·　**神經質需求**：不符合標準

■ 這種需求最終是自我協調的（意思是說，假如它不是如此，它能由揭露療法弄成如此）。

- · **維生素**：符合標準
- · **愛**：符合標準
- · **好奇**：符合標準
- · **神經質需求**：不符合標準（對此，相反的說法才是正確的，這種需求絕大多數時候覺得是自我疏離或不協調的。）

■ 假如人人都喜歡這種需求及其滿足，它就更有可能是基本的和類似本能的。神經質的、有癮的和習慣的需求只有某些人才喜歡。

- · **維生素**：符合標準
- · **愛**：符合標準
- · **好奇**：符合標準
- · **神經質需求**：不符合標準

最後，作為一種無法證明的未來可能性，我建議想一想由於致幻藥物的利用而得出的種種發現，或許還有其他解除抑制的藥物也一樣，例如，酒精，或許抑制最高控制中樞，像酒精的作用那樣，會使人格更內在生物的和非文化的方面即更深層的內核自我得到解放。我從 LSD（一種麻醉藥物）的作用探查到某些這樣的可能性。這不是佛洛伊德的超我，超我寧可說是把一套武斷的社會控制施加於生物的或本來的機體之上，它抑制了機體自身的作用。

我沒有提到兩項別人早已用過的標準，因為我確信它們似乎不能成功地把生物性需求和神經質需求、習得需求、或有癮需求區分開，它們是為了相關的滿足情願承受其他痛苦或不適；是受到挫傷而引起好鬥和焦慮。

我在此只討論了人類範圍內的似本能特徵，實際上先天特異的個體特性雖然沒有談到，但它理應得到心理治療師和人格理論家的重視。雖然心理治療的直接目標可能是人性的恢復，健康動物性的恢復，我們仍須了解，心理治療還有一個基本的長遠的目標，那就是個人同一性的恢復，真實自我、確實

第一章　探索生命的需求

性、個體特性、自我確認的重新發現。那是一種努力，目的是要發現個人的自然傾向，他的先天個體特性，他的價值觀，這些答案是由他的體質、他的氣質、他的神經系統、他的內分泌系統等等以微妙的方式向他暗示的（不是強迫命令的），用一句話說，這些答案來自他的身體和他的身體所偏愛的作用方式，來自他的「生物定數」，來自能夠找到他的最大和最易得的幸福的方位。

在這裡，我們所關心的不只是天才式的特殊天賦和能力，而且是更普通的人的特殊才能問題。例如，職業嚮導最終涉及的就是對某個人特有的先天稟賦問題，如果在實踐中還不能做到，至少在理論上先要明確這一點。

我們依靠的臨床自覺知識在缺乏更好的理論證據時，也許將來會被更值得信賴的方法得到驗證和系統化處理。作為醫師，我們試圖發現，什麼是某人更容易做的，什麼最適合他的本性，最舒適地符合他的需求（像鞋子跟腳或不跟腳），什麼使他覺得「恰好」，什麼使他最少受到壓迫，他最適於做什麼，什麼最符合他的個性。這些哥爾德斯坦曾稱之為「偏愛的行為」，我們也可以向實驗家提出同樣的問題。我們已經知道如何才能最有效地就不同品種的狗提出這一類問題，如在傑克森實驗室中所做的那樣。也許有一天，我們對於人類也能這樣做。

而且，我在考慮時為了使我要探討的主題更加集中而略去了所有更直觀的生物學結論，包括人類遺傳學家（雙生子研究，基因的直接微觀研究等等）、實驗胚胎學家和神經生理學家（電極埋置研究等等）的技術，也略去了有關動物行為、兒童和發展心理學的文獻。

一方面是生物學、行為學、生態學的資料，另一方面是心理動力學的資料。為了這樣的整合，迫切需要把兩大套資料聯結起來，兩者彼此是很少接觸的，但我堅信能夠完成這一任務。就我所知，我們至少已經有了一項這樣的嘗試，即考爾特蘭德的精采專著。

我在本文中提出的一切論述大都是以臨床證據和經驗為依據的，因而不

像來自有控制實驗的證據那樣可靠。然而，這大多是以容易得到實驗證實或檢測的形式呈現的。

個性更偉大、更堅強、更真實的趨向是由高級需求的追求與滿足造成的。生活在高級需求層次意味著更多的愛和趨同，即更多的社會化。不管是否符合邏輯，它卻是以經驗為根據的現實。實際上，生活在自我實現層次的人既是最愛人類的人，又是個人特質發展得最充分的人。

認同有機體自身的價值等級

所謂的「高級的」與「低級的」需求之間存在的真正心理上以及實踐中的差異必須得到重點探討。這樣做是為了證實有機體自己規定了價值的不同等級，這是科學的觀察者的記錄，不是他們的創造。但是，許多人仍舊認為，價值不過是我根據自己的趣味、偏愛、直覺，未經證實或不可證實的假設所做的任意論斷，因此，很有必要論證清楚這一問題。

拋棄心理學中的價值，不僅把心理學削弱了 —— 其全面發展受到阻礙，而且把人類引入超自然主義和道德相對論的誤區。但如果能證實有機體在先與後、強與弱、高級與低級之間進行著選擇，就不能認為一件好事與任何其他好事價值相同，或者在任何恆久的基礎上進行選擇是不可能的。選擇原則，基本需求在潛力相對原理的基礎上按相當確定的等級排列。這樣，安全需求比友愛的需求更強烈，因為當兩種需求都受到挫折時，安全需求在各種可證實的方面支配有機體。在這個意義上。生理需求（它們被安排在更低的一個層次）強於安全需求，安全需求強於愛的需求，愛的需求又強於尊重的需求，而後者又強於個人特質的需求 —— 我們稱之為自我實現的需求。

這是選擇或者說優先的順序，但同時也是各種其他意義上的由低級至高級的順序。

第一章　探索生命的需求

　　高級需求在種繫上或進化上發展較遲。我們和一切生物共同具有食物的需求，也許與高級類人猿共有愛的需求？而自我實現的需求（須借助創造力）是人類特有的。越是高級的需求，就越為人類所特有。

　　高級需求是較遲的個體發育的產物。任何個體一出生就顯出有生理的需求，也許，還有安全需求。比如，它可能會受到恐嚇或驚嚇，當它依靠的世界提供足夠的規律與秩序時，它也許會發育得更好。只有在幾個月以後，嬰兒才初次表現出有與人親近的跡象以及有選擇的喜愛感。再後來，我們可以相當清楚地測到，除對安全以及父母愛的需求外，嬰兒還表現出對獨立、自主、尊重，以及表揚的要求。至於自我實現，天才式的兒童甚至也要等到三四歲。

　　越是高級的需求，就越能忍受維持純粹的生存需求，其滿足也就越能更長久地推遲？並且，這種需求也就越容易永遠消失。高級需求不大善於支配、組織以及求助於自主性反應和有機體的其他能力。例如，人們對於安全的需求比對於尊重的需求更偏執、更迫切，剝奪高級需求不像剝奪低級需求那樣能引起如此瘋狂的抵禦和緊急的反應。與食物、安全相比，尊重是一種非必須的奢侈。

　　生活在高級需求的水準上，意味著更大的生物效能，更長的壽命，更少的疾病，更好的睡眠、食慾等等。人體研究者多次證實，焦慮、害怕、愛和優勢的缺乏等等，除促成不良的心理後果外，往往還造成不良的生理後果。

　　從主觀上講，高級需求不像其他需求一樣迫切。它們較難被察覺，容易被搞錯，容易由於暗示、模仿或者錯誤的信念和習慣而與其他需求混淆。能夠了解自己的需求 —— 知道自己真正想要什麼，是一個重要的心理成就？對於高級需求更是如此。

　　高級需求的滿足能引起更理想的主觀效果，即更深刻的幸福感、寧靜感以及內心生活的豐富感。安全需求的滿足最多只產生一種絕處逢生的感覺。無論如何，它們不能產生像愛的滿足那樣的幸福的狂熱與心醉神迷或寧靜、

高尚等效果。

追求和滿足高級需求代表了一種普遍的健康趨勢，一種脫離心理病態的趨勢。

高級需求的滿足有更多的低級滿足為基礎。遺傳占優勢的需求必須在高級需求的滿足之前得到滿足，僅此一點就足以說明這一問題。因此，友愛的需求在意識中的顯露要比安全需求的出現依賴於更多的滿足。更通俗一點說，在高級需求的層次上，生活更複雜了。尋求尊重、地位與尋求友愛相比，涉及更多的人，需求有更大的舞臺，更長的過程，更多的手段和各等級的目標，以及更多的從屬步驟和預備步驟。友愛的需求與安全需求相比較，同樣存在上述差異。

高級需求的實現要求有更好的外部條件。要讓人們彼此相愛，而不僅是免於相互殘殺，需求有更好的環境條件（家庭、經濟、政治、教育等等）。

兩種需求都滿足過的人們通常認為，高級需求比低級需求更有價值。他們願為高級需求的滿足犧牲更多的東西，而且更容易忍受低級需求滿足的喪失。例如，他們比較容易適應禁慾生活，比較容易為了原則而抵擋危險，為了自我實現而放棄錢財和名聲。能充分理解兩種需求的人，普遍地認為自我尊重是比填滿肚子更高、更有價值的主觀體驗。

需求的層次越高，愛的趨同範圍就越廣，也可以這樣說，受愛的趨同作用影響的人數越多，愛的趨同度也就越高。在原則上，我們可以把愛的趨同解釋為，兩個或更多的人的需求融合為一個單一需求的優勢層次。當然，這是程度問題。兩個相愛甚篤的人會不加區別地對待彼此的需求，對方的需求的確就是他自己的需求。

高級需求的追求與滿足對公眾和社會也很有益處。在一定程度上，需求越高級，就越少自私。飢餓是以自我為中心的，它唯一的滿足方式就是讓自己得到滿足，但是，對愛以及尊重的追求卻必然涉及他人，而且涉及他人的

第一章　探索生命的需求

滿足。已得到足夠的基本滿足繼而尋求友愛的尊重（而不是僅僅尋找食物和安全）的人們，傾向於發展諸如忠誠、友愛，以及公民意識等品格，並成為更好的父母、配偶、教師、公僕等等。

高級需求的滿足比低級需求的滿足更接近自我實現。假如我們承認自我實現的理論，就可用來作為一個重要的區別。除此之外，它還意味著對於那些在高級需求層次上生活的人，我可以期望發現他們有更多更高的趨向自我實現的特質。

個性更偉大、更堅強、更真實的趨向是由高級需求的追求與滿足造成的。生活在高級需求層次意味著更多的愛和趨同，即更多的社會化，不管是否符合邏輯，它都是以經驗為根據的現實。實際上，生活在自我實現層次的人既是最愛人類的人，又是個人特質發展得最充分的人。這完全支持佛洛姆的論點——自愛（或不如說是自尊）與愛他人是協同性的而不是對抗性的，他關於自發性、自動性的見解也是中肯的。

需求的層次越高，心理治療就越容易，並且越有效。而在最低的需求層級上，心理治療幾乎不起任何作用。例如，心理治療不能止住飢餓。

低級需求比高級需求更具體、更可感知，也更有限度。與飢和渴相比，愛的軀體感要明顯得多，而友愛則依次遠比尊重更帶有軀體性。另外，低級需求的滿足遠比高級需求的滿足更可感知或更可觀察。而且，低級需求之所以更有限度，是因為它們只須一定數量的滿足物就可平息這種需求。我們只須吃這麼一點食物就能滿足飢餓，然而友愛、尊重以及認識的滿足幾乎是無限的。

很明顯，我們需求做的，就是觀察和探索。人性自身就具有對這些問題的答案：我怎樣才能完善？我怎樣才能幸福？我怎樣才能富有成就？當由於患病這些價值被剝奪時，機體就告訴我們它需求什麼，從而也就告訴我們要珍惜什麼。

如何完善自身的人性

　　高級需求和低級需求具有不同的性質，而且這樣的高級需求與低級需求必須歸入基本的和給定的人性儲備中（而不是不同或相反）。這一定會在心理學和哲學理論上引起許多革命性後果。大多數文明同它們的政治、教育、宗教等理論，始終是建立在與這一信念正好對立的觀點之上的。

　　總的看來，它們假定人性原始的以及動物的方面嚴格地限制在對食物、性之類的生理需求上。追求真理、愛、美的高級衝動，被假定為在內在性質上不同於這些動物性的需求。而且，這些興趣被假定為相互對抗、排斥，為了優勢地位而不斷發生衝突。人們是從站在高級需求一邊而反對低級需求這個角度來看待所有文化及其工具的，所以，文化必然是一種控制因素和阻撓因素，頂多是一種不幸的必需品。

　　認識到高級需求恰如對食物的需求一樣，是類似本能的和動物性的，這必然具有很多影響。

　　也許，最重要的是明白認知和意動的二歧式是錯誤的，是必須予以澄清的。對知識的需求，對理解的需求，對哲學沉思生活的需求，對理論參照系統的需求，對價值系統的需求，這些本身都是意動的，是我們原始的動物本性的一部分（我們是非常特殊的動物）。

　　既然我們也了解我們的需求並不完全是盲目的，了解它們為文化、現實，以及可能性所更改，那就可以進一步推出，認識在它們的發展中扮演了一個很重要的角色。約翰·杜威主張，需求的真實存在和界限是依靠對現實、對滿足的可能和不可能的認識而定的。

　　如果意動在本質上也是認知的，或者認知在本質上也是意動的，那麼它們的分歧就沒有什麼意思了，並且必須拋棄。

　　這些古老的哲學難題，有些甚至可以看成是因為對人類動機生活的誤解

而產生的假難題。例如，自私和不自私的一般區別的問題，假如我們類似本能的愛的衝動，使我們從注視我們的孩子吃好吃的東西，比我們自己吃能得到更多的個人的「自私的」愉快，那麼，我們應該怎樣解釋「自私」，怎樣把它與「不自私」相區別呢？假如對真理的需求與對食物的需求更具有動物性，那麼，為真理而冒生命危險的人比為食物而冒生命危險的人更少一些「自私」嗎？

假如從食物、性、真理、愛或尊重的滿足中能同等地得到動物性快感、自私的愉快和個人的愉快，那麼，顯然需要重新更正快感理論。這意味著高級需求的快感在低級需求快感衰落的地方很可能堅持下去。

古典浪漫主義的酒神與太陽神的對立必定能得到解決。至少就它的某些形式來說，它同樣是建立在動物的低級需求與反動物的高級需求的分裂之上的，但這顯然是不合理的。與此同時，我們也必然要對理性與非理性的概念，理性與衝動之間的對比，以及作為與本能生活對立的理性生活的一般概念，作很大的修正。

透過對人的動機生活的嚴密審查，可以得到倫理哲學家需要的許多東西。假如我們最高尚的衝動不是被看作勒馬的韁繩，而是被看作馬本身，或者相反。假如我們的動物性需求被看作具有與我們最高的需求一樣的性質，它們之間明晰的分歧又怎麼能夠存在下去呢？我們又如何確定它們可以有不同的來源呢？

進一步說，假如我們清醒而明確地意識到這些高尚而美好的衝動的存在和日益強大。從根本上說，首先是滿足更迫切的動物性需求的結果，我們當然應該更少談到自我控制、禁止、法律等等，更多的談到自發性、滿足以及寬容等等。在責任的沉重感與享受的放鬆感之間，對立似乎比我們預料的要少得多。

班奈狄克的「協同作用」理論是我們的文化概念和關於人與文化的關係

的概念改變的方向。文化顯然是，或者至少應該是滿足需求的，而不是禁止需求的。此外，它不僅是為人類的需求而創造的，而且也是由人類的需求創造的。文化與個體的分歧需要重新審查，應該更少強調它們的對抗，更多強調它們的合作。

人的最好的衝動顯然是內在固有的，而不是偶然的和相對的，認識到這一點對於價值理論一定包含著極大的意義。比如，它意味著根據邏輯來推斷價值，或試圖從歷史和假設中找到它們，都不再是必要的或合乎需求的。很明顯，我們需要做的，就是觀察和探索。人性自身就具有對這些問題的答案：我怎樣才能完善？我怎樣才能幸福？我怎樣才能富有成就？當由於患病這些價值被剝奪時，機體就告訴我們它需要什麼，從而也就告訴我們要珍惜什麼。

從一個明顯的性質考慮，這些基本需求從一個明顯的性質上是類似本能的，但它們更多的表現在區別於我們熟知的低級動物的本能。所有區別中最重要的是一個意外的發現，即，與本能是強大的令人厭惡和不可改變的這樣一個古老假定相反，我們的基本需求雖是似本能的，卻是較弱的。

作為意識到的衝動，了解我們真正渴望得到尊重、知識、哲理、自我實現等等，從心理學角度來看，這是一個難得的心理成就。不僅如此，基本需求層次越高，它們就越弱，越容易被改變和壓制。最後，它們不是壞的，而是中性的或好的。我們用一個反論來概括：我們人類的本能是如此弱，以致它們需要克服文化、教育、學習的干擾，一句話，需要保護並防止改變。

我們必須改變對心理治療（以及教育、撫養孩子、一般意義上良好性格的塑造）的目標的理解。對於許多人，它們仍然難免受到一整套對固有衝動的禁止和控制。紀律、控制、鎮壓是一些管理制度的口號。但是，如果我們的治療意味著一種旨在打破控制和禁戒的力量，那麼，我們新的關鍵的詞語將是自發性、釋放、自然真實、自我認可、對衝動的覺知、滿足、容許。如

第一章　探索生命的需求

果我們的本能衝動不是被理解為洪水猛獸而是和煦春風，如果我們的本能衝動與其說是掠奪性的不如說是友愛性的，與其說是使人怨恨的，不如說是令人讚美的，我們當然應給它們以自由，讓它們充分表現自己，而不是將它們拘控在用於犯人或瘋子的約束之內。

假如本能是較弱的，高級需求在性質上是類似本能的；假如文化比本能衝動更強，而不是更弱；假如人的原始衝動最終被證明是好的，而不是壞的；那麼，人性的改進也許可以透過對類似本能的傾向的培養來實現，或者透過促進社會改革來實現。的確，改善文化的意義就在於為人們內在的生物傾向提供一個更好的實現自身的機會。

由於發現高級需求層次上的生活可以相對地擺脫低級需求滿足的支配（甚至不受高級需求滿足匱乏的限制），我們就可能想出辦法來解決神學家們的古老難題。他們總是感到有必要努力調和肉體和精神，天使與魔鬼，人類有機體上高級和低級的東西，卻沒有一個人找到過滿意的方法。高級需求生活的機能自主似乎就是答案，高級需求的發展只有建立在低級需求的基礎上，但最後一旦牢固建立，就可以相對地獨立於低級需求。

除了達爾文的生存價值外，我們現在還可以提出「成長價值」。對於個體來說，不僅生存是好的，努力去發展完美的人性，使人的潛力得到發揮，追求更大的幸福、更深的寧靜以及高峰經驗，走向超越，獲得對現實更豐富、更準確的認識，而且這一切也是有益的。我們不再以生存的可能性作為證明貧窮、戰爭、獨裁、殘忍的醜惡的唯一證據。在我們眼裡，這些現象的醜惡還在於它們降低了生命、人格、意識以及智慧的品格。

也就是說，仍然有談論一張受挫折的嘴、一個受挫折的胃、或是一種受挫折的需求傾向。我們必須清楚地知道，受挫折的只能是一個完整的人，絕不會是一個人的某一部分。

戰勝致病挫折的途徑

　　動機概念包含著精神病病因以及挫折、衝突、威脅等性質的一些重要啟示。

　　挫折和衝突的概念促進了精神病病因的引發以及持續理論的揭示。某些挫折的確導致病態，另一些並非如此；某種衝突也同樣導致病態，另一些卻也並非如此。要想解開這個謎，則必須求助於基本需求理論。

　　在討論挫折時，很容易錯誤地將人分割開。也就是說，仍然有談論一張受挫折的嘴、一個受挫折的胃、或是一種受挫折的需求的傾向。我們必須清楚地知道，受挫折的只能是一個完整的人，絕不會是一個人的某一部分。

　　搞清楚這一點，就理所當然明白了剝奪和對人格的威脅之間的重要區別。挫折的通常定義只不過是得不到所渴望的束西、一個願望沒有實現或一種滿足受到妨礙等。這樣一個定義未能區分開兩種不同的剝奪：一種對於機體並不重要（很容易被替換，極少導致嚴重的後果）；另一種則同時是對於人格，也就是說，對於個人的基本需求 —— 他的生活目標，他的防禦系統，他的自尊心，他的自我實現 —— 的一種威脅。我們的論點是：只有威脅性的剝奪才有類似於一般意義上挫折的許許多多後果（通常是讓人反感的後果）。

　　一個目標物對於個體來說可以有兩種意義：首先，它有著內在的意義；其次，它也可以有一種延伸的、象徵性的價值意義。這樣，某個被剝奪了想要吃冰淇淋卷的孩子可能只是失去了一個冰淇淋卷；但另一個受到同樣待遇的孩子，就可能不光是喪失了一次感官上的滿足，而且還會覺得被剝奪了母親的愛，因為她拒絕給他買冰淇淋卷。對於第二個孩子來說，冰淇淋卷不光有著自然物質上的價值，而且還可能承載著心理價值。

　　對於一個健康人來說，被剝奪了作為冰淇淋的冰淇淋，很可能是無所謂的；這種情況甚至連是否可以用挫折 —— 其他具有更大威脅性的剝奪為特徵

第一章　探索生命的需求

的挫折 —— 來稱呼都有待探討。只有當目標物代表著愛、名望、尊重或其他基本需求時，將它剝奪才會產生通常挫折的種種惡果。

在一定情況下，在某些各類的動物中能清楚地證明這種個體的雙重意義。例如，當兩隻猴子處於一種支配與從屬的關係時，一塊食物既是充飢物，同時也象徵著一種支配地位。這樣，如果處於從屬地位的動物試圖撿起食物，他立刻就會受到處於支配地位的動物的攻擊。然而，如果它能解除食物的象徵性支配價值，那麼，他的支配者就會允許他食用。這一點，他透過一個順從的姿勢可以很容易地辦到，即在接近食物時做順從性表演，這彷彿是說：「我只想要這塊食物充飢，我不想向你的支配地位挑戰。我甘願服從你的支配。」

同樣，我們也可以用兩種不同的方式來對待朋友的批評。通常，一類人覺得受到了攻擊和威脅（這也是有道理的，因為批評常常都是一種攻擊），於是他的反應便是怒火中燒，暴跳如雷。但另一類確信這一批評不是一種攻擊，也不是對他的排斥，而是友愛的幫助，他就不僅會傾聽批評，而且甚至可能會對它心存感激。這樣，如果他已經有許多證據來表明他的朋友愛他、尊重他，批評便只代表批評，它並不會同時代表著一種攻擊或威脅。

忽略這一區別就會造成精神病學界很多意外的混亂。一個經常出現的問題是：挫折的許多後果，如尋釁和昇華等，全都是或者有些是由性剝奪所引起的。大家都知道，在許多情形中，獨身生活並不會帶來精神病理上的後果。然而，在另外的許多情形中，它卻有不少惡果，什麼因素決定將出現什麼結果呢？對精神正常者的臨床檢驗提供了一個明確的答案：性剝奪只有在被個體認為是代表著異性的拒絕、低賤、缺乏價值、缺乏尊敬、孤立，或者其他對基本需求的阻撓時，才會成為病因。對於那些並不認為它有這種含意的人來說，則可以比較輕鬆地承受性剝奪。當然，很可能會有羅森茲威格所說的需求的堅持性反應，但這些反應雖然令人煩惱，卻不一定是病理性的。

幼兒時期經常遭受的剝奪往往也具有挫折性，例如，斷奶，限制排泄，學走路。實際上，每一個新的調整層次，都被認為是透過對孩子的強制而實現的。在這裡，單純的剝奪和對人格的威脅之間的區分再一次提醒我們小心對待。觀察那些完全信賴父母的愛和關注的孩子可知，他們有時可以令人驚異地對各種剝奪、紀律和懲罰看得無足輕重。如果一個孩子並不把這些剝奪看成是對他的基本人格、主要生活目標和需求的威脅，那麼它們就會很少起挫折作用。

利用這個觀點會順利推出這樣一個結論：威脅性挫折這個現象同其他威脅性情況的連繫，要比同單純剝奪的連繫緊密得多。也可以看到，挫折的典型後果經常是由其他類型的威脅所引起的。例如，創傷，衝突，身體損傷，嚴重疾病，現實的人身威脅，死亡的臨近，屈辱，或巨大的痛苦。

這將印證我們的最終假設：也許挫折作為一個單獨的概念不如在它身上交錯的那兩個概念有用。對於非基本需求的剝奪，和對於人格剝奪，即對於基本需求或同這些需求有關的各種各樣的威脅。剝奪的含意比挫折這一概念的通常含意要少得多，剝奪並不是精神病病因，而威脅是。

威脅性衝突仍然是一個選擇問題，但卻是在兩個不同的目標之間進行選擇，而且這兩個目標都很重要。在這裡，一個選擇的反應通常並不能解決衝突，因為這種決定意味著放棄某些幾乎是同被選擇物一樣重要的東西。

客觀解決威脅生存的衝突

衝突這一單獨的概念同樣與威脅的概念交錯。單純的選擇是最簡單意義上的衝突，每個人的日常生活充滿著無數這樣的選擇。如果我們在通向同一個目標的兩條道路中進行選擇，這一目標對有機體相對來說並不重要。對於這樣一個選擇情況的心理反應幾乎從來也不是病理性的。實際上，在絕大部

分情況下，主觀上根本就沒有衝突的感覺。在這種情況下，目標本身對於有機體來說是重要的，但卻有兩種到達這一目標的途徑可供選擇。目標本身並沒有受到威脅。目標重要與否，當然要視每一個個別的有機體而定。對一個有機體來說是重要的，對另一個就可能不然。

例如，一位婦女參加一個社交晚會時，試圖決定是穿這雙鞋還是那雙鞋，是穿這件衣服還是那件衣服，因為這一社交場合對她來說是重要的，所以她希望能留下一個好印象。在做出決定後，衝突的明顯感覺一般會消失。然而，當一位婦女不是在兩件衣服中進行選擇，而是在兩個人之中選擇一個來做自己的丈夫，這種衝突就確實可能變得極其激烈。這使我們再一次想起了羅森茲威格對需求的堅持性效應和自我的防禦性效應之間所作的區分。

威脅性衝突仍然是一個選擇問題，但卻是在兩個不同的目標之間進行選擇，而且這兩個目標都很重要。在這裡，一個選擇的反應通常並不能解決衝突，因為這種決定意味著放棄某些幾乎是同被選擇物一樣重要的東西。放棄一個必要的目標或對需求的滿足使人感到一種威脅，即使在做出選擇之後，威脅也依然存在。總之，這種選擇最終只會導致對於一種基本需求的長期妨礙，這就很容易導致病態。

災難性衝突是一種沒有抉擇或選擇可能性的純威脅。就其後果來說，所有的選擇都同樣是災難性或威脅性的，不然，也只有一種災難性的威脅。這樣一種情況，只有把那個詞的意義延伸，才可以被稱為衝突。舉兩個例子就可以很容易地看到這一點：一個例子是一位在幾分鐘內就要被處決的人，另一個他必須面對明知帶有災難性的動物。在作決定時，所有逃避、進攻或替換行為的可能性都被杜絕 —— 這正是許多動物神經病實驗中的情況。

我們所能得出的結論只能和我們精神病理學觀點分析挫折之後所得出的結論一樣。一般說來，有兩種衝突的情況或衝突的反應，一種有威脅性，另一種無威脅性。無威脅性的衝突並不重要，因為它們通常是不致病的；帶有

威脅性的衝突種類是重要的，因為它們往往是致病的。威脅並非總是致病的；對於威脅既有健康的應付方式，也有精神病或神經病的解決辦法。

此外，一種明顯的威脅情況在一個特定的人身上，可能導致也可能並不導致在心理上受威脅的感覺。一次轟炸或對生命本身的威脅，其威脅的程度可能還不如受人嘲笑，被人冷落，被拋棄，自己的孩子生病，或者受一位陌生人的凌辱。而且，威脅也可能造成使人堅強起來的作用。同樣，如果我們將一種衝突的感覺作為病症的原由來談論，我們最好還是來分析一下威脅或威脅性衝突，因為某些種類的衝突並不能引起病態，有一些實際上還會強化有機體。

我們可以對精神病病因這一綜合領域的各種概念進行重新分類。我們可以首先討論剝奪，然後則是選擇，可以假設這兩者都是不致病的，因此對精神病理學的研究來說是次要的概念。重要的概念既不是衝突也不是挫折，而是兩者的基本致病因素 —— 威脅實際上對有機體的基本需求或自我實現有阻撓作用。

妨礙基本需求和高級需求（包括自我實現）以及它們賴以存在的條件的危險和事實，是對生命本身的威脅，對於有機體的完整人格的威脅，對於有機體整合狀態的威脅，對於有機體掌握世界的威脅，以及對於終極價值的威脅。

生存威脅的本質特徵

威脅這一概念包括一些既不能歸於通常意義上的衝突，又不能歸於通常意義上的挫折的現象。某種類型的嚴重疾病能引起精神病，經歷了一次嚴重的心臟病發作的人往往在行動時心有餘悸。兒童得病或住院的經驗常常帶來直接的威脅作用，且不說伴隨的各種衝突。

一般性的威脅在另一種病人身上也得到了證明，這就是蓋爾卜、哥爾德斯坦、史勒以及其他一些人所研究過的腦損傷病人。最終理解這些病人的唯

第一章　探索生命的需求

一方法就是假設他們感受到了威脅。也許可以認為，不管什麼類型的有機性精神病患者都感受到基本的威脅。在這些病人身上，只有用兩種觀點來研究症狀才可能將它們搞明白：首先，功能的損傷或任何種類的功能喪失（喪失效用）對有機體的直接影響；其次，人格對這些威脅性喪失（威脅效用）的動力反應。

從卡頓諾研究創傷性神經病的專著中，我們發現可以將最基本和最嚴重創傷的後果加進我們所列出的既不是衝突也不是挫折的各種威脅性後果的行列。必須再一次指出，一種受創傷的遭遇同受創傷的感覺並不一樣，也就是說，一種受創傷的遭遇可能會造成心理上的威脅，但卻不一定非造成這種威脅不可。如果處理得當，它的確可以給人教益，使人堅強。據卡頓諾說，這些創傷性神經病是對於生活本身最基本的行為功能 —— 行走，獎金，交談，進食等等 —— 所發生的一種基本威脅的後果。

我們可以這樣來敘述一下其論點的大意：經歷過一樁極其嚴重事變的人可能會得出這樣結論，他不是自己命運的主人，死亡一直在他的門外守候。面對著這樣一個無比強大、極富威脅性的世界，一些人似乎喪失了對自己能力的信任，哪怕是最微不足道的能力，其他一些比較輕微的創傷威脅當然也就更小一些。另外，某種性格結構使一些人易於受威脅左右，在有這種性格結構的人身上，這種反應則更經常地發生。

不論什麼原因，死亡的臨近都可能使我們失去基本的信心而處於感到受威脅的狀態。當我們再也無法應付這一情況時，當世界使我們無法忍受時，當我們主宰不了自己的命運時，當我們再也控制不了這個世界或者控制不了我們自己時，我們當然會有各種威脅的感覺。其他「我們無能為力」的情況有時也會被覺得是一種威脅。也許在這一類中還應該加上嚴重的痛苦，這當然更是我們無能為力的一件事。

或者還能擴充一下這一概念的內容，把通常包含在其他種類中的各種現象也包含進來。例如，我們可以提到的有突然的強烈刺激，沒有預防便被摔落、摔倒，任何未被解釋或陌生的事情，某種對兒童產生威脅而不僅僅是引起激動，更是對他們日常生活習慣或節奏的打亂。

我們當然不能忽略威脅的最核心方面，即直接的剝奪，或對基本需求的妨礙或威脅性屈辱，遺棄，孤立，喪失威信，喪失力量，這些都有直接的威脅性。此外，濫用或不用各種才能間接地威脅著自我實現。最後，對於高級需求或存在價值的威脅可以對高度成熟的人產生威脅。

一般說來，下面的幾點都被覺得有我們所談意義上的威脅性：妨礙基本需求和高級需求（包括自我實現）以及它們賴以存在的條件的危險和事實，是對生命本身的威脅，對於有機體的完整人格的威脅，對於有機體整合狀態的威脅，對於有機體掌握世界的威脅，以及對於終極價值的威脅。

不管我們對威脅下怎樣的定義，有一方面我們必須提到：一個最終的定義，不管包括其他什麼內容，當然必須涉及到有機體的基本目標、價值或需求。這意味著任何關於精神病病因的理論也必然要直接依賴動機理論。

界定威脅的必要性，可以從一般動力學理論和各種具體的實驗結果中表現出來。也就是說，我們最終界定一種情況或威脅時，為能只著眼於整個種類都有的基本需求，還要著眼於面臨著特殊問題的個別有機體。這樣，挫折和衝突二者的定義常常都是單純依照外部的情況，而不是依照有機體對這些外部情況的內在反應和理解而界定的。最堅持這種錯誤觀點的是一些所謂動物神經病的研究者。

我們該如何確定某一特定情況在什麼時候才會被有機體理解為一種威脅呢？對於人類來說，這可以輕易地由足以描述整體人格的方法做出判斷，如精神分析法。這些方法可以告訴我們一個人需要什麼，缺乏什麼，什麼在

威脅他。但對於動物來說，事情就不是那麼簡單，在這裡我們陷入了循環定義。當動物受到威脅的症狀做出反應時，我們才會知道那是一種有威脅的情況。這就是說，情況是根據反應來界定的，反應又是根據情況來界定的。循環定義的名聲通常是不太好，但我們應該知道，隨著一般動力心理學的出現，所謂循環定義的名聲也必定好轉。無論如何，對於實驗室的實際工作來說，這當然並非一個高不可越的障礙。

　　動力理論所必然得出的最後一點是：我們必須始終把威脅感本身看作是一種對於其他反應的動力性刺激。如果我們不同時知道這種威脅會導致什麼，會使個體做什麼，有機體會如何對它做出反應，那麼對於任何有機體內的威脅，也不可能進行完整的描述。當然，在神經病理論中，既有必要了解威脅感的性質，又有必要了解有機體對這種感覺的反應。

動物研究中的威脅概念

　　在動物行為紊亂方面的研究中很容易得出，它們的研究一般是針對外界環境方面而非動力方面。外界的實驗安排或情況一旦被穩定下來，就以為完成了對心理情況的控制，這已經不是什麼新鮮錯誤了。當然，最終具有心理上的重要性的，只有有機體覺察到或因此做出反應，或以某種方式受其影響的事物。

　　這一事實，以及每一個有機體都與其他有機體不同這一事實，不光應該得到口頭認可，還應該承認它影響著我們的實驗安排以及最終的結果。例如，巴夫洛夫已經證明，動物必須具有某種類型的生理氣質，否則外部衝突就不會導致任何內部衝突，而且我們所感興趣的，當然並不是各種衝突情況，而是有機體內部的衝突感。

　　我們還應認識到，個別動物的獨特歷史使動物們對於一個特定外部情況的個別反應各不相同，例如在戈恩特和李得爾及其合作者的研究中正是如

此。我們透過對白鼠的研究已經證明，在某些例子中，有機體的特性對於決定是否會因為相同外部情況而衰竭是至關緊要的。不同種類會以不同的方式來對於外部情況進行觀察，做出反應、感到受威脅或是不受威脅。當然，在許多類似的實驗中，衝突和挫折的概念用得並不精確。此外，由於忽略了對有機體所受威脅的性質應該個別界定，便似乎難以理解各種動物對於同一情況所做出的反應的差異性。

比通常用在這類文獻中的說法更確切一些，這是個很好的概念，因為它涉及到了已知的所有動物研究，但我們還應該使它的某些含義更清楚一點，例如，從動物那裡奪走它看重的東西，可以導致同要求有機體做它不能做的事情所引起的一樣的病理反應。

在人身上，除了已經提到的因素外，這一概念還應該包括某些疾病和某些對有機體整體人格的損害的威脅性質等因素，它使一個動物能夠面對某個要求它做一些難以做的事情的情況；它僅僅透過對這一情況毫不在乎，對它無動於衷，甚至不屑對它進行察覺，便可以以一種非病態的方式對它做出反應。也許這一比較鮮明的特點可以部分地透過在史勒的說法上加一個強烈動機的說法來獲得：「當有機體面臨一個非常想解決或者必須解決但卻無法解決或對付的任務或情況時，便會出現病態反應。」當然，甚至連這也是不夠的，因為它沒有包括已經提到的現象。然而，它是為實驗目的而對威脅理論所作的一種有實際意義的敘述，這是它的優點。

另外，動物的行為前後表現得並不一致。這是由於忽略了區分動物在面臨非威脅性或威脅性選擇以及威脅和非威脅性挫折中的情況。如果設想動物正處於迷宮中一個選擇點上的衝突情況，那它為什麼不經常地崩潰呢？如果設想剝奪食物 24 小時是對於老鼠的挫折，那這種動物為什麼不崩潰呢？顯然，假設或概念都需要改變一下。一個忽略區別的例子不能區分兩種選擇：動物在一種選擇中放棄了某些事物，在另一種選擇中則什麼也沒放棄，在這

種選擇中目標保持不變並不受威脅，但動物卻有兩條或者更多的途徑來實現這同一個得到了保障的目標。如果一個動物又渴又餓，而且食物和水之間二者不可兼得時，它就可能有受到了威脅的感覺。

我們絕不能就其本身來界定一種情況或一個刺激物，而是必須把它看作是已被對象（動物或人）所結合 —— 以動力的方式，透過它對實驗所涉及到的特別對象的心理含義。

一生經歷中的威脅

普通的或有神經病的成年人所受一般外界情況的威脅，要比健康成年人多。我們應該再一次想起，儘管成年的健康產生於童年的沒受威脅，或是對威脅的順利克服，而且隨著歲月的流逝，它越來越不受威脅的影響；舉例說吧，一個人如果對自己極有信心，他的男性氣質便不容易受到威脅。一個人如果一生中一直被人深愛著，並感到自己值得愛或可愛，那麼，即使你不再愛他了，對他也沒有太大的威脅，必須再一次依靠功能性原則。

精神病病因如果是單一的而不是復合的，那麼疾病的各種單獨的症候群又是從哪裡來的呢？也許不光病因，精神病理學也可能是單元的。

威脅對自我實現的妨礙

威脅的大部分特殊例子都歸在「對最終自我實現的發展有著實際的妨礙或威脅」，這是很有可能的，哥爾德斯坦也曾這樣做過。這樣強調將來的以及當時的損害，有許多嚴重的後果。我們可以引用佛洛姆「人本主義的良心」這一革命性概念作為已經覺察到偏離了成長或自我實現道路的例子，這一概念同佛洛伊德超自我概念的相對性和由此而來的缺陷形成了鮮明的對比。

我們還應明白一點，將「威脅」和「對成長的妨礙」搞成同義詞，造成了

在當時從主觀上來說是沒有威脅的，但在將來則是有威脅的或對成長是有妨礙的。孩子現在可能會希望得到一種讓他高興、安靜、感激的滿足，但這種滿足卻不利於他成長。例如：父母過於滿足孩子，從而產生溺愛引起的精神變態。

疾病的單元性

另一個由精神病的單元性質所引起的難題是由於它和不很完善的發展相提並論而引發。我的意思是，所有的或者大部分疾病都來自同一個根源。也就是說，精神病病因如果是單一的而不是復合的，那麼疾病的各種單獨的症候群又是從哪裡來的呢？也許不光病因，精神病理學也可能是單元的。也許我們現在所說的醫學模式上的各種單獨疾病實體，實際上是對一種深層的一般性疾病的特殊反應，正如霍尼所聲稱的那樣。我關於安全感與缺乏安全感的實驗正是建立於這樣一個基本的假設之上，而且到目前為止，在辨別出有一般心理疾病而不是臆想病或憂慮症等特殊神經病的患者方面卓有成效。

我沒有進一步探討這些假說，因為它們都是由這種關於精神病理、病因的理論引發的，而這也是我最想說明的。有必要做的只不過是強調一下它的各種統一化、簡單化的可能性。

在人類總體中只有一少部分達到同一性、個性、豐滿人性、自我實現等等。這是我們最大的難題。既然我們有傾向人性充分發展的衝動，那麼，為什麼不能更經常地發生？是什麼阻礙了它？

個人生命成長的一種失敗

20 世紀中期普遍承認的理論認為，神經症是一種可以描述的病理狀態，它是那時存在著的、醫學模型上的一種疾患或病症。但我們已經學會用辯證的方式看它，認為它同時也是一種向前的運動，一種趨向健康和豐滿人性的

第一章　探索生命的需求

向前的困難摸索，在畏縮而不是在勇氣的庇護下膽怯而軟弱地前進，而這過程既包含著現在也包含著未來。

我們得到的一切證據（大都是臨床證據，也有某些其他研究的證據）都表明，幾乎每一個人甚至幾乎每一個新生物，都有一種傾向健康的積極意願，一種傾向成長或傾向人的潛能的實現的衝動。但很遺憾的是，幾乎沒有人這樣做。在人類總體中只有一少部分達到同一性、個性、豐滿人性、自我實現等等，這是我們最大的難題。既然我們有傾向人性充分發展的衝動，那麼，為什麼不能更經常地發生？是什麼阻礙了它？

既預料到它有很大的可能性，但又失望於這種可能性實現的罕見，這是我們研究人性的新方法。不論何種現狀，這種態度和「現實主義的」何種現狀都接受的態度是對立的，後者認為現狀是常規，例如電視的民意測驗。此時此刻，無論是從描述觀點看，還是從沒有價值觀念的科學觀看，這一常態或一般狀態是我們能夠期望的最佳狀態，因此，我們應該為此而感到滿足。常態寧可說是一種疾病或殘廢或癱瘓，那是我們和其他每一個人所共有的，因而未加注意。

我想起我在大學時代用過的一本陳舊的異常心理學教科書，內容其實糟透了，但卷首插畫非常精彩：下半部是一列孩子，蘋果臉，甜蜜的微笑，興高采烈，天真無邪，非常可愛；上部是地鐵車箱中的許多乘客，愁悶，灰溜溜，繃著臉，似乎很生氣。下面的解說詞非常簡單：「怎麼啦？」這正是我要談論的問題。

另外，我一直在進行的工作一部分是關於研究工作的策略和策略問題，是為研究工作進行鋪墊，是試圖說明所有臨床經驗和個人主觀經驗，我們力求能夠在一種科學的方式中更好地理解這些經驗，即，核對、檢驗、使結果更精確，並觀察它是否真實，直覺是否正確等等。為了這樣的目的，也為了那些對哲學問題感興趣的人，我簡單地提出幾個和下文有關的理論觀點。

　　這是一個古老的問題 —— 事實和價值之間、是和應該之間、行為和規範之間的關係問題，一個哲學家們一籌莫展的問題，自有哲學家以來，他們就一直在討論著這個問題，但進展卻很小。我願提供某些思考，在解答這一古老的哲學難題中這些思考對我是有幫助的，也可以這麼說，是突破兩難困境的第三隻角。

　　熔接詞是一個一般的結論，部分來自臨床和心理治療經驗，部分來自格式塔心理學家。在某種哲學方式中，事實往往有一定的指向，或者說，它們是有矢量的。事實並不是躺在那裡，像一塊鍋餅，什麼事也不做；它們在一定程度上是路標，能告訴你該怎麼辦，向你提出建議，引導你向某一方向而不是相反方向前進。它們「吶喊著」，它們具有需求性，甚至具有如克勒所說的「必須性」。

　　我常有這樣的感受，只要我們有足夠的充分認識，我們便知道該怎麼辦；當我們必須決定到底該怎樣做時，充分的知識常常能幫助我們做出道德和倫理的選擇。例如，我們在治療中都有這樣的經驗，當人們的「認知」越來越有意識時，他們的解決、他們的抉擇也越來越容易，越來越自主。

　　這就是說，有的事實或詞彙本身兼有兩種作用 —— 規範和描述。我暫且稱它們為「熔接詞」，表示事實與價值的一種熔化和連接。除此以外，我不得不力求解決「是」和「應該」這一問題。

　　正像我認為所有人在這類工作中都會這樣做一樣，在我談論的開始，是在一種坦率的規範方式中前進。我提出的問題是：什麼是正常，什麼是健康？我先前的哲學教授仍然像長輩那樣非常親切地對待我，我也像晚輩那樣尊敬他。

　　有一次他寫給我一封擔憂的信，善意地責備我不該以傲慢的方式處理這些古老的哲學問題，信中有這麼一句話：「你知道你做了些什麼嗎？在這一問題的背後有兩千年的思想，而你卻在這層薄冰上那麼隨意和漫不經心地滑

行。」我回信解釋說：「這一類的事正是一個科學家的作用方式，這也是他的研究策略的一部分，即滑過哲學的難題越快越好。」我記得有一次我給他的信寫道：「我從策略考慮，在推進知識中不得不採取這樣一種態度，只要涉及哲學問題，就應該是堅決的天真。」我認為這就是我們在這裡所採取的態度。我曾覺得，談論正常與健康，什麼是好，什麼是壞，這是有啟發的，因此我常常對於這個問題有些任性。我曾做過一項研究，用一些優等的畫和一些劣等的畫作為測試材料，我在註腳中直接寫道：「優等的畫在這裡的定義是我所喜歡的畫。」我的目的是看我是否能跳到我的結論，並證明這並不是一個壞的策略。

在研究健康人、自我實現者時，一直有一種從公開規範的和坦率個人的穩定運動，一步一步地趨向越來越形象的、客觀的詞彙，直到有了一個標準化的自我實現測驗。現在已能在操作上對自我實現做出定義，像智力通常的定義一樣，即，自我實現也是可以用測驗測試的。它和各種外部變量密切相關，並繼續累積著相關的意義。作為一種結果，我深受啟發，覺得從「堅決的天真」出發是正確的。我用直覺的、直接的、個人的方式所看到的，現在大都正在由數字、表格和曲線進行驗證。

很明顯，熔接詞是高於較純規範詞的一種科學的進展，同時也避開了更壞的陷阱——科學只能是無價值觀念和非規範的，或超人類的。

脫離醫學模式的生命激進運動

「豐滿人性」與「自我實現」概念相較，這是一個更富有描述性和客觀性而又保留著我們所需要的一切規範涵義的概念。我們希望能以這樣的方式從直覺的啟發式的開端逐步向越來越高的確定性、越來越大的可靠性、越來越客觀的外部證實運動，這又意味著這一概念越來越具有科學的和理論的效

用。這種說法和這種思維方式是我以前由羅伯特‧哈特曼的價值論著述那裡受到啟發而形成的，他把「善」定義為實現一件事物的規定性或概念的程度。這使我認為，或許把人性概念理解為一種數量的概念是為了研究的目的。例如，豐滿人性可以用分類的方式說明，即，豐滿人性是抽象的能力，運用合乎文法的語言的能力，愛的能力，有一種特殊性質的價值觀，能超越自己等等。

我們甚至還可以把這種全面分類的規定用明細表描述出來，如果需要這樣做的話。對於這種想法我們可能會感到很驚訝，但它非常有用，只要能向進行研究的科學家在理論上闡明就行。這個概念能成為描述性的和定量的，但也是規範的，比如說這人比那人更接近於豐滿人性。甚至我們能說：這人比那人更多人性。它確實是描述客觀，因為它和我的願望與旨趣、我的個性、我的神經症無關；而從豐滿人性概念中排除我的無意識的願望、畏懼、焦慮、希冀要比從心理健康概念中排除容易得多。

在研究過心理健康或任何別的類型的健康之後，你將會發現，它是如此具有誘惑，使你不禁要投射你自己的價值觀念，並使這個概念弄成一種自我描述，也許是一種關於你想成為什麼樣子，或你認為人們應該成為什麼樣子的描述等等。你會不得不長時間支持這種傾向，並且你將發現，雖然在這樣的工作中有可能成為客觀的，但肯定很難做到。即使這時你也不敢絕對肯定。歸根結底，假如你選擇研究對象是以你個人的判斷和診斷為基礎，這樣的選樣錯誤的機率會比你依據某種非個人的標準進行選樣時多。

很明顯，熔接詞是高於較純規範詞的一種科學的進展，同時也避開了更壞的陷阱──科學只能是無價值觀念和非規範的，或超人類的。熔接概念和熔接詞使我們有可能參與科學和知識的正常發展，從它的現象學和經驗的開端向更可靠、更有效、更確信、更準確、更能與他人分享和取得一致的目標前進。

第一章　探索生命的需求

　　其他常用的熔接詞有：成熟的，演化的，發展的，發育受阻的，殘缺的，充分發揮作用的，優美的，笨拙的，愚蠢的等等。還有許多許多詞是不太明顯的規範與描述相熔接的詞。我們可能終有一天不得不認為熔接詞是可以作為範例的，是正常的、通常的和核心的。那時，較純描述詞和較純規範詞會被認為是邊緣詞和新生詞。我相信，這將成為人本主義世界觀的一部分，這一世界觀現在正迅速晶化為一種有結構的形態。

　　首先，這些概念太絕對地外離於心理了，不能充分說明意識的性質，心理內部的或主觀的能力，例如，欣賞音樂，沉思和冥想，分辨韻味，對個人內在呼聲的敏感等等，能夠在個人內部世界融洽生活，可能和勝任社會生活或勝任現實生活同等重要。但從理論的精緻和研究的策略觀點看，這些概念不如一張構成人性概念的能力的清單那麼客觀和直觀。

　　我認為這些模式沒有一個是和醫學模式對立的，它們彼此沒有必要二歧化。醫學上的疾病能削弱人，因而它也處在從較多人性到較少人性的連續系統上。當然，對脂肪瘤、細菌侵入、癌等而言，醫學的疾病概念儘管是必須的，而對神經病的、性格的或精神失調而言，卻又肯定是不充分的。

　　說「豐滿人性」而不說「心理健康」，因此可以相應地說「人性萎縮」而不說「神經症」。但這又是一個沒一點真實意義的詞。這裡的關鍵概念是人的能力和可能性的喪失或缺乏，顯然這也是一個程度和數量的問題。再者，這更接近於能在外部觀察到，更接近於外現行為，這自然使它比焦慮、強迫症或壓抑等更易於研究。它也把一切標準的精神病學的範疇納入同一個連續系統中，包括來自貧困、剝削、不適當的教育、奴役等所有發育受阻、殘缺和抑制，也包括來自經濟上有特權的人的那些新型的價值病態、存在性紊亂、性格紊亂，並非常細緻地論述了來自吸毒、精神病態、專制主義、犯罪等種種萎縮，以及來自另外不能在同樣醫學意義上稱為「疾病」（如腦瘤）的種種萎縮。

這是一種長久被忽略且脫離醫學模式的激進運動。嚴格地說，神經症意味著一種神經性的疾病，我們現在不用這個陳舊的說法也照樣行得通。此外，用「心理疾病」會把神經症置入和潰瘍、損傷、細菌侵襲、骨折或腫瘤相同的論題範圍。但現在我們已經明白了，最好設想神經症和精神紊亂有關，和意義的喪失、對生活目的的懷疑、失戀的痛苦和憤怒、對未來的失望、對自己的厭惡、認識到自己的生命正在流逝、或和失去幸福或愛的可能等等有關。

這些都是拋開豐滿人性、脫離人的盛開之花的凋零。它們是人曾有的和也許還會有的可能的喪失。物理和化學方面的衛生術和預防法在這一心理病源學的領域內必然也會有點用處，但和更為強有力的社會的、經濟的、政治的、宗教的、教育的、哲學的、價值論的、和家庭的決定因素相比，簡直不值一提。

如果一個人不首先是個人自己的身體、個人自己的體質、個人自己的機能、個人自己的種性，他又能真正是什麼呢？

人怎樣向豐滿人性成長

我們可以從心理、哲學、教育、精神方面的轉移傾向中贏得某些好處。在我看來，這一轉移鼓勵了對生物基礎和體質基礎的正確理解。在任何有關同一性或真實自我、成長、揭示療法、豐滿人性或人性萎縮、自我超越或任何其他這一類問題的討論中，都不能不涉及潛在的生物因素和體質因素。簡短地說，我認為，要幫助一個人向豐滿人性運動，不可避免地要透過他對自身同一性等等的認識。這一工作極重要的一部分是要意識到自己是什麼，作為人類的一員在生物學上、氣質上、體質上是怎樣的，意識到自己的能力、願望、需求，也意識到自己的使命，自己適合做什麼，自己的命運是怎樣的。

可以毫不畏懼地說，關於個人自己內部的生物學的現象學認識，關於我稱為「似本能」的本性、關於個人動物本性和種性的認識，這才是對自我覺

知至關重要的方面。這當然是精神分析要努力做到的事情，即幫助一個人意識到自身的動物衝動、需求、緊張、抑鬱、愛好、焦慮，這也是霍尼在真實自我和虛假自我之間進行區分的目的，這也正是個人對於自己真正是什麼的一種主觀的意識判斷。如果一個人不首先是個人自己的身體、個人自己的體質、個人自己的機能、個人自己的種性，他又能真正是什麼呢？

　　這一範式可以一直延伸到個人發展的最高水準，甚至延伸到個人自我超越的水準，我對此深信不疑。我完全有理由接受一個人的最高價值的似本能特性，或可稱為精神生活或哲學生活的似本能特性。我甚至覺得這種個人發現的價值論也能納入「個人似本能性的現象學」範疇，或納入「主體的生物學」或「體驗的生物學」等範疇。

　　這一人性程度或量度的單一連續系統在理論上和科學上具有重大意義。這一連續系統不僅包括精神病學家和醫師談論的各種疾病，而且也包括存在主義者、哲學家、宗教思想家和社會改革家所關注的一切問題。不僅如此，我們還能把我們所知的各種健康和各種程度的健康納入這同一個單一的連續系統，甚至加上自我超越的、神祕融合的「健康以外的健康」以及未來可能揭示的任何更高的人性可能性。

　　在相同的意義上，萎縮也能導致一些後果和過程的出現。就簡單描述方式看，它僅僅在極少的情況下才是一種完成或終結。

抵制神經症的「特效藥」

　　我至少從這種思路中獲得一項特殊的好處 —— 我的注意力可以敏銳地轉向我稱為「內部信號」或內部暗示或刺激的東西。我起初未能充分認識到，在多數神經症以及許多其他身心障礙中，內部信號會變得微弱或甚至完全消失（如在嚴重強迫性神經症中），或「聽」不到或不能被「聽」到。在極端

的例子中，我們看到過一些沒有什麼體驗的人，例如行屍走肉、內部空空的人。恢復自我必須知道自己喜歡什麼，不喜歡什麼，喜歡誰，不喜歡誰，知道什麼是愉快的和什麼不是，什麼時候應該吃、睡、解手、休息、等等。作為絕對必須的條件，當然包括恢復擁有和認知這些內部信號的能力。

沒有什麼體驗的人，因為自身不能發出明確的指令或真情呼喚而只看好外面的情形而動。例如，吃飯要看鐘點而不是順從他的食慾。他靠時鐘指引自己，靠常規、日曆、日程表、議程表、他人的提示指引自己的生活。

不管怎樣，我認為神經症是由於個人成長的幼稚的解釋，當然已具有很明確的特定意義。它是未能達到的但從生物學的觀點看一個人本來能夠達到，甚至我們可以說，一個人本來應該達到的目標，即，他在未受阻撓的方式中成長和發展就能達到的目標。個人的可能性已經喪失。世界被弄得很狹隘，意識變得很侷促，能力受到抑制。例如，優秀的鋼琴家不能在眾多聽眾面前演奏，或恐怖症患者被強制迴避高處或人群。不能學習、不能測試、不能吃多種食物的人肯定已受到削弱，正如一個雙目失明的人一樣，認知性的損失，失去的快樂、歡欣和狂喜，不能勝任，不能放鬆，意志的消沉，怕負責任，所有這些都是人性的萎縮。

用更實際的、外觀的和定量的人性豐滿或萎縮的概念來取代心理疾病和健康的概念，正如我曾提到的那樣。我認為，人性概念在生物學上和哲學上也是較健全的，萎縮是可逆的或不可逆的。例如，我們對於妄想狂人要比對於一個友好的、可愛的歇斯底里的人會感到失望得多。萎縮自然也是動力型的、佛洛伊德式的。佛洛伊德獨創的方式談到一種存在於衝動和對衝動的防禦之間的辯證關係。在相同的意義上，萎縮也能導致一些後果和過程的出現。就簡單描述方式看，它僅僅在極少的情況下才是一種完成或終結。這些喪失在多數人中不僅引導到佛洛伊德和其他精神分析團體已經闡明的各種防禦過程，例如，引導到壓抑、否認、衝突等等。它們也引導到我曾強調過的抗爭反應。

衝突本身自然也是比較健康的標誌，假如你曾遇到過真正冷漠的人，真正絕望的人，已經放棄希望、奮鬥和抗爭的人，你就會對此深信不疑。神經症對照地看是一種非常有希望的事態。它表明，一個受到驚嚇的人，不信賴自己、輕視自己的人，仍然力爭達到人類的傳統和每一個人都有權利得到的作為人的基本滿足。或許也可以這樣說，這是一種膽怯的和無效的、趨向自我實現、趨向豐滿人性的努力。

萎縮自然也可能是可逆的。常見的情況是，只要滿足了需求就能解決問題，特別是在兒童中。對於一個缺乏愛的兒童，顯然最好的辦法是給他充足的愛撫，把愛灑遍他全身。臨床的和一般的經驗都表明這是很有益的。我沒有統計數字，但我猜測十之八九是如此。同樣，尊重對於抵制無價值也是一副特效藥。於是這使我們得出一個明顯的結論：假如我們認為醫學模式上的「健康與疾病」在這裡是過時的，那麼醫學的「治療」和「治癒」概念和權威醫師的概念也必須被清除和取代。

我們所有的人都有一種改善自身的衝動，一種趨向更多實現自身潛能、趨向自我實現或豐滿人性或人的實現（或你喜歡用的任何名稱）的衝動。假設真的如此，那麼，是什麼使我們停頓，什麼阻礙了我們呢？

防禦逃避畏懼的方式

我們所有的人都有一種改善自身的衝動，一種趨向更多實現自身潛能、趨向自我實現或豐滿人性或人的實現（或你喜歡用的任何名稱）的衝動。假設真的如此，那麼，是什麼使我們停頓，什麼阻礙了我們呢？

在這一類對成長的防禦中，我特別談一點 —— 因為它還沒有引起很大的注意 —— 我稱之為約那情意綜。

在我自己的筆記中，我最初稱這種防禦為「對自身特有的畏懼」或「逃

避自己的命運」或「躲開自己的最佳天才」。我曾想盡量坦率和尖銳地強調一個不同於佛洛伊德的觀點，即我們害怕我們的至善正如害怕我們的至惡一樣，儘管方式有所不同。就我們大多數的情況而言，我們肯定都要比我們的實際表現更傑出。我們都有尚未運用的潛能或尚未充分發展的潛能。我們許多人都在逃避我們體質上提示的天職事業、命運、生命的任務、使命。我們常常逃避責任，那是自然、命運、有時甚至是偶然事件命令（或寧可說是提示）的，正如約那力圖徒勞地逃避他的命運一樣。

我們害怕仔細設想我們最高的可能性（正如害怕最低的一樣）。我們一般怕變成我在最完美的時刻、在最完善的條件下、以最大的勇氣所能設想的樣子。我們對於在這種高峰時刻在我們自己眼中看到的神一般的可能性感到愉快甚至激動。但我們同時又帶著軟弱、敬畏和恐懼的心情在這些可能性面前顫抖。

我發現很容易就能向我的學生證明這一點。只要問他們：「你們中有誰希望成為最偉大的小說家，或成為一位參議員、州長，總統？或一位偉大的作曲家？誰想當聯合國的祕書長？誰企望當聖人？你們中間誰願成為一位偉大的領袖？」通常，人人都突然咯咯地笑起來，羞愧而不安，直到我再問：「假如你不干，那麼誰來幹？」這自然是真理。當我以這種方式推動我的畢業生趨向這些更高的抱負水準時，我又說：「你們現在祕密計劃要寫的偉大著作是什麼？」這時他們常常顯得手足無措，並支支吾吾，設法避開我。但為什麼我不應該那樣問？除心理學者以外還有誰更有能力寫心理學著作？這樣我就能再問：「你不打算當心理學家嗎？」「當然想。」「你受的訓練是要當一名緘默的或不活躍的心理學家嗎？那樣有什麼好處嗎？那不是一條通向自我實現的正確途徑。不，你應該想當第一流的心理學家，當你力所能及的最佳的心理學家。假如你猶豫徬徨只打算較次於你力所能及的事業，我就要警告你，在你的餘生你將深感遺憾。你將逃避你自己的能力，你自己的可能性。」

第一章　探索生命的需求

　　這種矛盾心理不僅存在於我們對自己的最高可能性設想中，而且我們對於特殊人性中和一般人性中這些同樣的最高可能性也抱有一種持久的、相當普遍的、甚至必然的衝突感和矛盾心理。當然，我們敬佩並羨慕優秀人物，聖賢，忠誠的、德高的、純潔的人。但是，任何深入觀察過人性底蘊的人難道沒有意識到我們對聖潔人物所懷有的混雜情感和往往更傾向敵對的情感嗎？或者對非常美的女人和男人，對偉大的創始者，對我們的智力天才，不也同樣如此嗎？不需要成為心理治療專家就能看出這一現象 —— 被我們稱之為「對抗評價」。只要讀點歷史就能發現許多這樣的事例，甚至我可以說，可能在全部人類史或任何歷史的探尋中也找不出一個例外。我們愛慕那些體現了真、善、美、公正、完善、最終取得成功的人。但他們也使我們不安、焦慮、困惑，也許還有點妒忌和羨慕，有點自卑、自慚。他們往往使我們失去自信、自制和自重。

　　因此，我們得到了第一個暗示：大人物僅僅憑藉他們的存在和他們的偉大就足以使我們體味到自己的渺小，不管他們是否有意要造成這樣的影響。假如這是一種無意識的作用，而我們並不清楚為什麼他們一出現我們就會自慚形穢，那麼我們會很容易以主觀投射做出反應，我們會認為他們極力想貶低我們，像是特意針對我們的。於是敵意便順理成章地產生了。因此，我認為自覺的意識能削弱這種敵意。假如你願意對你自己的對抗評價、對你的畏懼和敵意加強自我意識和自我分析，你將很可能不再對他們懷有惡意。我因而也願意這樣推斷、猜測，假如你能學會更純潔地喜愛他人中的最高價值，這也許會使你也喜愛你自身的這些特性而從此消除畏懼。

　　魯道爾夫‧奧托曾精闢地概括說明，對崇高事物的敬畏與這一動力緊密相連。把這一點和愛利亞德對神聖化和去聖化的洞察結合起來。我們對於直接面對神或神聖事物引起畏懼的普遍性就能更深刻認識了。在某些宗教中，

死亡被視為不可避免的後果。大多數文字前的社會也有一些地點和物體是禁忌的，因為它們太神聖因而太危險。我也曾從科學和醫學中提供過一些去聖化和再聖化的例子，併力圖解釋這些過程的動力學。歸根到底，它們大都來自在崇高和至善面前的敬畏，而且這一敬畏是內在的、有理由的、正確的、合適的，而不是某種疾病或無法「治療」的絕症。

但我又覺得，這些敬畏和畏懼不單單是消極的或使我們逃遁或畏縮的東西，它們也是合乎需求的、愉快的情感，能把我們引到最高的歡樂點、自覺的意識、洞察和「徹底的作用」。這是我所知的最好的途徑，通向對我們最高能力的接受，通向我們可能已經掩藏起來或避開的不論任何偉大或善良或智慧或天才的因素。

我在試圖理解為什麼高峰經驗通常都很短暫，結果得到了一個很有價值的啟示：我們不過是不夠堅強，所以不能承受過多！它太震撼、太耗損人了。因此，處於這種極樂時刻的人往往說，「不能再多了」，或「我受不了啦」，或「我簡直要死了」。當我得到這樣的說明時，我有時會覺得，他們可以死了。令人發狂的幸福不可能長久承受，正如我們的機體太弱不能承受長時間的性高潮一樣。

「高峰經驗」一詞比我起初認識到的所有含義更恰當。劇烈的情緒必然是極點的和暫時的，它必然遜於非極樂的寧靜、較平和的幸福、對至善清晰、深沉認知的內在喜悅。極點的情緒不能長久持續，但存在認知能長久持續。這難道不能幫助我們理解約那情意綜嗎？它在某種程度上是一種怕被摧毀、怕失去控制、怕垮掉、怕瓦解甚至怕被那種體驗殺死的合理畏懼。偉大的情緒最終能在實際上淹沒我們。怕沉湎於這樣一種體驗的情感，一種使我們想起一切能在性感缺失中發現的類似畏懼的畏懼，我認為能透過心理動力學、深蘊心理學以及情緒的心理生理學和心身醫學等等文獻得到更好的理解。

第一章　探索生命的需求

　　我在探索自我實現何以失敗時曾遇到過另一方面的心理過程。對成長的逃避也能由對妄想的畏懼發動。自然，這一點曾在較普通的方式中被談到過。普羅米修斯和浮士德的傳奇文學幾乎在任何文化中都能發現。例如，希臘人稱它是對自大的畏懼。它被稱為「有罪的傲慢」，這當然是人的一個永恆的問題。對自己這樣說——「是的，我要成為一個偉大的哲學家，我要質疑柏拉圖並勝過柏拉圖」——的人必然遲早要被他的自以為是和驕矜弄得麻木不仁，特別是在他比較脆弱的時刻，他將對自己說：「誰？我？」並認為那是一種瘋狂的想入非非，甚至懼怕那是妄想狂。他把他對自身內在自我及其一切弱點、徬徨和缺陷的認識和他所知的柏拉圖的光輝、完美而無瑕疵的形象相比，於是，他自然會覺得自己太放肆、太自大。可他沒有認識到，柏拉圖在內省時必然也會有與他同樣的感覺，但柏拉圖終於前進了，越過了他對自己的懷疑。

　　就某些人來說，這種對自身成長的逃避，只見於低水準的抱負，怕做自己所能做的事，自甘摧殘、假裝的愚蠢、狡詐的謙卑，實際上是對自以為是、對驕矜、對有罪的傲慢和自大的防禦。有些人不能掌握謙遜和自豪之間的優美整合，而這對於創造性的工作是絕對必要的。要發明或創造，你必須擁有「創造的傲慢」，許多研究者曾指出過這一點。但是，假如你只有傲慢而無謙遜，那麼你實際上是在妄想。你必須意識到自身的神一般的可能性，而且也要意識到人的存在的限度，你必須能夠同時嘲笑你自己和人的一切矯飾。假如你能對毛毛蟲想當神仙感到有趣，那麼實際上你便有可能繼續嘗試並滿懷自豪而不再擔心自己是否妄想，或會不會招致冷嘲熱諷。這是一個絕佳的方法。

　　我在阿爾都斯‧赫胥黎身上看到了它的最佳利用。他肯定是我所說的那種偉大人物，一位能夠接受自己的天才並加以充分利用的人。他能做到這一

點因為他永遠對每一件事情的精彩和迷人深感驚奇，能像一個純真的孩子一樣，對事物的奇觀驚嘆不已，能經常說：「妙極啦！妙極啦！」他能用開闊的視線觀察外界，用毫不掩飾的純真、敬畏和迷戀進行觀察，這是一種對自己渺小的承認，一種謙遜的形式，然後安詳地前進並對他為自己樹立的偉大任務毫不畏懼。

最後，我是想說明這些終極價值（我認為它們也是最高的需求，或超越性需求）和所有的基本需求一樣，都能落入佛洛伊德關於衝動和對衝動的防禦所制定的模式。因此，說我們需要真理，愛真理，追求真理，這肯定是有根有據的。不過，也同樣容易證明我們也懼怕認識真理。例如，某些真理伴隨著一定的責任，可能會引起焦慮。直接地迴避對真理的意識是逃避責任和焦慮的有效途徑。

我設想，我們一定會找到每一種內在的存在價值的辯證關係。我曾模糊地想到，討論如「對美的愛和因美而不安」、「對好人的愛和因他而激怒」、「對卓越的尋求和毀滅卓越的傾向」等等問題，當然，這些對抗價值在神經過敏的人中表現得更強烈，但據我看我們所有的人似乎都應該冷靜對待我們自身中的這些無謂的衝動，自始至終我都這樣認為。最好的對待辦法是透過有意識的洞察和徹底的研究，把妒忌、猜疑、不祥的預感和齷齪的想法轉化為謙恭的欽慕、感激、欣賞、崇敬甚至崇拜。這條道路是自感渺小、軟弱、無價值並接受這些感受而不必以一概而論的辦法來保護一個假造的高度自尊。

我又認為，理解這一基本的存在性問題，應該有助於我們歡迎他人中的存在價值，而且也歡迎我們自身中的存在價值，這將有助於解開約那情意綜。

破壞或傷害是一種繼發性的或派生性的行為，並不是一種原發性動機。換句話來說，人的那些敵對行為或破壞行為實際上總是有一定原因的，都是對另一事態的反應，都是某種產物而非初始的源泉。

破壞性不是生命的本能決定

　　基本需求（動機、衝動、驅力）從表面上看並非邪惡或是有罪。一個人需要食物、安全、歸屬、愛、社會認可、自我認可和自我實現，這是無可厚非的。事實上，絕大多數文化中的絕大多數人都認為這些是他們渴望滿足的願望，是值得稱讚的。即使是為了科學上的謹慎起見，我們也必須說，這些願望是中性的而不是邪惡的。這種情況也同樣適用於我們所知道的絕大多數或全部的人類能力（進行抽象活動的能力、講合乎語法的語言的能力、創立哲學的能力等等），而且也適用於人在素養上的差異（主動活動或被動活動較高或較低的能量水準等等）。至於渴求真、善、美、合法、質樸的那些超越性需求，在我們所了解的大多數文化中，把它們說成本質上是壞的、邪惡的或有罪的，這實際上是一種誤解。

　　所以，在我們的世界中、在人類的歷史上和在我們自己的個性中，那些很明顯的大量邪惡並不能由關於人性和人類的那些原始材料來解釋。誠然，我們有足夠的事實把大量所謂的邪惡歸咎於身體上的疾病和人格上的缺陷，歸咎於人的無知和愚蠢，歸咎於人的不成熟，歸咎於敗壞的社會機構和日益敗壞的世風。但是我們卻沒有足夠的事實來證明到底有多少邪惡可以歸納到這些因素上去。

　　眾所周知，邪惡可以透過健康和治療、知識和智慧、年齡上和心理上的成熟、良好的政治、經濟以及其他健全的社會習俗和體制而逐日減少，但到底減少了多少呢？這些措施能把邪惡減少到零嗎？的確可以保證，我們有足夠的知識拒絕這樣一種看法，即認為人的本性就其本質而言，從生物學根本意義上來看，主要是邪惡、有罪、刻薄、殘忍、暴虐、兇狠的。但我們卻不敢肯定在人的本性中沒有一點邪惡行為的似本能傾向。很顯然，我們對各種情況仍然知之甚少，因而不能毫無根據地做出這樣的斷言，至少我們手頭有

些證據是與這種斷言互相牴觸的。但無論如何，這類情況毫無疑問是完全有可能獲得的，而且這些問題也完全能夠由一種經過適當擴充的人本主義科學來加以解答。

我原本想將這個所謂善與惡的範疇中的關鍵問題用經驗來闡明。雖然我們並不想給出一個定論，但我們想提醒人們注意，我們對於破壞性的認識即使沒有達到最完善的地步，但卻有了很大的進展。

首先，從一些動物中可以看到那種類似於原發性的進攻性。雖然並不是在所有動物身上，甚至也不是在很多動物身上，但確實在某些動物身上可以看到這種進攻性。有些動物看上去好像是為殺死別的動物而殺死別的動物的，它們並不是出於某種突出的外在動機而表現出進攻性的。一隻狐狸跑到雞窩裡大開殺戒，它所殺死的雞是它完全吃不了的；貓追老鼠更是盡人皆知的；牡鹿處於發情期會主動尋釁鬥毆，有時甚至不惜殘害自己的同伴。許多動物，甚至一些高等動物，它們一旦步入老年，由於明顯的素養方面的原因，會變得愈加惡毒；以前比較溫順的動物這時會狂躁殘暴。對許多不同的動物來說，殺戮並不僅僅是為了獲取食物。

研究者曾對老鼠做過實驗。研究結果表明，在老鼠身上完全有可能培養起野性、進攻性和殘暴性，正如人們可以在它們身上培養起解剖學特徵一樣。至少在老鼠這種動物那裡，實施暴虐的傾向有可能是原發性的，由遺傳得來的，它對老鼠的行為起著主導作用。類似的情形也可能發生在別的動物種類那裡。實驗還普遍證明，野蠻殘暴的老鼠與溫和柔順的老鼠比較起來，其腎上腺顯然要大得多。這一發現使以上情況顯得更為真實可信。當然，遺傳學家們也可以朝著相反的方向馴化其他種類的。在動物身上培養起溫和柔順的性情，使它們一點也不殘暴。正是這樣一些例子和觀察使我們能夠更進一步，接受在所有可能的解釋中那種最為簡單的一個，也就是說，我們在此所討論的行為都來自特定的動機，而在此之前，這一特殊的行為還是被一種

遺傳衝動所激發起來的。

　　再進一步細緻分析可知，動物中其他許多表面看來是原發性的暴行，並不完全像它們所表現出來的那樣。在動物身上，如同在人身上一樣，進攻行為能夠透過許多方式，由許多情景激發出來。例如，有一個因素稱為領土性，我們可以以在地上築巢的鳥兒為例來對這一因素進行一番描述。我們可以看到，當一群鳥為自己選擇好了繁殖的處所之後，別的鳥兒要進入這片範圍就會遭到進攻。但是這群鳥僅僅進攻那些冒然闖入的不速之客，而不會進攻別的鳥。它們並非見著別的鳥就不分青紅皂白地對其發起進攻，有些種類的動物見著別的動物就要進攻，甚至連它們的同類也不例外，只要這些動物沒有它們這一特殊族類的氣味和外表。例如吼猴常常組成一個緊密的群體，任何別的吼猴如果想要加入這一群體，就會遭到毫不留情的攻擊。但是如果這隻猴子能夠忍過足夠長的時間，它最終就會成為這一群體中的一員並且又去進攻那些闖入這一群體中的後來者。

　　在研究高等動物時發現，統治地位是進攻行為的導火線。這些研究十分複雜，我們不可能在此詳加引證，但我們可以說，這種統治地位，以及時而從它那裡發展出來的進攻性，對動物來說確實具有實用的價值或者求生的價值。動物在等級森嚴的統治集團中的地位取決於它進攻的成功與否，而它在這個集團中的地位又決定著是否能獲取充足的食物、它是否能夠獲得配偶，以及其他生物方面的滿足。實際上，在這些動物身上表現出的所有殘暴行為，只有當必須使統治地位合法化的時候，只有當必須在統治地位方面實行一場革命的時候才會發生。這一點到底在多大程度上也適用於別的動物種類，我還不敢確定。但是我預測，領土現象、進攻陌生動物的現象、滿心嫉妒保護母獸的現象以及其他常常用本能的進攻和殘暴來加以解釋的現象，通常都是由爭奪統治地位而引起的，而不是由那種為進攻而進攻的特殊動機引起的。這種進攻是手段行為而不是目的行為。

　　透過研究類人猿，人們發現進攻很少是原發性的，更多則是派生性、反應性和功能性的，是對一種動機整體、社會力量整體和直接的環境因素所作的合理的、可以理解的反應。像黑猩猩這種與人類最相似的動物，我們無法設想它的某一行為是為進攻而進攻的，這樣的行為絕不存在。這些動物特別是在幼小的時候都極其可愛，極富合作精神，非常友好。以至於在某些群體中我們幾乎看不到任何形式的、不管是何種原因而採取的殘暴的進攻行為。大猩猩也有類似的地方。

　　因此對關於從動物到人的整個論據加以不定期質疑是很有必要的。但是，如果我們為了論述起見才接受這樣的論據。如果我們把與人類關係最近的動物作為起點開始我們的推論，那麼我們就必須做出如下結論：這些動物的行為與人們通常認為的恰好相反。如果說人有來自動物方面的遺傳因素，那麼多半都是來自類人猿的，但事實證明，與其說類人猿富於進攻性，倒不如說它更富於合作精神。

　　能夠十分恰當地描繪成不合邏輯的動物中心主義的偽科學思維是造成這一錯誤的決定因素。人們犯這種錯誤的步驟通常是這樣的：首先，他們建立一套理論，或者樹立一種偏見，然後再從整個進化領域中選取那種最能說明這一論點的動物；其次，他們故意對所有不適宜於這一理論的動物行為視而不見，如果某人想要證明本能的破壞性，他就毫不猶豫地選取狼，而將兔子拋置身後；第三，他們都忽略了這樣一個事實 —— 如果一個人對從低級到高級的整個線系等級進行研究，而不是去選取某些他所喜愛的動物種類，那麼他就能夠表現出明顯的發展趨勢。例如動物越是向著高等發展，食慾就變得越來越起作用，而純粹的飢餓則變得越來越不重要。而且，動物的可變性也越來越強烈，從受精到成年這段時間也越來越長（當然不排除某些例外），或許更為重要的是，反射、荷爾蒙和本能的決定作用越來越小，並且日益被智力、學習和社會的決定作用所取代。

第一章　探索生命的需求

　　動物中心實驗的最終結論如下：首先，從動物到人的討論從來都是一項謹慎細微的工作，因此在討論時必須一絲不苟；其次，原發性的和由遺傳得來的趨於破壞性或殘暴進攻的傾向在某些動物種類那裡確有其事，但這類動物可能比大多數人所相信的要少一些，在某些動物種類那裡，這種傾向完全不存在；第三，如果我們對動物表現出來的某些特殊的進攻行為進行仔細地分析，我們就會發現，這些行為都是對各種刺激物所作的繼發性的和派生性的反應，而不僅僅是某種為進攻而進攻的本能的表現；第四，動物的等級越高，它的純粹原發性的進攻本能就變得越來越微弱，到了猿人階層，似乎根本就找不到關於這種本能的證據；第五，如果人們細緻入微地研究猿人這一在所有動物中與人類關係最近的動物，那麼，有關原發性的惡意進攻的證據幾乎完全找不到，相反，我們卻能找到大量有關友愛、合作精神甚至利他主義的證據。最後一點來自這樣一個傾向，即當我們除行為以外一無所知的時候，我們通常都設想出一些動機來。研究動物行為的學者們也都普遍認為，多數食肉動物殺死它們的獵物都純粹是為了獲取食物，而並不是為了施虐。如跟我們取得牛排是為了食物而不是出於戕殺的欲望一樣。所有這一切最終都意味著，任何認為人的動物性驅使他為進攻而進攻、為破壞而破壞的進化觀點都應該加以懷疑或拒絕。

　　對兒童的觀察、實驗研究及其發現類似於投射方法或羅夏測試的墨跡，成年人的敵對都可以投射到上面去。我們常常聽到人們大談兒童的天生的自私和破壞性，與關於兒童的自私和破壞性的論文相比，關於他們的合作、友愛、同情等的論文少得可憐，而且後者在數量不多的情況下還常常遭到忽視。心理學家和精神分析家們經常把小孩看成是「小鬼」，天生就帶著原罪，內心深藏著仇恨。毫無疑問，這一幅未經沖淡的圖畫是虛假的。令人遺憾的是，在這一領域內實在是缺少科學的材料。我的論點只是建立在少數幾

篇有關兒童同情的出色論文（特別是墨菲的論文）、我自己與兒童相處的經驗、最後還有某些理論考慮的基礎之上的。但是，在我看來，即便是這些有待補充的證據在我看來也足以使人對下面的結論產生懷疑，即兒童主要是些充滿破壞性、進攻性和敵對性的小動物，人們必須用紀律和懲罰來約束他們，這樣在他們身上才會出現少許的善性。

正常的兒童實驗和觀察到的事實似乎表明，他們經常都是懷著敵意的、具有破壞性的和自私的。但是有的時候，也許同樣表現為慷慨的、富有合作精神的和無私的。決定這兩類行為出現的相對頻率的主要原則似乎是，當他在安全需求、愛的需求、歸屬需求和自尊需求方面受到根本阻礙和威脅的時候，他就會更多的表現出自私、仇恨、進攻性和破壞性；在那些基本上受到父母的愛和尊重的兒童身上，破壞性則要少一些。而且事實上，現有的一切證據都表明破壞性確實越來越少。這意味著，兒童的敵意都是反應性的、手段性的或防禦性的。

如果我們觀察一個 1 歲左右的健康的、得到充足愛和關心的兒童，那麼我們就不可能看到任何可被稱為邪惡、原罪、施虐狂、把快樂建立在別人的痛苦之上、破壞性、敵對或者故意實施暴行的情況。恰恰相反，細緻和持久的觀察之下往往證明了相反的情況。實際上，我們在自我實現者身上看到的每一種人格特徵、所有可愛的、令人欽佩和羨慕的品格都可以在這樣的嬰兒身上見到，當然不包括知識、經驗和智慧。人們之所以如此喜愛兒童，一個主要原因就是，兒童在他們生命開始的一二年完全沒有明顯的邪惡、仇恨或惡意。

在正常健康兒童身上，我不相信破壞性會簡單直接地表現為主要的破壞驅力。在考察得更加仔細的前提下，許多表面的破壞行為都可以從動力學觀點加以分析。兒童把一隻鐘拆得支離破碎，這在他心目中並不是要毀壞鐘，他只是想對鐘進行一番內部檢查。如果在此我們硬要用原發性驅力來解釋兒

童的行為，那麼比破壞性更為明智的觀點是好奇心。其他許多在心情不安的母親看來是破壞性的行為，實際上不僅表現了兒童的好奇心，而且還是一種活動、遊戲，兒童是在運用他日益成熟的能力和技巧，甚至是在進行實際的創造，例如兒童在父親精心影印出來的名片上塗畫一些漂亮的線條。人們常常認為兒童純粹是為了從惡毒的破壞中取得樂趣而去進行破壞的，對此我不敢苟同。也許在病理學病例中，例如在癲癇症、腦炎後遺症中會出現某些例外，但即便是在這些病例中，至今還無法知曉兒童的破壞行為是否完全沒有可能是反應性的，是對這種或那種威脅的反應。

親族敵對卻是一種特殊的、令人費解的情況。一個兩歲的兒童對他剛出生的弟弟會做出某種危險的進攻行為，有時他的敵意還表現得十分天真和直率。對此，合理的解釋就是，兩歲的兒童只是不能想像他的母親能夠同時愛兩個小孩。他並不純粹是為了傷害而傷害，而是為了繼續獨占他母親的愛。

心理變態人格是另一種非常特殊的情況，具有這種人格的人所採取的許多進攻行為經常看來都是沒有動機驅使的。也就是說，他是為進攻而進攻的。我認為在這裡需要有一個原則，班奈狄克在試圖解釋安全的社會何以參與戰爭時明確地表述了這一原則。安全、健康的人們對那些廣義上是他們兄弟的人，那些他們與之可以彼此認同的人並無敵意，對這些人也並不表現出某種進攻性，他們是友好、充滿愛和健康的。但如果他們認為某些人根本就不應該是人，於是他們就要起來消滅這些人，如同他們為獲取食物而殺死擾攘不休的昆蟲或屠宰動物一樣，這是無罪的。我在理解心理時發現，由於這些人與他人沒有愛的認同，因此就有可能輕易地傷害他們，甚至殺害他們，而在他們這樣做時，卻並無仇恨或者快樂，正如他們殺死那些有害的動物一樣。有些看上去十分惡毒的幼稚反應可能也是由於這種認同的缺乏，也就是說，兒童這時還不夠成熟，還不能加入到人際關係中去。

最後，在我看來，這還關係到某些相當重要的語義方面的考慮。說得盡可能簡明扼要一些，這就是說，進攻、敵對和破壞性都是成年人的詞彙。這些概念對成年人意味著的那些意義對兒童完全不適用，因此在使用這些詞語時必須對它們有所限定，或者重新做出界定。

例如，兒童在他們出生的第二年，經常在同一個地方玩耍，而且是彼此獨立地玩耍，彼此互不干擾。即使在這些兒童中間出現了某些自私的或進攻性的相互干擾，這也絕不同於發生在 10 歲兒童之間的那種人際關係，因為他們彼此都沒有意識到對方。如果一個兒童從另一個兒童那裡將一個玩具硬搶過來，這種行為與其說像成年人的自私的進攻，還不如說像一個拚命從一個蓋得緊緊的盒子中把某樣東西掏出來。

一個 1 歲大的幼兒發現母親的乳房從他嘴裡拽出來，於是拚命大喊大叫；一個 3 歲的兒童還擊打懲罰他的母親；一個 5 歲的小孩大聲高叫：「我真巴不得你死。」一個兩歲的兒童仇視他剛出生的弟弟；但這些都是與上面的情況相同，我們都不能把小孩當作成年人來對待，我們也不應該像解釋成年人的反應一樣來解釋他的反應。

如果將大多數這類行為用動力學行為放到兒童的參照係數中加以解釋的話，可以接受的可能都必須看作反應性行為。這就是說，這些行為都極有可能出於失望、遭到拒絕、孤獨以及那種害怕失去尊重和保護的心理，換句話說，都是由於他們的基本需求受到阻礙，或者由於他們感到了這種受阻所帶來的威脅，而不是由於他們生來就有一種仇恨或傷害的衝動。這種用反應來對行為進行的解釋是否說明了所有破壞性行為，而不僅僅是大多數這樣的行為，我至今所擁有的知識 —— 或者確切說我們知識的缺乏 —— 還不允許我立刻做出判定。

對各種材料進行的比較研究可以借助於民俗學而得以擴充。我可以毫不

第一章 探索生命的需求

猶豫地說，對民俗學哪怕只是匆匆的一瞥，就會向有興趣的讀者證明，在各種文化中，敵對、進攻或破壞行為的數量是不定的，從0％到100％幾乎不等。像阿拉伯西這樣的部落就十分溫和、友好，從不表現出進攻性，以至於他們必須採取極端的措施才能找到一個願意拋頭露面的人來主持他們的儀式。但是在另一個極端上，我們也可以看到像恰克親人和多杜人，他們內心充滿了仇恨，以至於人們不知道採用什麼方法才能阻止他們的互相殘殺。當然，這裡所描述的都是從外部觀察到的行為，我們還可以進一步探究作為這些行為的基礎的各種無意識衝動，所有這一切很可能與我們所能見到的大相逕庭。

我之所以在這點上有發言權，是因為我曾直接了解過印第安的北布拉克福特部落。我對這個部落的了解儘管還不很充分，但卻足以直接使人確信這樣一個基本事實，即破壞行為的多寡在很大程度上是由文化決定的。這個部落的固定人口是800人，在過去的15年裡他們僅僅發生過5次打架鬥毆的事件。

我是用我掌握的所有人類學手段和精神病學手段去尋找他們社會內部的各種敵對的行為，這些敵對的行為與我們更大的社會比較起來確實是微乎其微的。他們在氣質上都是友好的，而不是惡毒的，他們平常的閒聊起著傳播新聞的作用，從不說三道四或謾罵誹謗。魔床、巫術和宗教幾乎無一不是為整個部落的利益服務的，都是用於治病救人，而從不用於破壞、進攻或復仇。我在這個部落逗留期間從來沒有看到他們對我有絲毫惡意或者敵對的表現。兒童很少在肉體上受到懲罰，這個部落裡的人都蔑視那些殘酷對待自己的小孩和同伴的白人。他們即便在喝酒之後也較少表現出進攻性來，藉著酒勁，那些年老的北布拉克福特人往往變得更加快活、純真，對所有人都更加友好，從不撒酒瘋或與人鬥毆。這一部落裡的人一點也不軟弱，北布拉克福

特的印第安人都有著強烈的自尊心，他們只是把進攻看成是錯誤、可憐或瘋狂的罷了。

根據人類學方面的證據，我們完全有理由把人性情感的破壞性以及那些惡毒或殘酷的行為看成是基本需求受到挫折或威脅而產生的繼發性和反應性的後果。

我對人破壞性的一個普遍看法就是，破壞或傷害是一種繼發性的或派生性的行為，並不是一種原發性動機。換句話來說，人的那些敵對行為或破壞行為實際上總是有一定原因的，都是對另一事態的反應，都是某種產物而非初始的源泉。與此相反的觀點則認為，破壞行為整個或部分是某種破壞性本能的直接的和最初的產物。

本能與行為之間的區別是我們在任何討論中能夠做出的最重要的區別。行為是由許多力量共同決定的，內部動機只是其中一種。可以簡略地說，任何關於行為決定的理論都必須包括以下至少三方面決定因素的研究：性格結構、文化壓力、直接的情景或領域。換一句話來說，對內部動機的研究只是任何對行為的主要因素的研究所涉及到的三個領域中的一部分。有了這樣一些考慮，我就可以把我的問題重新表述如下：第一，破壞行為是如何被決定的？第二，破壞行為的唯一決定因素是某種遺傳的、先天的和特定的動機嗎？這些問題當然僅僅在一個經驗的基礎上才能得到回答。所有可能的動機合在一起，本身都不能決定進攻或破壞的發生，更不用說某種特殊的本能了。必須跨過文化的總體因素，必須考慮行為發生於其間的直接的情景或領域。

我們還可以採取另外一種方式來陳述這一問題。人的破壞行為有如此多的來源，以至於孤立地談論破壞驅力都是不現實的。這一點可以用幾個例子來說明。

第一章　探索生命的需求

　　當某人為了達到某一目的而掃除道路上的障礙時，難免會帶來另一方面的破壞行為。正如嬰兒在努力拿到遠處的玩具時往往不會注意到他正踩著別的玩具一樣。

　　破壞行為可以作為對基本威脅的伴隨反應之一。因而，任何使基本需求受挫的威脅，任何對防禦或應付系統的威脅，任何對一般生活方式的威脅都容易引起焦慮 —— 敵對的反應，這意味著在這類反應中會經常發生敵對的、進攻性的或破壞性的行為。這歸根到底是防禦行為，是某種反應，而不是為進攻而進攻。

　　對有機體的任何損害、對有機體退化的任何察覺都有可能在不安全的人心中引起類似受到威脅的情緒，因此都有可能引起破壞行為。在病人大腦受損的許多病例中也是如此，在這些病例中，病人瘋狂地努力透過各種極端的措施來支持他那搖擺不安的自尊的需求。

　　有一個造成破壞行為的原因通常都被忽略了，或者即使沒有被忽略，也往往被表述得很模糊。這就是對生活採取的獨裁主義的態度。如果一個人不可避免地生活在森林中，而在這森林中動物被分成兩群，其中一群動物能夠吃掉他，而他卻又能吃掉另一群動物，那麼進攻就成了明智和理所當然的事情。那些被描繪為獨裁的人肯定都經常無意識地傾向於把世界看成是這樣一座森林。這些人遵循的最好的防禦原則就是痛快地進攻，因而就會莫名其妙地對人拳打腳踢，對東西進行打砸搶摔，而這整個反應看上去是毫無意義的，只有當人們明白這一切只是為了預防他人的進攻時，整個反應的意義才會顯露出來。除此之外，還有許多其他防禦性敵對的很普遍的形式。

　　至此，施虐與受虐的動力學已經分析得相當透徹了。人們普遍認為，某種看上去十分簡單的進攻行為的背後實際上隱藏著十分複雜的動力因素。這些動力因素使得那種訴諸某種純粹的敵對本能的做法看起來過於簡單化了。

這種情況同樣也適合於那種妄圖支配他人的無法抑制的衝動。霍尼和其他人所進行的分析清楚地表明，在這個領域內，求助於本能分析是沒有必要的。第二次世界大戰給我們的一個教訓就是，強盜們兇殘暴虐的攻擊和正義之士義憤填膺的防禦從心理上來說是有區別的。

這個例子充分表明，破壞行為常常都是一種徵兆，都是一種源於許多因素的行為。如果一個人想持一種動力學觀點，他就必須小心謹慎地對待這樣一個事實，即儘管這些行為源於不同的因素，但表面上卻有可能是完全一樣的。動力心理學家並不是一架照相機或一臺機械的留聲機，他不僅想知道什麼事情發生了，而且想知道為什麼發生這樣的事情。

心理療法的文獻中所記載的通常的經驗就是，實際每個人身上都存在著暴力、憤怒、仇恨、破壞慾、復仇衝動等等，即使不是明顯外露的，也是掩藏在表面底下的。或許有人會聲稱自己從來沒有感到過仇恨，但任何一個有經驗的病理學家對此都不會信以為真。他會理直氣壯地斷言這個人只是抑制或壓抑了他的仇恨，他堅信在每個人身上都會發現這種仇恨的情感。

但是，自由地談論一個人的暴力衝動（而非把這些衝動實施出來）往往能夠造成一種淨化疏瀉的作用，能夠降低減緩這些衝動的頻率，清除掉其中的神經質的、不現實的因素，這種經驗也是心理療法中常有的經驗。成功療法（或者成功的成長與成熟）的一般效果總是大致相當於我們在自我實現的人身上所看到的那種情形：他們遠不像一般人那樣經常地體驗到敵對、仇恨、暴力、惡意和破壞性進攻；他們並沒有失去他們的憤怒或進攻，但這種憤怒或進攻的性質卻常常轉化成正義、自尊、勇敢對被剝削利用的抵抗和對非正義的憤怒，也就是說，從不健康的進攻轉化成健康的進攻；比較健康的人似乎都遠遠不是那麼害怕自己的憤怒和進攻。因此當他們表現自己的憤怒和進攻的時候，就會表現得更加淋漓盡致。暴力有著對立的兩極，而不僅僅

第一章　探索生命的需求

具有一個方面。

　　暴力的反面可以是不那麼強烈的暴力，或者是對暴力的控制，或者是努力不做暴力的事情，或者我們可以說在暴力中存在著健康與不健康的兩極對立。

　　不過這些材料卻並未解決我們的問題。佛洛伊德及其忠實的追隨者認為暴力是出自本能的，而佛洛姆、霍尼及其他新佛洛伊德主義者則認為暴力完全不是出自於本能。了解一下這兩種對立的觀點是很有幫助的。

　　如果一個人想把存在的關於暴力來源的一切材料都會聚起來，也必須去挖掘內分泌學家們所累積起來的材料。這種情況在低等動物那裡相對說來又是比較簡單的。很顯然，性激素和腎上腺以及大腦垂體激素明顯地對進攻性、支配性、被動性和野蠻性起著決定的作用。不過因為所有內分泌腺共同起著決定作用，所以這些材料中的某些部分就變得非常複雜了，需要專門的知識才能處理。但這些材料卻絕對不能忽略。有證據表明，雄性激素與自我肯定、搏鬥的意願和能力等等有關。另外還有些證據表明，不同的個體分泌出不同比例的腎上腺和非腎上腺激素，這些化學物質與個體的搏鬥而不是與臨陣逃脫的趨向有關。關於這一問題，心理內分泌學這一交叉學科顯然會為我們提供大量的依據。

　　破壞性這一問題顯然與來自遺傳學的材料，來自染色體和基因的材料有著特殊的關聯。有人發現，具有雙重男性染色體（雙重男性遺傳基因）的男子幾乎都無法控制自己的暴烈。這一發現本身就使得純粹的環境主義成為不可能的了。在最和平的社會裡，在最完善的社會和經濟條件下，有些人僅僅由於自身的遺傳因素而變得十分暴烈。這一發現當然會使人重新注意到下面這一已經討論得很多了但卻始終沒有得到解決的問題，即男性特別是青年時期的男性是否熱衷於一些暴力呢？是否需要某種動物或人來與之搏鬥、與之發生衝突呢？有一些證據表明，這種情況有可能發生，不僅成年人如此，甚至嬰兒以及幼小

的猴子也是如此。這種情況到底在多大程度上是由內在因素決定的，或者到底在多大程度上沒有被內在因素決定，只有留待進一步的研究了。

我還可以列舉出來自歷史學、社會學、管理學、語義學、各種病理學、政治學、神話學、心理藥理學以及其他方面的材料。但我們無需更多的材料就可以做出結論。剛開始時提出的問題都是經驗的問題，因此我們完全有理由相信，這些問題透過進一步的研究是可以得到解決的。當然來自許多領域的材料也使得各方面學者有可能，甚至有必要通力合作，共同進行研究。

無論如何，上面這一隨便取來的材料標本已經告訴我們要摒棄那種非此即彼的極端觀點，告訴我們不要把破壞性完全歸之於本能、遺傳和生物命運，或者完全歸之於環境、社會力量和學習。遺傳論和環境論之間的爭端早就應該結束了，但卻始終沒有定論。決定破壞性的因素顯然是多元的，在這些決定因素中我們必須把文化、學習和環境都包括進去，這是非常明顯的。另外，下面這一點儘管還不很確定，但也是完全有可能的：生物方面的決定因素也起著基本的作用。雖然我們還沒有把握確定它們到底起的是什麼作用，但我們必須承認，暴力之所以不可避免，其中一部分原因就在於人的本質，即使人的基本需求時刻都會受挫，我們也不能否認這一事實。我們知道人類是以這樣一種方式構造出來的，即暴力、憤怒、報復是基本需求受挫所產生的必然後果。

我們並不一定非在全能的本能和全能的文化之間進行選擇。而是超越這種二歧式，並且使之成為不必要的。遺傳或其他生物方面的因素既非唯一的決定因素，也非絲毫不起作用；這是一個程度的問題，是一個或多或少的問題。就人而言，絕大多數證據都表明，確實存在一些生物或遺傳方面的決定因素，但在多數人身上，這種決定因素卻是很不明顯的，而且還是零星片段的，是一些殘餘和碎片，而不是在低等動物身上可以看到的那種完整的本

能。人是沒有本能的，但表面上卻的確有著本能的殘餘、「似本能需求、內在的能力和潛力」，而且臨床的和人格學的經驗都表明，這些微弱的似本能傾向是好的、人們所期望的、健康的，而不是邪惡的。人們把它們從瀕臨滅絕的境地中拯救出來的巨大努力是偉大的和有價值的，而且這的確是健全文化的一個主要功能。

尊重是個人、家庭和民族的幸福所必不可少的。沒有它，不管是人與人之間，還是人與神之間，就不會有信用，不會有真誠，不會有信任，也就是不會有社會的太平和社會的進步。

如何掌握正確的生活原則

生活的意義，除了要誠實之外，還必須受到正確原則的激發，必須不偏離正道地、堅持不懈地追求真理、正直和忠誠。一個人沒有原則，就會像一艘在大海中失去了航舵或方向的大船，隨風飄蕩，任意東西，他就會成為一個沒有法律、沒有規則、沒有秩序、沒有政府的人。

力量如果不與正直和善良的靈魂結合在一起，它可能只是邪惡的原則的化身。洛瓦利斯在他的《論道德》一書中指出，道德最危險的敵人是一個假想的最大的野蠻人，他擁有最大的力量和最充沛的精力，如果再賦予他以狂妄自大、野心勃勃和自私自利的品性，他就成了一個十足的魔鬼。

人群中具有這些特點的人可以說是世界的最大的災難和最大的躁動者 —— 這些被高深莫測的上帝造就出來的無賴，上帝派他們到這個世界上來的使命就是要毀滅這個世界。

由高尚的情操激發出充沛的精力的人是大不相同的，他的行動受著正直的品格和生活的責任等原則的制約。不管是在商務活動、集體活動，還是在家庭生活中，他都是公平和正直的。他懂得：在治理家務中，公平和在治理

國家中同樣重要。在任何事情中他都誠實守信 —— 包括他的言論和工作。對待反對者，就像對待比自己弱小的人一樣，他總是寬厚仁慈。

人的品格就是良心。他把自己的良心置於他的工作之中、言語之中和每一行動之中。

人的品格也是出於尊重。這種品格是一個最高貴和最高尚的男人和女人的標誌：他（她）尊重代代相傳的東西 —— 包括崇高的目標、純潔的思想和高尚的動機 —— 包括以往時代的一切傳人，也包括同代人中具有純潔心靈的工人。尊重是個人、家庭和民族的幸福所必不可少的。沒有它，不管是人與人之間，還是人與神之間，就不會有信用，不會有真誠，不會有信任，也就是不會有社會的太平和社會的進步。

具有崇高精神的人，把以往發生的所有事情都轉化為經驗，然後把這種經驗和他的理性聯姻，產生的結果就是他的行動。他是為情所動，而不是為了討人歡心；他珍視榮譽，蔑視恥辱；出於為別人考慮，他善於控制並且給人情面。他明白不能游手好閒的事理，他是掌握自己命運的舵手。真理就是他的女神，他要盡一切努力得到她，而不是要看著像她。對於人類社會來說，他就是太陽，他要用自己的明淨指引他們正常運轉。他是智者的朋友，平凡人的榜樣，邪惡者的解毒劑。因此，他並不感到時間流逝，而是感到自己與時間同在。他感覺年歲漸大，與其說是透過體力衰弱，不如說是透過心靈的力量日漸強大。因此，他沒有絲毫的痛苦，而是像尊重那些想幫他解去鐐銬、脫離監獄的朋友那樣，尊重所發生的一切諸如此類的事情。

每一次行動、每一種思想和每一種感情，都可以歸因於你所受的教養、你的習慣和你的理解力，而且，它們必然會對你將來生活的所有行動產生影響。因此，個性處於不斷的變化之中，一方面，它可以透過改進變得更好；另一方面，它也可能墮落而變得更壞。

自我創造的人生價值

　　品格是在各種各樣的環境中，在個人或多或少的調節和控制下形成的。一個人如果沒有追求正義或邪惡的原則，日子是一天也無法過下去的。一個動作，不管它多麼微不足道，它也是訓練出來的結果；這就如同一根頭髮，不管它多麼細小，它都會留下投影。不管多麼微不足道的事情，都不要屈從於它；否則，儘管你可以藐視它，實際上你卻處於它的統治之中。

　　每一次行動、每一種思想和每一種感情，都可以歸因於你所受的教養、你的習慣和你的理解力，而且，它們必然會對你將來生活的所有行動產生影響。因此，個性處於不斷的變化之中，一方面，它可以透過改進變得更好；另一方面，它也可能墮落而變得更壞。

　　物理學中的規律，作用力和反作用力大小相等，這也同樣適用於道德領域。善行會對行為者發生作用和反作用，惡行也同樣如此。不僅如此，由於榜樣的影響作用，一個人的行為還會對他的國民產生影響。不過，人不僅僅是環境的產物，他也是環境的創造者。人的性格是由環境造成的。人的力量是透過他的創造能力來衡量的。使用同一種材料，一個人可能會建造宮殿，另一個人可能會築成茅舍，一個人建成倉庫，另一個建成別墅。同樣是紅磚和灰泥，建築師卻可以把它們製成其他東西。因此，在同一個家庭裡，在同一種環境中，一個人可能持之以恆建成大廈，他的兄弟卻可能三心二意而且力不從心，只能永遠生活在廢墟中。一塊巨石會成為弱者生活中的絆腳石，但它卻是強者繼續前進的墊腳石。透過自由意志的選擇，他可以把自己的行動引向善行，而不是導向邪惡。

　　然而，不經過一番努力，最好的品格也不會自發形成的。它需要經過不斷的自我審視、自我約束、自我節制的訓練。在這過程中，可能會有許多的躊躇、羈絆和暫時性的失敗；有許多困難和誘惑要抵制和克服；但是，如果

意志堅強並且心地正直，每個人都用不著灰心喪氣，最終會取得成功的。正是這種不斷進步的努力——力圖超越現有的品格水準——使人感到振奮，令人心曠神怡。即使我們達不到預期的目的，在前進的路途中，我們每一次誠實的努力都會得到回報，使我們的品格得到昇華。

在光輝的榜樣——人類的最優秀的代表——的指引下，每個人不僅僅是無可非議的，而且在盡職盡責方面，必然使自己的品格上升到一個新的高度：他在物質方面雖然不是最富有的，但在精神上他是最富有的；在社會地位上雖然不是最高的，但在榮譽上是最高的；在智力上他不是最好的，但在德行上是最好的；他雖然不是最有權勢和最有影響的人，但他是最真誠、最正直、最誠實的人。

品格要透過在原則、正直和實際才智的引導和鼓勵下的行動來展現自己。它是最高形式，是在宗教、道德和理性的影響下表現出來的個人意志。它經過慎重考慮來選擇自己的方式，然後堅定不移地去實現自己的目標，它對職責的尊重高於對聲譽的考慮，對良心的遵從高於對世俗榮譽的追求。它在尊重別人的人格的同時，保持自己的個性和獨立。雖然在道義上的誠實可能並不是時尚，它卻有勇氣這樣做，把這些交給時間和經驗去檢驗。

雖然榜樣的力量往往會對品格的形成產生極其巨大的影響，但是，個人精神的自我創造力和堅持不懈的努力更為根本。僅僅靠後者就足以支撐生活，給個體以獨立和力量。沒有一種一定程度的實際有效的力量——這種力量由作為品格根基的意志和作為品格主幹的智慧組成——那麼，生活就是漂泊不定和漫無目的的——就像一潭死水，而不會像急流奔騰，做著有益的工作和保持著一個地區的機器正常運轉。

當性格的各種要素透過一定的意志發生作用，並且受到崇高目標的影響時，人便開始投身於自己的職責之中，並且會不屈不撓、堅持不懈，不管他付出了多少世俗的代價，可以說他達到了人之為人的最高價值。這時，他向

人們展示了自己英勇無畏的性格，體現了果敢堅毅的最高信念。這個人的行為就會在生活中反覆出現，並且會變成他人的行為。他的言語銘刻在別人心中並且會轉化成行動。

我們每個人都必須在自己的生活範圍內完成自己的職責。只有職責才是真實的，除了完成生活的職責，世界上再也不存在任何真正的行動。

活著是否值得

生活，如果只有晴空麗日而沒有陰雨籠罩，如果只有幸福而沒有悲哀，如果只有歡樂而沒有痛苦，那麼，這樣的生活根本就不是生活——至少不是人的生活，因為世界上只有墳墓中的居民才不會再有喜怒哀樂。所有的幸福就像是一團纏結不清的紗線，它是由悲傷和喜悅構成的，而喜悅正是因為有了悲傷才是可愛的。生活的舞臺上，不幸和幸運，前後相隨，魚貫而出，使我們依次體味悲傷和快樂。即使是死亡本身也會使生活更為可愛，它讓我們在現實的世界中關係更為親密。死，也是通向更充實的生的道路，因此，死亡是人類幸福必不可少的條件。

毫無疑問，我們欣賞那些以勝利者的姿態、以喜悅的心態面對人生所必須面對一切的人們，他們在日常生活的鬥爭中無所畏懼，他們凡事希望，凡事相信；他們勝不驕，敗不餒；在工作中任勞任怨，不遺餘力；他們在苦難中不是怨天尤人，而是以微笑面對生活，懷著一份感激而生活，只有這些征服了命運的英雄才真正配稱偉大。

生活的不如意誰也不能逃脫。我們會在內心裡流淚，溫馨的家會變得淒涼；和睦的家庭有時會被拆散；彼此之間的誤解會讓親密的朋友各奔東西；惡意的誹謗會讓人心痛；柔軟的枕頭會變得僵硬；生存競爭緊張而持久。我們聽到的不是樂園中鳥兒的歌唱，而是模仿鳥的令人毛骨悚然的不祥的聲

音。太陽藏起了那張笑臉，天空變得黑暗可怕。雷聲隆隆，閃電霹靂，大雨傾盆。為什麼會發生這些可怕的事情呢？

曾經有人說過，解釋一張笑臉容易，但是，說明眼角的淚滴難；解釋成功容易，但是，說明失敗難；解釋幸運容易，但是，說明災難難。

確實，苦難所引起的第一件事是在我們心中提出一系列的問題。如，我為什麼會遭受痛苦？世界上為什麼會存在這些痛苦？其實，我們不該提出這樣一些問題，因為正是我們提出了這樣的一些問題，增加了我們克服痛苦的難度。真正能夠解決苦難問題的，不是貧乏的理論，而是關心痛苦的實踐。只有以一種正確的方式去對待痛苦的時候，我們才能找到一種對痛苦的滿意的解釋。

在現實生活中，如果我們能以一種正確的方式對待痛苦，那麼，痛苦就不是一種無意義的殘酷，而是我們的一種生活方式。生活正是透過痛苦來改變或者說鍛造我們，痛苦只不過是為我們的生活服務，用來提升我們的品格的手段。只有經受了生活的苦難，我們才能獲得隱藏其中的善，才會去思考生活，解釋苦難。

人們對待生活和世界有三種不同的態度，這就是：悲觀主義、社會向善論和樂觀主義。第一種態度認為，世界從整體上來說，是糟糕透頂，無聊之極。這可能是最不好的一種態度。這也是對我們所經常提出的一個問題「活著是否值得？人生是否有意義」的消極的回答。這種悲觀主義哲學認為在現實生活中獲得任何有價值的東西是根本不可能的，因為世界的本質就是衝突、無常、衰敗、毀滅。現實生活都只是幻覺，生活的意義和目的也是幻想。人類的最大的幻覺是認為自己來到人世是為了享受生活。

持這種生活態度的人，往往放棄個人的努力和奮鬥，得過且過，聽任命運的安排與擺布，以各種藉口自欺欺人。這樣的人是生活中的懦夫。

第一章　探索生命的需求

　　第二種態度是持社會向善論的社會改良主義者。這是一種最近才產生的理論，並開始成為一種哲學觀點，它比悲觀主義大大前進了一步。它在承認悲觀主義的大部分觀點的基礎上，認為世界正在變得越來越美好，而且生活也在不斷地提高。總的來說，世界並不是糟糕透頂。現實情況可能不是太好。我們對大自然了解得越多，我們對人生的多重意義看得越透徹，我們就越來越傾向於相信造物主的智慧和人生的深刻的意義和目的。即使是牙痛，可能也是對人很有好處的。不管怎麼說，在人類生活中，歡樂總是比痛苦多，幸福總是比不幸多，否定人生的目的和意義，是缺乏理性的。因為在某一方面我們失去了，在另一方面我們會得到，我們會獲得滿足。一點不錯，世界是美好的，生活是有意義的，而且，這兩方面的狀況越來越好。

　　第三種也就是最後一種人生態度是樂觀主義。這種學說認為，世界已經是非常美好。它指出，不管從哪一方面來看——人們的身體狀況、社會狀況、道德狀況，都已經非常不錯。樂觀主義者認為，儘管世界上還有邪惡的東西存在，任何事物的發展還是與我們追求完美的理想是和諧一致的，世界上存在著真善美。人們正是透過邪惡去發現和選擇美好的東西的；人們也正是透過遭受痛苦和做出艱苦的努力來達到最高的幸福的。

　　只有在現實世界中，我們才能發現法律、社會統一、團結一致的意義。世界的公正不是在假想之中，而是在可經驗的事實之中；不是在理想之中，而是在現實生活之中。有足夠的事實可以說明，生活正因為它的實在性與潛在性，充滿著希望而又令人振奮，它才有意義。所以，在現實生活中的樂觀主義態度，正是體現了對生活、對世界的勇敢精神和生命的意義所在。

　　有這樣一則古老的寓言，或許它會給我們的生活一些啟發。在一個春光明媚的早晨，有一隻漂亮的鳥兒，站在一枝來回擺動的樹枝上放聲歌唱，樹林裡到處迴蕩著它甜美的歌聲。一隻田鼠正在樹腳下的草皮裡掘洞，它把鼻

子從草皮底下伸出來，大聲喊道：「鳥兒，閉上你的嘴，為什麼要發出這種可怕的聲音？」這只歌唱的鳥兒回答說：「哦，先生，我總是忍不住要歌唱。你看，空氣是多麼新鮮；春天是多麼美好；樹葉綠得多麼可愛；陽光是多麼燦爛；世界是多麼可愛；我的心中充滿了甜蜜的歌兒，我無法不歌唱。」

「是嗎？」田鼠睜大眼睛不解地問到：「這個世界美麗可愛嗎？這根本不可能，你完全是胡扯！世界上的任何事情都是毫無意義的。我已經在這兒生活了這麼多年，我了解得很清楚。我曾經從各個方向挖掘，我不停地挖啊挖啊，但是，我可以告訴你，我只發現了兩樣東西，也就是草根和蚯蚓，再沒有發現過其他東西，真的，沒有任何可愛的東西。」

快活的鳥兒反駁說：「田鼠先生，你自己上來看看吧。從草皮底下爬上來，到陽光中來吧。你上來看看太陽，看看森林，看看這美麗可愛的世界，呼吸一下新鮮空氣。要是這樣，你也會忍不住流淚。上來吧讓我們一起放聲歌唱！」

同樣，我們也可以對那些悲觀主義者說：「出來看看吧，先生？看看這明媚的陽光，看看這可愛的世界，你會感覺到一切都是美好的。」這樣，你就會懂得生活的意義，懂得生活中各種煩惱和痛苦對於人生的意義，你就會懂得眼淚的真正內涵。每一種逆境都蘊含著等量價值的種子。生活中的痛苦經驗、我們所遭受的各種挫折、所付出的代價，幫助我們更好地去感受世界的吸引力和神奇。它使得我們對虛無飄渺的來世做更多的、更深的思考。

悲慘的事情和痛苦的境況是一所培養美德的學校。它會使人神智清醒，遇事慎重；會使人改變舉止輕浮，冒失逞能和太過於自信的惡習。

沒有經受過任何苦難的人是世界上生活得最悲慘的人，不管他是好是壞，他沒有經受過磨練。任何以美德的榮耀，能力和素養與他無緣，因為任何德行都是付出了代價的回報。

第一章　探索生命的需求

　　他們自身的順心如意和成績不能稱之為幸福。實際上，在生活中小小的成績便帶來極為巨大的、真正的歡樂，這樣的事情也是常有的。如此看來，難道我們不能說，追求完美的幸福不只是一種幻想嗎？

　　最大的困難往往是在我們所沒有想到和發現的地方。令人痛苦的事情的出現，或許是為了考驗和檢驗我們的實力。如果我們能堅定不移，經受住了考驗，那麼我們就會獲得心靈的平靜，為我們完成了相應的職責而感到心滿意足。最野蠻的戰爭是日常生活中那些令人痛苦的戰爭，它們的偉大就是我們的偉大，它們的悲哀就是我們的悲哀，它們的勝利和失敗就是我們的勝利和失敗，正像它們有榮耀、失敗和勝利一樣，我們也是如此。

　　經受磨難是接受道德原則的最好的學校。當遭遇困難已是不可避免時，我們要有勇氣而且要愉快地面對它們。亞里斯多德不是說過幸福與其說是在於我們的目標之中不如說是在我們的精神之中嗎？與困難搏鬥是戰而勝之的最可靠方法。實現某一目標的決心實際上就是相信自己能夠完成這一目標的信心。我們的才智透過我們的需求得到磨練。個人就是在遇到和克服困難的過程中前進的。

　　那些因愚蠢而失去了自己的機會的人，他們的回憶錄將會是令人痛苦而又難忘的篇章，但是卻充滿這個世界的啟示。一個人只要忠實於自己，只要他強壯健康，他就不會被世界所遺忘。人類很不容易獲得成功，成功需求一系列的失敗作為鋪墊。人們一開始便遭受到失敗，接下來又是一次又一次的失敗，直到最後，一切困難才逃得無影無蹤，人們才取得了成功。

　　又想獲得成功卻又不願承擔獲得成功的代價，這是軟弱和懶惰的最明顯的標誌。要得到任何值得欣賞和擁有的東西都必須愉快地付出勞動，這就是實踐中力量的奧祕所在。一個人或許寧願辛勤勞動，也不願游手好閒，因為游手好閒使得一個人的全部才華都沒有得到運用和發揮，而是使它們處於一

種昏睡和遲鈍狀態。從長遠來看，我們會發現，自身才能的運用本身就是真正的幸福的源泉，隨之而來的收穫比當下的直接所得要大得多。

　　一個理智、達觀的人會漸漸地懂得，對生活不要期望太高。當他運用有效的方法力求成功時，他做好了失敗的準備。他時時渴望幸福的降臨，但他耐心地忍受各種苦難。在生活中，怨天尤人、悲號哀鳴是毫無用處的，唯有愉快而不懈的工作，才能有真實的收穫。

　　理智而達觀的人對自己身邊的人也不會期望太多。只要能與別人和平相處，他就會容忍和克制。而且，即使是世界上最為優秀的人，他也會有性格上的弱點，需要人們容忍、同情甚至憐憫。有誰敢說自己是完美無缺的呢？誰沒有令人苦惱的事情呢？誰不需要別人的寬大、容忍和諒解呢？

　　現在，可以得出結論，每一個人的素養取決於他們內在的體質和幼年時的生活環境；取決於把他們培養成人的家庭幸福與否；取決於他們經遺傳得來的性格；取決於他們的生活中所見到的榜樣的好壞。考慮這些因素，我們就應該學會對任何人都要仁慈和寬容。

　　同時，在很大程度上，生活往往是我們自己創造的。每一個心靈都會給自己創造一個小天地。喜悅的心靈會使這個小世界充滿快樂，不知足的心靈會使這個小天地充滿哀愁。一個人可能是他心靈的國王，另一個人可能是他心靈的奴僕。生活在很大程度上只不過是個體自我的一面鏡子。我們的心靈在任何情境下、在任何財富狀況下，都會反映出自己真實的個性。對於好人來說，世界是美好的；對於壞人來說，世界是腐敗的。如果我們的生活觀唸得到昇華 —— 如果我們認為生活中的應有之義是：不懈的努力，高尚的品德，高境界的思想，為自己謀利益的同時也為別人謀利益 —— 那麼，生活就將充滿歡樂、充滿希望，生活也就會幸福。相反的，如果我們把生活看作是自我表現、追求感官快樂和擴大權勢的機會，那麼，生活就將充滿陰謀、充滿焦慮和令人沮喪。

我們每個人都必須在自己的生活範圍內完成自己的職責。只有職責才是真實的，除了完成生活的職責，世界上再也不存在任何真正的行動。職責是生活的最高目標和目的，在一切快樂中，最真正的快樂來源於對生活職責業已完成的意識，而且，這種快樂是最令人滿足的，是最不可能讓人後悔和失望的。

　　當我們完成了塵世間的一切工作——包括那些必不可少的、勞動方面的、愛情方面的或職責方面的工作——就像蠶結成了小繭以後死去，我們也要離去。雖然我們的生命短暫，但是，每一個人必須不遺餘力地完成這些偉大的目標和目的。當這些工作都已經完成，我們就會感受到肉體的不幸，但是，最終我們走向了精神的不朽。

　　一個人如果不聽從靈性世界和沉默者的忠告，那麼他就永遠不會有真實的可見性，也不會聽到真實的語言。

真正的工作是值得崇拜的

　　一分勞動，一分收穫，這是一個絕對不能拒絕的要求！貨幣工資「應足夠維持你的工人的生活，使他繼續工作下去。除非你想要乾脆把你的工人從這個世界消滅掉，對於最高貴的勞動者和最不高貴的勞動者，這樣的工資都是必不可少的。

　　我在這裡只想說一點，這特別關係到前一類勞動者，即高貴的和最高貴的勞動者，但也有助於解決一切其他類勞動者和工資這個難題。

　　而且，歸根到底，你需要任何報酬嗎？難道你的目的和生活目標，就是要用英雄行為去享受快樂，去過一種豪華舒適的生活，成為眾人所稱之為的這個世界或另一個世界的「幸福」的人嗎？我替你鄭重其事地回答「不」，時代的整個精神祕密就在這裡，就在於你能以完全清醒的心智替自己鄭重地回答「不」。

　　勇敢的人必須把生命捨出去。把生命捨出去吧，你總不希望為了相當的價格就把生命都出賣了吧。比如說，多高的價格才能滿足你？對於你來說，你的生命的合理價格就是整個的空間宇宙，整個無垠的時間，以及時間和空間所包含的一切，這才是能滿足你的價格，如果你是正直的人，你的價格就是一切，一點也不能比這少。這一切都是你的，你會因此而享有一切。你永遠不會把你的生命，或生命的任何部分很圓滿地出賣掉。

　　把它捨出去吧，像一個高貴的靈魂，不要求任何價格。這樣做，在某種意義上，你就會因此得到一切。在一切時代和情況中，英雄的人就是這樣做的，無論是在最英雄的時代，還是在最不英雄的時代。

　　在我們這個世界的那些解決工資問題的措施中，必須深刻地體現這裡所說的道理，否則，那些措施就絕不能說是圓滿的。

　　整體來說，我們完全贊同古代那些修道士們所說的「勞動是神聖的」。無論從哪個方面看，「真正的工作是值得崇拜的」，這句話是千真萬確的。在一個從事勞動的人身上，不管他從事的是什麼樣的工作，屬於世界的東西都被賦予了實在的形體；每一個勞動者都是一首精美的小詩。他的思想，哪怕他只是一個貧窮的陶工，也是一首壯美的史詩。這首詩，只有他自己才能看見，或者是隱隱約約地看見。對於其他任何人來說，它是屬於世界的東西，是不可能看見的。對於自然界本身來說，它也是屬於世界的東西，因為它仍然還是一種「虛無」。

　　對於這樣的人，世界的力量會給予他關照；他也是在世界裡工作，為世界而工作。如果一個人僅僅只看到物質世界的力量，那麼他可能會離開這一職業；在他艙裡「虛無」就永遠不會變成有形的東西，「虛無」就只能是一種「靠不住的東西」，一種虛偽的東西，這種東西還是沒有的好！

　　一個人如果不聽從靈性世界和沉默者的忠告，那麼他就永遠不會有真實的可見性，也不會聽到真實的語言。你必須追索到事物的根源，必須像赫拉

第一章 探索生命的需求

克勒斯那樣，忍受長期的痛苦，經過長期的勞動，這樣，在你面前才會出現勝利的曙光。

這就如同在戰場上或跟戰鬥中的衝鋒一樣，——其實，這又何嘗不是一場戰鬥呢？——你也應該不怕流血犧牲，不貪圖安逸，不貪生怕死；想像中的樂土上的歡歌笑語，貪婪的地獄中的嘈雜聲，都應該像謊言一樣，被你靜靜地踏在腳下。你的工作，將和但丁的工作一樣，是你永垂不朽的支柱。

塵世和它的工資、它的批評、忠告、幫助、阻礙，都像泛濫的海水一樣毫無用處。你在混沌中暢遊，在混沌中揚帆，能夠作為嚮導的不是那洶湧的波濤，也不是那些雜草叢生的海灣的渦流，而只有心中的夢想。

只有心中的夢想，有時給你混濁的世界投入一道清晰耀眼的亮光，它有時又會陷入一陣可怕的黑暗，這就只有靠你自己去把握時機。這就是我所認為的，從混沌和地獄的黑暗中給你自己開闢道路的途徑！

更精確地說，一路之上，你純粹是和「瘋狂」結伴而行，——它確實是個令人不愉快的伴侶！你到處尋找「瘋狂」，可它卻是隱藏著的、無邊無際的、深不可測的「夜」的王國。從中你可以獲取新的智慧。所獲得的智慧越高，那你就越是和瘋狂比鄰，離瘋狂越近。精確地說就是如此。當你看到那種進入塵世的最高智慧，總是帶著這種誘人的瘋狂的氣息，並且總是和瘋狂相輔相成的，你的心裡或許湧起一種難以言說的感情。任何一項工作在一定程度上，都會有一些瘋狂的性質，這是運作過程中的一種宗教的狂熱。

沒有這種狂熱，任何工作都不可能完成。要麼是你沒有工作，否則，你就只會在僱主眼光監視你的情況下才認真工作。你會貪得無厭地要求工資，死命抓住工資的時候，你會像生產流水線那樣敏捷，甚至有過之而無不及。你不會戴著做工考究的氈帽，而是戴著一頂紙板和灰泥做的帽子，坐著馬車在街上東遊西逛。你不是做或現世的靈魂的嚮導，而是讓「黑色還是白色的

爭論」充斥著人們的心靈。所有這一切，使得讓人心煩意亂的地球人滿為患，黑暗得快要爆炸了。他們這種偽裝的外表，對人的感官和眼睛來說，是最舒服的；但是，對人的肉體和靈魂來說，是最值詛咒的。

這種偽裝的外表，就像虛假的織物編織的衣服或者是一個淺薄者制定的法律，絕不是真正的羊毛和貨真價實的東西；這些只不過是魔鬼揚起的灰塵，是對上帝和人類的詛咒和褻瀆！如果沒有篤信宗教的虔誠，任何人都不會工作，或者說不能夠工作；即使那些貧苦的從事日常勞動的人，包括縫製大衣的裁縫，製作鞋子的手藝人，都是如此。每一個人如果沒有監工的巡視就不勞動，或者工作就出錯，那麼，工作對你和他們來說都是令人不愉快的。

第一章　探索生命的需求

第二章　創造人性的境界

　　馬斯洛的自我實現論其深刻意義絕不止於健康人格的研究，它同時還是一種有關人性潛能的研究，展示出人性所能達到的境界。我們作為高級生命個體的人，不應僅僅是達到基本生存的需求，還應創造美好的人生境界，不斷滿足人性的需求。馬斯洛指引了人生的終極價值與人性的美好境界。

　　真正優越的超越性自我實現者對待事實上低下的人總是採取對待一個兄弟的態度，把他看成家庭的一員，必須愛護他、照顧他，不論他做了什麼事，因為他終究是家庭的一員。

—— 馬斯洛

　　如果你選擇作為研究對象的是非常優秀而健康的人，堅強的人，有創造力的人，純潔的人，明智的人 —— 實際上正是我選出的那種類型的人 —— 那麼你就會得出對人類的一種不同的看法，你會問，人能成長得多麼高大？人能變成什麼樣子？

人最終能變成什麼樣子

　　我發現，對於我的學生，對於其他和我持同樣看法的人，自我實現的觀念幾乎已變成類似羅夏墨跡那樣的東西了。但請記住，有些思想還不是很成熟。它常常能使我對於利用它的人比對於現實有更多的了解，我所做的是探索自我實現的某些性質，不是作為一種廣泛的抽象概念，而是就自我實現過程的操作意義來看。就某一特殊時刻的情況看，自我實現意味著什麼？例如，它在星期二下午四時意味著什麼？

　　從設計到開始，我對自我實現的調查並不是研究工作性質的。這些調查起初只是一個青年知識分子的努力，他試圖理解他所敬愛和崇拜的兩位老師，他認為他們是非常優秀的人物。這是一種高智商活動。我不能滿足於簡單的崇拜，而是力求理解這兩個人物為什麼如此與眾不同。他們是班奈狄克和韋特海默。在我取得哲學博士學位從西方來到紐約市以後，他們是我的老師，是最卓越的人。

　　我的心理學能力完全不足以理解他們，似乎他們不僅僅是人，而且是某種意義存在的超人。我自己的調查研究是作為一種前科學或非科學的活動開始的。我做了有關韋特海默的描述和雜記，也做了有關班奈狄克的雜記。當我試著理解他們，試著去思考他們的事跡，並在日記和記事本中寫下我的看法的時候，我忽然在一個奇妙的時刻認識到，從他們這兩個範型能夠歸納出某些共同的特徵。我是在談論某種類型的人，而不是兩個沒有可比性的個體，這件事使我極為興奮。我試著觀察這一範式能否在他處發現，後來我確實又在他處、在他人身上發現了。

　　所以按照嚴格的和有控制研究的常規標準來討論，這的確不算是實驗室研究。我的歸納是從我對一定類型的人的選擇中做出的。很明顯，需要有其他裁判。儘管如此，有人已造出也許是二三十位他非常喜愛或崇拜而認為是

十分卓越的人物，試著描繪他們，並發現他們。他已能做出一種症候群說明──對於他們每一位都適合的範式說明。他們僅僅是來自西方文化的人，選出的人帶有各種內在固有的傾向性。雖然這樣的歸納並不可靠，它仍然是唯一適用關於自我實現者的界說。

當我的研究成果發表以後，又出現了許多不同的印證路線支持我的發現，不是重複的驗證，而是從不同角度做出的研究。羅傑斯和他的學生的研究成果集中起來成為對全部症候群的確證。布根塔爾提供了心理治療方面的印證。某些使用 LSD（一種麻醉藥，對治療效果很有效）的研究，某些測驗結果──的確，我所知道的每一事實都構成印證的支持，雖然還不是完全的支持。

我個人對於這項研究的主要結論非常自信。我不能設想有任何研究能在這一範式中做出重大的改變，雖然不可避免會有小的改變，我自己也做過某些小的改變。但我的自信不能替代一個科學的論據。假如你對我關於猴子和狗的論據提出疑問，你就是在懷疑我的資格或把我看成製造謠言的人，我也就有權利反對你這樣做。假如你懷疑我關於自我實現者的研究成果，你可能是有自己的理由，因為你對於研究這個問題的人了解並不太深，是他選出了一些人據以得出全部結論的。這些結論是處於前科學的範圍中的，但結論陳述是以一種能夠經受檢驗的形式提出的。在這樣的意義上，這些結論是科學的。我選擇研究的人年齡已經比較大了，他們已經度過了生命的一大段旅程，而且可以認為他們取得了一定的成功。我們還不知道這些發現是否也適用所有的人類。我們不知道自我實現在其他文化中的意義如何，雖然在中國和印度對自我實現的研究也已經開展了。我們不知道這些新的研究將有什麼發現，但有一件事情我敢肯定：如果你選擇作為研究對象的是非常優秀而健康的人，堅強的人，有創造力的人，純潔的人，明智的人──實際上正是我選出的那種類型的人──那麼你就會得出對人類的一種不同的看法。你會問，人能成長得多麼高大？人能變成什麼樣子？

我的直覺告訴我，在一些別的事情上，我會肯定比以上問題的討論反對的論據更少。自我實現很難界說，更困難得多的是回答這樣的問題：什麼是超越自我實現？或者，假如你願意：超越真實性是什麼？在所有這一類問題中，僅僅誠實是很難回答的。關於自我實現者我們還能有別的什麼說法沒有？

　　實際上，許多年輕人本質上是非常好的人，儘管他們往往受搞惡作劇。不管怎樣，我認為（縱然有時有各種行為證據），他們就第一流的意義說也是理想的，他們是在尋求價值，他們很想有什麼東西作為獻身的目標，作為熱忱的追求，作為崇拜、仰慕和熱愛的對象。

人生要有熱忱追求的事業

　　所有的自我實現者都會投身於一項自我以外的事業之中，他們專心致志地從事某項工作，某項他們非常珍視的事業——按舊的說法即天命或天職。他們從事於命運以某種方式安排他們去做的事，他們做這件事也喜愛這件事，因此，工作與歡樂的分歧在他們身上已消失了。一個人獻身於法律，另一個人獻身於正義，第三個人獻身於美或真理。所有這些人都以某種方式獻身於尋求我稱之為「存在」價值的東西，那種固有的終極的價值，不能再還原到任何更終極的東西。這些存在價值大約有 14 種，包括古人的真、善、美，還有圓滿、單純、全面等等。

　　這些存在價值的存在給自我實現的結論增添了一系列的複雜性。這些存在價值像需求一樣在發揮作用。那種我稱之為超越性需求的剝奪會釀成某些類型的病態，它們還沒有得到適當的說明，我可以稱之為超越性病症——即靈魂病。例如，總是生活在爾虞我詐之中而形成不信賴任何人的病態。正如我們需要諮商專家幫助以解決因為某些需求未能滿足而產生的一般病症一

樣，我們也需要超諮商家幫助治療因為某些超越性需求未能滿足而產生的靈魂病。就某種可以說明和實證的方式說，人需要在美中而不是在醜中生活，正如他肚子餓了需要吃飯或疲乏了需要休息一樣。說得更具體些，這些存在價值就是絕大多數人的生活意義，但許多人甚至不能認識到他們有這些超越性需求。諮商家的職責可能就在於使他們意識到他們自身中的這些需求，正如傳統的心理分析家使患者意識到他們那些類似本能的基本需求一樣。最終，某些專家或許會認為自己是哲學的或宗教的諮商家。

我們可以試著幫助那些因存在價值問題而來諮商的人向自我實現的方向運動和成長。實際上，許多年輕人本質上是非常好的人，儘管他們往往受搞惡作劇。不管怎樣，我認為（縱然有時有各種行為證據），他們就第一流的意義說也是理想的，他們是在尋求價值，他們很想有什麼東西作為獻身的目標，作為熱忱的追求，作為崇拜、仰慕和熱愛的對象。這些年輕人時刻都在進行選擇：是前進還是後退？是離開還是趨向自我實現？我不知道諮商家或超諮商家能否告訴他們如何才能更充分地成為他們自己。

自我實現意味著完全地、活躍地、忘我地體驗生活，全神貫注，寵辱偕忘。它意味著不帶有青春期自我意識的那種體驗。在這一體驗的時刻，個人完完全全地成為一個人。

傾聽生命內在衝動的呼喚

當一個人趨向自我實現時，他是否會拚命兇狠地壓榨他人？就實際的行為步驟看，自我實現意味著什麼呢？個人趨向自我實現有八條途徑。

第一，自我實現意味著完全地、活躍地、忘我地體驗生活，全神貫注，寵辱偕忘，它意味著不帶有青春期自我意識的那種體驗。在這一體驗的時刻，個人完完全全地成為一個人。這就是自我實現的時刻，這就是一個人

第二章　創造人性的境界

在實現自我時的瞬間感受。作為個人，我們都偶爾體驗過這樣的時刻。作為諮商家，我們能幫助求診者經常性地得到這樣的體驗。我們能鼓勵他們全身心地投入某一件事，而忘記他們的偽裝、拘謹和畏縮，從而徹底獻身於這件事。從局外角度看，我們能看出這是一種非常美妙的時刻。在那些正在試圖變成非常固執、世故和老練的青年人身上，我們能看到某些童年天真的恢復；當他們完全獻身於某一時刻並充分體驗著這一時刻時，他們的臉上能再現出純潔無邪而又幸福的表情。這種體驗最關鍵的是要達到「無我」，而大多數青年人的毛病正出在太少無我而太多自我意識和自我覺知。

　　第二，我們可以設想是一系列的、一個接著一個的選擇構成了生活。每次選擇都有前進與倒退之分，可能有趨向防禦、趨向安全，趨向畏縮的運動；但在另一方面，也有成長的選擇。做出成長的選擇而不是畏縮的選擇就是趨向自我實現的運動。自我實現是一個連續進行的過程。它意味著每一次都要在說謊或誠實之間、在偷竊或正義之間進行選擇，意味著使每一次選擇都成為成長的選擇這就是趨向自我實現的運動。

　　第三，自我實現的含義就是設想可以實現一個人真實的自我或成功的自我。人不是一塊白板，也不是一堆泥或代用黏土。人是某種已經存在的東西，至少是一種軟骨的結構，至少是他的氣質，標準的生物化學平衡等等。這裡有一個自我，我過去曾說過「要傾聽內在衝動的呼喚」，意思就是要讓自我顯現出來。我們大多數人在大多數時候（這特別適用於兒童和青年）不是傾聽我們自己的真情呼喚，而是傾聽媽媽的、爸爸的教訓，或教會的、長老的、權威的或傳統的聲音。

　　作為邁向自我實現的簡單的第一步，我有時提醒我的學生，當有人遞給他們一杯酒並問他們味道如何時，他們應該試著以一種全新的方式作答。首先，我建議他們不要看酒瓶上的商標，不要想從商標上得到任何暗示再考慮應該說好或不好。然後，我要他們閉上眼睛，「定一定神」。這時，他們就

可以面向自身內部，避開外界的嘈雜干擾，用自己的舌頭品一品酒味，並訴諸自己身內的「最高法庭」。這時，只有這時，他們才可以開始說「我喜歡它」，或「我不喜歡它」。這和我們慣常得出的結論是不同的。在一次宴會上，我偶爾看到一瓶酒上的商標，並向女主人說她確實選到了一瓶非常好的蘇格蘭酒，接著我趕緊閉上了嘴巴。我為此而深深自責，因為我並不知道蘇格蘭酒的味道如何，我所知道的都是廣告上說的，我根本不知道這一瓶酒是好還是壞。可往往我們都會做出這種愚蠢的事，拒絕做這種傻事是實現一個人的自我的連續過程的一部分。

第四，要誠懇表達出自己的懷疑而不要壓抑和隱瞞。在各種場合都能碰到「有懷疑」這一短語，因此我們沒有必要過多討論有關交際手腕的問題。當我們產生懷疑時，往往不會誠實相告。來諮商的人往往是不誠實的，他們在做戲，在裝模作樣，他們並不是很容易就聽從「誠實」的勸告的。在許多問題上反躬自問都意味著承擔責任。這本身就是邁向自我實現的一大步。很少有人研究過這種責任問題，在我們的教科書中也沒有這一問題的地位。誰能研究白鼠的責任呢？可是，在心理治療中，這幾乎是可以觸摸到的一部分。在心理治療中，你能看到它，感覺到它，能知道責任的份量。於是，就清楚地理解了責任的內涵，這是重要的步驟之一。每次承擔責任就是一次自我的實現。

第五，我所說的體驗都是不帶自我意識的，選擇成長而不是畏懼、聽憑於衝動，變成誠實的和承擔責任的人。所有這些都是邁向自我實現的步驟，都確保著美好生活的選擇，當每次選擇時刻到來時能做到這些小事的人，將會發現這些經驗合起來就能達到更好的選擇，在素養上對他是正確的選擇。他開始懂得他的命運是什麼，選擇什麼樣的妻子或丈夫，他一生的使命是什麼。除非一個人敢於傾聽自身的自我，而且時刻都如此，並鎮靜自若地說「不，我不喜歡如此這般」，否則他就不能為自己的一生做出聰明的抉擇。

第二章　創造人性的境界

　　偉大的藝術世界被我不信任的一小群輿論製造者和風尚操縱者把持著。這是我個人的判斷，但它對於這樣的一些人似乎是十分公平的，因為他們自認為有資格說：「你們要喜歡我所喜歡的，不然你們就是傻瓜。」而我們卻告訴人們要傾聽自己的志趣愛好。多數人不是這樣的，當站在畫廊裡看一幅費解的彩畫時，你很少會聽見有人說：「這幅畫很費解。」例如有一年在布蘭代斯大學舉行聖誕舞會，放電子音樂、錄音帶，人們做一些「超現實的」和「頹廢派」的事情。燈亮了，人人目瞪口呆，手足無措。在這種場合，大多數人會說幾句俏皮話而不會說「我要想想這種事」。說老實話，則意味著敢於與眾不同，寧願不受歡迎，成為不隨波逐流的人。假如諮商家不能告訴來諮商者真相，不論年長或年輕的，要準備自己不受人歡迎，這樣的諮商家最好馬上關門。要有勇氣而不要怕這怕那，這是同一件事的另一種說法。

　　第六，自我實現是在任何時刻任何程度上實現個人潛能的過程，而絕非一種結局狀態。例如，倘若你是一個聰明的人，自我實現就是透過學習變得更聰明，就是運用你的聰明才智。這並不等於說要做一些遙遠而不可及的事，而是說要實現一個人的可能性往往需要經歷勤奮的、付出精力的準備階段，可以是鋼琴鍵盤上的手指鍛鍊。自我實現可以是努力做好你想要做的事。只想成為一個二流的專家，那還不是一條通向自我實現的正確途徑，你應該要求自己成為第一流的，或要求竭盡你自己的所能。

　　第七，高峰經驗是自我實現的暫短時刻，這是一些心醉神迷的時刻。你只能像劉易斯所說的那樣「喜出望外」。但你能設置條件，使高峰經驗更有可能出現，或者架設條件弄得它較少可能出現。破除一個錯覺，擺脫一個虛假的想法，知道自己不善於做什麼，知道自己的潛能是什麼，這也是構成發現你實際上是什麼的一部分。

　　雖然人人都確實產生過高峰經驗，但卻並非每一個人都能意識到這些。有些人把這些小的神祕體驗丟棄了。諮商家或超諮商家的任務之一是幫助人

們在這些短暫入迷的時刻到來之時認識到它們。然而，一個人的心靈怎麼可能在外部沒有任何東西可以作為交流手段的情況下看到另一個人的隱祕心靈然後還要試著進行交流呢？我們不得不找出一種新的交流方式。我認為這種類型的交流對於教育、諮商，對於幫助成年人竭盡所能地充分發展，也許要比我們看到教師利用黑板書寫所進行的那種慣常的交流更為適合。假如我喜愛貝多芬並在傾聽他的一曲四重奏中受到感動，而你卻無動於衷，我如何能使你去傾聽呢？

　　音樂明顯是客觀存在的，但為什麼我可以投入地欣賞，而你卻什麼也聽不出來呢？你聽到的僅僅是一些音符而已，我怎麼能使你聽出美來呢？這是教育中更重要的問題，比教你學 ABC 或在黑板上證明數學題或指點一隻蛙的解剖更重要。後面提到的這一類事情對於兩個人都是外部的，你有教鞭，兩個人能同時看一個目的物。這種類型的教學比較容易，另一種教育要困難得多，但那是諮商家工作的一部分，也就是所謂的超諮商。

　　第八，看清楚一個人是什麼樣的人，他喜歡什麼，不喜歡什麼，什麼對於他是好的，什麼是不好的，他正探索什麼，以及他的使命是什麼 —— 向一個人自身展示他自己，這意味著揭露心理病理。這意味著對防禦心理的識別和識別後找到勇氣放棄這種防禦。這樣做是痛苦的，因為防禦是針對某些不愉快的事樹立的，但卻是值得的。如果說心理分析文獻沒有教給我們任何別的東西，至少已使我們懂得壓抑並不是解決問題的上策。

　　他們尊重自我；他們承擔責任；他們是忠誠的；而且，他們工作勤奮。他們能正確估價自己，他們是什麼，這不僅是依據他們一生的使命說的，而且也是依據他們日常的經驗說的。

從永恆的方向理解人的追求

　　讓我說一說心理學教科書中沒有提到過的一種防禦機制，但這對於某些青年人來說卻是一種非常重要的防禦機制，這就是「去聖化」。這些青年人懷疑價值觀念和美德的可能性。他們覺得生活中人們欺騙自己或壓迫自己。他們大多數人的父母本身不是很高明，他們並不怎麼尊敬他們的父母。這些父母自己的價值觀念也是混亂的，他們看到自己的孩子的行為僅僅是感到很吃驚，從來也不懲罰他們或阻止他們做壞事。於是，便出現了這樣一種情況，這些年輕人把他們的長輩看得很卑鄙，而且通常有確切充分的理由。這樣的年輕人已經由此得出一個廣泛的結論：他們不願意聽從任何大人的勸告，假如這位長輩說的話和他們從偽善者的口中聽到的一樣就更不願聽從了。他們曾聽到他們的父輩談論要誠實或勇敢或大膽，而他們又看到他們父輩的行為卻與此截然相反。

　　這些年輕人能夠將人還原為具體的物，卻不從人的象徵價值或恆久意義看人，不去看人可能成為什麼。例如，我們的青少年已經使性「去聖化」。性無所謂，它是一件自然的事情。他們已把它弄得那麼自然，使它已經在很多場合失去了它的詩意，這意味著它實際上已經失去了一切。自我實現意味著放棄這一防禦機制並學會再聖化。

　　再聖化的意思是，願意再次從「永恆的方向」看一個人，像斯賓諾莎所說的那樣，或在中世紀基督教的統一理解中看一個人，那就是說，能看到神聖的、永恆的、象徵的意義。那就是以尊敬的態度看女性，以尊敬所包含的一切意義看待她，即使是看某一個毫不相干的婦女也一樣。另一個例子：一個人到醫科學校去學解剖腦。如果這位醫科學生沒有敬畏之心而是缺乏統一理解，把腦僅僅看成一個具體的東西，那麼肯定不會學得很全面。對再聖化開放，一個人就會把腦也看作一個神聖的東西，看到它的象徵價值，把它看

作一種修辭的用法，從它的詩意一面看它。

　　再聖化往往意味著一大堆會過時的談論 ── 「非常古板」，年輕的孩子們會這樣說。然而，對於諮商家，特別是對老年人提供勸告的諮商家（由於人到老年這些關於宗教和生活意義的哲學問題開始出現），這就成為幫助人趨向自我實現的最重要途徑。年輕人可能說這是古板，邏輯實證論者可能說這是無意義的，但對於在這樣的過程中來尋求幫助的人，這顯然是非常有意義而且非常重要的，我們最好是回答他，否則我們就是沒有盡到責任。

　　綜上所述，我們看到，自我實現不是某一偉大時刻的問題。並不是說在星期四下午四時，當號角吹響的時候，你就永遠地、完完全全地步入萬神殿了。自我實現是一個程度問題，是許多次微小進展的日積月累。然而往往可以見到，來諮商者傾向於等待某種靈感來臨，使他們能夠說：「在本星期四三時二十三分我成為自我實現的人了！」能選為自我實現榜樣的人，能符合自我實現標準的人，不過是從這些小路上走過來的：他們尊重自我；他們承擔責任；他們是忠誠的；而且，他們工作勤奮。他們能正確估價自己，他們是什麼，這不僅是依據他們一生的使命說的，而且也是依據他們日常的經驗說的。例如，當他們穿一雙另外類型的鞋子的時候，他們的腳就會受傷，以及他們是否喜歡吃茄子，或喝了大量的啤酒是否整夜不露面等等。所有這一切都是真正的自我所含有的意思。他們發現了自己的生物學本性，先天的本性，那是不可逆轉的或很難改變的。

　　自我的無意識面受到壓抑，而真實自我的發現就在於揭露這些無意識的方面所隱含的意思是相信真理能治病。學會破除自己的壓抑，理解自己，傾聽衝動的聲音，揭示勝利的本性，達到真知、灼見和真理 ── 這些就是所需要的一切。

破除自我認識的防禦機制

　　諮商家是何許人呢？他如何能幫助來求助的人朝著成長的方向運動呢？

　　探求一個合適的模型。我曾用過「療法」、「心理療法」和「患者」等詞。實際上，我厭惡這些詞，我厭惡這些詞所表達的醫學模型，因為醫學模型的意思是說，來找諮商家的人是一個有病的人，受傷痛和疾患的煩擾，是來尋求治療的。實際上，我們希望諮商家是一位幫助促進人的自我實現的人，而不是一位幫助治好一種疾患的人。

　　幫助也不是合適的模型，也必須放棄。它使我們把諮商家設想為一位專家，他懂得一切並從他高高在上的特權地位走到下界可憐的凡人叢中，這些凡人什麼也不懂而不得不以某種方式接受幫助。諮商家也不可能是一位通常意義上的教師，因為教師的訓練和擅長是「外在的學習」，而進入一個可能達到的最佳境界的成長過程卻是「內在的學習」。

　　我想推薦布根塔爾（James Bugental）的著作《對真實的探求》來作為存在主義治療家曾力求解決這一模型問題的討論。布根塔爾建議我們把諮商或治療理解為試著幫助人成長到竭盡他們所能的高度，或許這比我曾建議的詞更好些，我建議的詞叫做心靈教育。不論我們用哪一個詞，我認為我們最終必然達到的概念都將是阿德勒很久很久以前就提出過的一個概念，即他所說的「哥哥」。哥哥是可承擔責任的人，正如一位哥哥對他年幼的弟弟所做的那樣。自然，哥哥懂得多些，因為他多活了幾歲，但他沒有什麼質的不同，也不是屬於另一種推理的範式。聰明而親愛的哥哥試著促使弟弟進步，並試著使弟弟勝過自己，在弟弟自己的生活方式中得到更好的發展。這和「教導無知者」的那種模型有很多不同之處！

　　告訴人應該做什麼和如何做，諸如訓練、塑造或普遍意義上的教導，都不是諮商家所關心的，也不讚揚宣傳。它是一種「道家的」啟示和啟示後的

幫助。「道家的」意味著不干預、「任其自然」。道學不是一種放任哲學或疏忽哲學，不是拒絕給予幫助或關懷。作為這一過程的一種模型，我們可以設想這樣一位醫師，如果他是一位不錯的醫師並且也是一個不錯的人，他絕不會夢想把自己的想法強加於患者或以任何方式進行宣傳，或試圖使一位患者模仿自己。

幫助求助者弄清並破除那些針對他自己的自我認識的防禦機制，恢復並理解自己，這才是好的臨床醫師所應該做的。理想的情況是，醫師的，相當於抽象的參照系統，例如他曾讀過的教科書，他曾上過的學校，他對世界的信念 —— 這些都絕不要讓患者覺察到，尊重這個「小弟弟」的內在本性、本質和精華所在，讓他達到美好生活的最佳途徑就是更充分地成為他自己。我們稱為「有病」的人是那些尚未成為他們自己的人，是針對人性樹立起各式各樣神經質的防禦機制的人。正如對於玫瑰叢來說，不論是中國人、義大利人，還是法國人或瑞典人，結果都一樣。對於那個小弟弟來說，幫助他的人是怎樣具備這種能力的也無關緊要，幫助他的人必須給予的是某些和他的身分無關的服務，不論他是瑞典人，還是天主教徒，或伊斯蘭教徒，或佛洛伊德的信徒，或其他任何人都一樣。

這些基本概念包容著、蘊含著、而且完全符合佛洛伊德的和其他心理動力理論體系的基本概念，是佛洛伊德的一項原理說明，自我的無意識面受到壓抑，而真實自我的發現就在於揭露這些無意識的方面所隱含的意思是相信真理能治病。學會破除自己的壓抑，理解自己，傾聽衝動的聲音，揭示勝利的本性，達到真知、灼見和真理 —— 這些就是所需要的一切。

勞倫斯·庫比在「教育中被遺忘的人」裡曾提出一個觀點，認為教育的一個根本目標就是幫助人成為一個人，盡他的可能成為一個具有完全人性的人。

對成人而言，我們也並非是束手無策的，我們已經有了一些能力和才能，有了方向、使命和職業、主要的任務。假如我們認真看待這一模型，那麼就幫助他們，使他們已經具有的更完善，使他們處在潛意識內的東西成為在事實上更充分、更真實、更現實的東西。

　　在我的頭腦中，「有用」既有「對生存有用」的含義，又有「從基本缺失性需求向自我實現和自由的高度成長」的含義。更具體地說，它代表一種生活方式和一種世界觀，不僅由基本需求的系列所引起，而且也來自個人特有的潛能發揮的需求。

自我實現者的生活哲學

　　我認為有必要在兩種自我實現的人之間做出區分，若用更恰當的說法，應該是兩種程度。一種人是明顯健康的，但很少或沒有超越體驗，另一種超越體驗在他們那裡很重要，甚至具有核心的意義。作為前一種健康型的自我實現者，典型的人物我可以舉羅斯福夫人，或許還有杜魯門和艾森豪威爾。作為後一種的典型，有阿爾杜斯·赫胥黎，或許還有施魏策爾、布伯和愛因斯坦。

　　可惜的是，我在這一水準上已不能再做到理論上的明晰。我發現不僅自我實現者能超越，而且不健康的人、非自我實現者也有重要的超越體驗。除自我實現者之外，我覺得我已發現有某種程度的超越，像我對這個詞所做的說明那樣，或許它還會更廣泛地發展，只要我們能有更好的方法和更明確的概念和理論。但請記住一點，我所說的畢竟只能是從我最初的探索中得到的印象。我的初步印象是：不僅在自我實現的人中有對超越的認識，而且在有很高創造力或才華的人中，在很聰明的人中，在非常堅強的人中，在強有力而負責任的領導者和管理者中，在特別善良（有德性）的人中，在「英雄」

人物 —— 那些曾克服逆境並由此而變得更堅強而不是更衰弱的人物中，也有這樣的認識。

不過，我還不能清楚地分辨這種人。超越型自我實現者是我所說的「高峰人物」而不是「非高峰人物」，是「說 YES 的人」而不是「說 NO 的人」，是對生活採取積極態度而不是消極態度的人，是渴望生活而不是厭倦生活的人。

健康型的自我實現者主要是更實際、更現實、更入世、更能幹和更超凡脫俗的人，他們更多的生活在現實的世界，生活在我簡稱為缺失的王國，生活在缺失需求和缺失性的認知的世界。在這種世界觀中，對於人或物主要是以一種實際的、具體的、現實的、實用的方式來看待，當作缺失需求供應者或阻撓者對待，或作為有用或無用，有幫助或危險，對個人重要或不重要來對待。

在我的頭腦中，「有用」既有「對生存有用」的含義，又有「從基本缺失性需求向自我實現和自由的高度成長」的含義。更具體地說，它代表一種生活方式和一種世界觀，不僅由基本需求的系列所引起，而且也來自個人特有的潛能發揮的需求。前者需要包括單純的軀體生存需求，安全和保障需求，歸屬、友誼和愛的需求，敬重和尊嚴需求，自尊和價值的追求需要；後者為同一性、真實自我、個體特性、獨特性、自我實現等需要。換個方式來說，它涉及的不只是一個人的人類共性，而且還有一個人自己的特有潛能的實現。這樣的人生活在世界上，並在世界上達到自身的實現。他們能有效地把握環境，引導環境，並最終利用環境達到有益的目的，例如健康的政治家或實務家的所作所為。這些人往往是「實幹家」，而不是沉思者或冥想家；他們是有效率、重實際的，而不是審美的；重視現實檢驗和認知，而不是重視情感和體驗。

第二章　創造人性的境界

　　另一類型的超越者可以說更經常地意識到存在認知，生活在存在水準；即目的水準，內在價值水準；更明顯地受超越性動機支配；或多或少地能經常有統一的意識和「高原體驗」；有或曾有高峰經驗（神祕的，神聖的，極度歡樂的），並隨帶著啟示或卓識或認識，能改變他們對世界和對他們自身的看法。不過，這一切也許是偶然的，也許是經常性的。

　　可以公平地說，「僅僅健康的」自我實現者從總體上看能實現羅格利克Y理論的期待。但關於超越型自我實現的人，我們必須說，他們不僅已經實現而且已經超越或超過Y理論，他們生活在一種我在這裡為了方便可以稱之為Z理論的水準上。而且，由於它和X、Y兩種理論同處於一個連續的系統中，三者可以形成一種整合的層次。

　　顯而易見，我們這裡討論的是非常錯綜的問題，而且實際上是討論的一般生活的哲學。延伸的和推論的處理部分需要寫多卷和多種著作。但我認為，一個濃縮的開始能作為輔助得到理解。用基斯·戴維斯那非常方便的摘要表作為基礎，我做了一些擴充（具體內容請見下面「組織管理水準和其他層次因素的關係」表）從理解角度而言，它是很不容易的。但我確信，任何真有興趣的人能從中或多或少地理解我要傳達的意思。更擴充的討論可以在參考文獻的各個項目中找到。

　　最後需要謹慎的一點是，應該注意到這一層次安排留下了一個困難的有待解決的問題──在以下漸進順序或層次之間的交迭或相關的程度：

　　需求的層次系統（能歸結為埃里克森年齡系列中的危機，或以年齡不變為條件）。基本需求滿足的漸進過程，從嬰兒期，經過童年期，青年期，成年期，到老年，但在任何時代都一樣。生物學的、種系的演化。從疾病（萎縮，發育不全）到健康和豐滿人性。從生活在不良環境條件下到生活在良好條件下。從成為體質上或總體上的一個「劣等樣品」（就生物學者的用語說）到成為一個「優等樣品」（就動物園管理員的用語說）。

顯然，在所有複雜問題面前，用「豐滿人性」這個概念代替「心理健康」的概念是很有必要的。因為前者能恰當地應用於所有這些變異情況而無困難，後者的含義甚至比通常的含義更不切實際。反過來說，我們又能用「人性或萎縮」這一概念來取代發育不全不成熟、不幸、病態、先天缺陷、貧乏等等。「人性萎縮」能包含所有這些概念。

真正優越的超越性自我實現者對待事實上低下的人總是採取對待一個兄弟的態度，把他看作家庭的一員，必須愛護他、照顧他，不論他做了什麼事，因為他終究是家庭的一員。但他仍然能像一位嚴厲的父親或兄長那樣處理事務，而不僅僅作為一位寬恕一切的母親或慈母般的父親。

超越自私的協同生存準則

非超越的和超越的自我實現者（或 Y 理論和 Z 理論的人）都具有自我實現的全部描述特徵，這項例外是高峰經驗、存在認知和阿斯拉尼稱之為高原體驗（寧靜、沉思的存在認知而不是高潮的認知）的存在或不存在，或者更可能的是較大或較小數量和不同重要程度的存在。

但我的強烈印象是，非超越的自我實現者與超越者相比，不具有或較少具有下列特徵：

對於超越者，高峰經驗和高原體驗成為他們生活中最重要的事情，是制高點，是生命的確證，是生活最寶貴的方面。

超越者說的是存在語言，詩人的、神祕主義者的、先知的、篤信宗教者的語言，是生活在柏拉圖理念水準或斯賓諾莎水準的人的語言，而且，他們在永恆面的籠罩下，這種語言是那麼自如、正常、自然，是無意識脫口而出的。因此，他們應該能夠較好地理解寓言、修辭手段、悖論、音樂、藝術、非語言交流和溝通等等。而且，這些命題是很容易檢驗的。

第二章　創造人性的境界

超越者能進行統一或神聖的（即幾人中的神聖化）觀察，或者他們能在實際的、日常的缺失水準上觀察事物的同時，也看到一切事物中神聖的一面。他們能隨意地使每一件事物神聖化 —— 從永恆的方面觀察事物。這一能力是添加在缺失領域內良好現實測驗之上而不是與之相互排斥的。禪宗的「無特例」概念對此是很好的說明。

自我更自覺地和有意識地受超越性動機的支配。存在的價值或存在自身既被看作事實又被看作價值，例如，完善、真理、美、善良、統一、二歧超越、存在娛樂等等都是他們的主要動機或最重要動機。

出於某種原因好像是彼此認識的並在初次相遇時幾乎立即達到親密相交和互相了解的程度。接著他們不僅能以語言方式交往，而且也能以非語言方式交往。

對美更敏感，這很可能證明是一種美化一切事物的傾向，包括美化一切存在價值，或比他人更容易看出美，或比他人更容易有審美反應，或認為美最重要，或能從常規或習俗不認為美的人或物中看出美（這有點概念混淆，但這是我現在所能做出的最好的說明）。

關於世界的看法比那些「健康的」或實際的自我實現者更傾向整體論。當然，後者也具有同一意義上的整體論觀點。人類是一個整體，宇宙是一個整體，對於「國家利益」或「神父的宗教」或「不同等級的人或智商」等類概念，不是被中止存在，就是輕易地被超越。假如我們承認人人皆兄弟，認為國家政權有權決定戰爭，這就是一種愚蠢或不成熟的表現形式。假如我們認為反對戰爭是終極的政治需求（今天也是最迫切的需求），那麼，超越者更容易有這樣的想法，他們會更敏銳、更自然地這樣想。以我們「通常的」或不成熟的方式思考問題對他們來說是一種費力的事，儘管他們能這樣做。

　　和這一整體論看法相交迭的是自我實現者協同傾向的增強。其內容包括心理內部的、人與人之間的、文化內部的、國與國之間的協同。在這裡不能詳盡討論這一問題，因為那會離題太遠。一個簡短的 —— 或許不是很有意義的 —— 說明是：協同超越了自私與不自私之間的分歧，並在一個超越縱坐標的概念下包容了兩者。它是一種對競爭的超越，對賭博輸贏的零與全的超越。自然也有對自我、對自我同一性的更大、更容易的超越。

　　他們不僅是可愛的（如一切最佳自我實現者那樣），而且他們也更令人肅然起敬，更「不同凡響」，就中世紀的意義說更神化，更聖潔，更受尊崇，就過去的意義說也更「可怕」。對於這些人，經常在我心中引起這樣的想法：「這是一個偉大的人物。」

　　超越者更容易成為創新者 —— 新事物的發現者，在這方面來看，他們更勝過健康的自我實現者，後者寧可說傾向於去做一件「現實中」不得不去做的非常好的事情。超越的體驗和啟示能使人對存在價值，對理想，對完美，對什麼是應該做的，什麼是實際能做到的，什麼是潛在的，對什麼是或許有可能完成的等等的一切看得更清楚。

　　超越者不如健康者那樣「愉快」。他們可能更入迷，更狂喜，體驗到更高度的「愉快」（這個詞太弱），勝過一般快樂的和健康的自我實現者。但我有時得到這樣一個模糊印象，覺得他們也容易，甚至可以說更容易受到一種宇宙悲哀或存在悲哀的侵襲。對於人們的愚蠢、自我挫敗、盲目、彼此的殘酷對待、目光短淺等等感到憂心忡忡。也許這種哀愁來自現實與理想之間的強烈對照，超越者很容易生動地看到這種理想，而且在原理上也很容易達到。也許這是超越者必須付出的一種代價，以抵償他們對世界的美，對人性的神聖可能，對那麼多的人間邪惡的非必要，對似乎顯然需要一個良好的世界等等的直接觀察。

第二章　創造人性的境界

　　例如，一個民主的政府，協同的社會制度，為了人類的善而進行教育，而不是為了較高的智商或更熟練於某一原子化的工作而進行教育等等。任何一位超越者都能坐下來並在五分鐘內寫出一個實現和平、友誼和幸福的計劃，一個絕對實際可行、絕對能夠做到的處方。但他卻沒有把所有這一切都做起來，或者正在這樣做，卻做得那麼遲緩，致使大屠殺、大破壞搶先一步。毋庸置疑，他會感到哀愁或憤怒或不耐煩，儘管從長期來看，他是一個很「樂觀」的傢伙。

　　與僅僅健康的自我實現者相比，超越者更容易解決有關「菁英論」的深刻衝突，那是自我實現學說中所固有的，因為自我實現者和一般人比較起來，終究是更優越的人。衝突有可能解決，因為他們能很容易地同時生活在缺失領域和存在領域，他們能很容易地使每一個人神聖化。這表明他們能更容易地調和兩方面的情況，一方面是在缺失世界中絕對需要某種形式的現實檢驗、比較和菁英論（你必須為了工作挑選一名技藝高超而不是低劣的木匠師傅；你必須在罪犯和警察、病人和醫師、誠實人和騙子、聰明人和笨蛋之間做出某種區分）；另一方面是人人都有的超限的、平等的、無法比較的神聖性。

　　在一種非常重視經驗和實際需求的意義上，羅傑斯談到「無條件的積極關懷」對於有效的心理治療是一種先決條件。我們的法律禁止「殘酷而異常的」懲罰；即，不論一個人犯了什麼罪，他必須被當作一個有尊嚴的人來對待，不能降低到一定限度以下。正如宗教的有神論者所說：「人人都是上帝的孩子。」

　　對於每一個人，每一個生物，甚至那些美麗的無生物都能非常容易、非常直接地在其現實中感知這種神聖性，他幾乎一時一刻也不會忘記它。這種感知和他的極優越的對缺失領域的現實檢驗相融合，使他能夠成為神一般的懲罰者，對軟弱、愚蠢或不勝任進行對比教育，但這種懲戒和對比不是一種

輕蔑，更不是一種壓榨和掠奪，甚至當他以現實主義態度認識到缺失世界中這些可分等級的性質時也是如此。

關於我所發現的這一反論，我有一個非常有用的說法：真正優越的超越性自我實現者對待事實上低下的人總是採取對待一個兄弟的態度，把他看作家庭的一員，必須愛護他、照顧他，不論他做了什麼事，因為他終究是家庭的一員。但他仍然能像一位嚴厲的父親或兄長那樣處理事務，而不僅僅作為一位寬恕一切的母親或慈母般的父親，這種懲罰和神一般的無限愛護是完全相容的。從超越的觀點看，而且能很容易看出，即使是為了越軌者自身的利益，這時也最好是懲罰他，使他受到困難的挫折，對他說一聲「不」，而不是滿足他或討好他。

我的深刻印象是，超越者更顯著的特徵是：在知識的增進和神祕感、敬畏感的增強之間有正向的關係——而不是更通常的反向關係。當然，在大多數人眼裡，科學知識被認為是一種削弱神祕感的力量。因為對於大多數人而言，神祕孕育著畏懼，削弱神祕也就意味著削弱畏懼。於是，人們把求知作為減輕焦慮的手段。

但對於高峰經驗者特別是超越者，以及一般的自我實現者而言，神祕與其說是令人生畏的，不如說是有魅力的，是一種挑戰。自我實現者在一定程度上容易對已知的事情感到厭煩，雖然這種知識可能有用。高峰經驗者尤其是這樣，因為在他們看來，神祕感和敬畏感與其說是一種懲罰，不如說是一種獎賞。

不管怎麼說，我在我曾訪談過的最有創造性的科學家中發現，他們知道得越多，也就越容易進入一種心醉神迷的欣喜狀態，自覺無知，謙卑，自視渺小，在廣闊宇宙面前的敬畏，或在蜂鳥嗡嗡聲前的眩暈，或如嬰兒般的神祕。所有這些混為一體，是一種積極的獎賞。

第二章　創造人性的境界

因此，謙卑和承認自己無知，但又幸福愉快，這就是科學家作為超越者的感受。我們可能也都有過這樣的體驗，特別是孩提時期。不過超越者似乎更經常如此，感受也更深，也最珍惜這些感受，認為是生活中的高潮。這種說法的含義既適用於科學家，也適用於神祕主義者，也適用於詩人，藝術大師，企業家，政治家，母親們和許多其他類型的人。無論如何，我認為這既是一種認識理論，也是一種可以驗證的科學理論，即在人性最高發展水準上，知識和神祕感、敬畏、謙卑、終極的無關、尊崇以及奉獻等情感是正向關係而不是反向關係。

在我看來，超越者應該比一般自我實現者更不怕「怪人」和「刺頭」，因而也更有可能善於鑑別和選拔有創造力的人才（這樣的人有時候看起來是很古怪的）。我推測，自我實現者一般是重視創造性的，因而能做出更有效的人才選拔（因而也應該能使最佳人選擔任經理、人事幹部或顧問）。但要能賞識威廉·布雷克式的人物，需要對超越有更深的體驗和更大的重視。類似的鑑別力在對立的一極也適用：超越者也應該更善於識別那些沒有創造力的怪人和刺頭，我覺得，這樣的人在數量上要比有創造力的更多。

我在此提不出實際的經驗，這是理論的推導，作為一種易於驗證的假設提出來的。

從理論上推導，超越者應該更能「諒解惡」，這是就諒解惡有時是不可避免的意義說的。而在更廣闊的整體論的意義上說，甚至是一種必需，即「從上面」在一種神一般的或奧林匹斯山神的意義上說是如此。由於這意味著對惡的更深刻的了解，它應該能夠引起更大的同情而又更不含糊和更不退讓的對惡的戰鬥。這聽起來似乎矛盾，但稍微想一想，就能看出一點也不自相矛盾。在這一水準上而言，更深的了解意味著有更強大（而不是更微弱）的武器，更有決心，更少內心衝突，不模稜兩可，不追悔，因而能更迅速地

行動，更堅定不移，更有成效。假如需要，你能懷著同情心打倒某一惡人。

我渴望能在超越者中發現另一似乎矛盾的現象。他們更容易認為自己富有才華，是一個具有更高智慧或更高領導藝術的、「超個人」的、臨時的監護者的工具。這好像是一種特異的客觀或對自己的超脫，那在非超越者看來有點像驕傲、浮誇、甚至妄想狂。我發現最能說明這個問題的例子是懷孕的母親對她自己和她的未降生的孩子的態度。什麼是自我？什麼不是自我？難道她無權這樣要求，這樣自我讚美，這樣驕傲嗎？

我想我們聽了這樣的話：「我是完成這任務的最佳人選，我請求你把它交給我。」這時我們一定會感覺到吃驚，正像你聽到同樣可能的判斷 —— 你是完成這一任務的最佳人選，因此，取代我做這件事是你的責任。對此，難道你不會感覺到吃驚嗎？超越隨帶著「超個人」的忘我。

就神學或非神學的意義來說，超越者大體上（我沒有資料）更易於有深刻「宗教的」或「重視精神生活」的。高峰經驗和其他超越體驗實際上也可以看作「宗教的或精神的」體驗，只要我們對後一類概念重下定義，排除那些歷史的、因襲的、迷信的、習俗的附加含義。僅僅從因襲的觀點看，這樣的體驗的確能被認為是「反宗教的」，或宗教的替身，宗教的代理，或一種「關於通常被稱為宗教或精神性的東西的新說法」。某些無神論者比某些牧師遠為虔誠，這種似乎矛盾的現象很容易驗證，因而能獲得操作上的意義。

或許在這兩類自我實現者之間可能顯露的另一定量性質的不同 —— 我還不能完全肯定 —— 是超越者更易於做到超越自我，超越自我同一性，超越自我實現。說得更明確些，我們也許可以說，關於健康型的自我實現者我們的說明已經很充分了，說他們主要是堅強的個性，他們知道他們是什麼人，他們到哪裡去，他們需要什麼，他們擅長什麼，一句話，他們是堅強的自我，善於正確地運用自己的力量，按照他們自己的真正本性發揮作用。但這自然

還不足以說明超越者。超越者當然是這樣的，但他們又不止於此。

由於缺乏具體資料，我僅把這作為一種印象：超越者由於更容易領悟存在王國，因而會比更實際的自我實現者有更多的目的體驗（本來面目的體驗），更多的入迷體驗。那是我們在兒童中常常可以看到的，他們會看著一個水坑中的光色發呆，或非常有興趣地注視著雨珠沿著玻璃窗向下流動，或撫摸皮膚的平滑，或追蹤毛毛蟲的蠕動。

在理論上，健康型的自我實現者應該較重實用，而超越者則應該多些道家思想。由於存在認知的存在，種種事物看起來更像是一種奇蹟，更完美，正如它理應成為的樣子。因此，存在認知很少有改造對象的衝動，因為對象的本來面目就很姣好，不那麼需要改造或打擾。因此，更大的衝動應該是僅僅注視它和審查它而不是對它或用它做什麼事。

越過矛盾心理雖然沒有添加任何新的東西，但卻把上述的一切和全部內容豐富的佛洛伊德理論結構緊緊維繫在一起，這概念我認為更有助於說明一切自我實現者的特徵，並可能證明在某些超越者中更適用。它表示全心全意和無衝突的愛，接受、表露，而不是更常見的愛與恨的混合，這種混合物常被當作「愛」或友誼或性慾或權威或權力等等。

最後，我請大家注意「報酬水準」和「報酬種類」問題。儘管我不能肯定我的兩類自我實現者在這方面會有多大不同。最重要的是這一事實本身，即除金錢報酬外還有許多種類的報酬，而隨著物資的豐富和人品的成熟，金錢作為報酬的重要性在不斷減退，高級的報酬形式越來越重要。而且，即使在金錢報酬仍然顯得重要的地方；那也往往不是因為它自身原有特性的原故，而是作為地位、成功、自尊的一種象徵，有了它可以贏得愛、讚美和尊重。

這是一個易於調查研究的題目。我收集廣告已有一段時間，這些廣告有為和平隊和志願服務隊尋求工作者的廣告，有時甚至是尋求不那麼熟練的藍

領僱員的廣告，但都是期望專業的、行政的或執行的僱員。在這些廣告中有吸引力的誘餌已不僅僅是金錢，還有高級需求和超越性需求的滿足。例如友好的共事者，宜人的環境，有保障的未來，鞭策，成長，理想的滿足，責任，自由，一種重要的產品，對他人的同情，有益於人類，有益於國家，有實踐個人想法的機會，能使你感到自豪的公司或團體，合理的學校制度，甚至有意思的釣魚活動，有美麗的山峰供你攀登等等。和平隊走得更遠，以致把低工資和工作艱苦、要求自我犧牲等等作為一種引誘，說明這一切都是為了幫助他人。

我設想，更高的心理健康者會更看重這些種類的報酬，只要錢夠用，有恆常的經濟收入就行。自然，會有很大比例的追求自我實現的人或許已經以某種方式把工作和娛樂融合為一，即他們熱愛他們的工作。你也可以說，他們已經以某種方式從他們作為一種消遣的工作中得到報償，從能使他們得到內在滿足的工作中得到報償。

我能想到的進一步調查有可能在我的兩類自我實現者之間發現的唯一不同是：超越者可能會主動尋求那些更有可能帶來高峰經驗和存在認知的工作。

談到這一點的一個理由是：我相信在設計優美心靈組織、良好社會時，必須在理論上將領導和特權、剝削、財產、奢侈、地位、統治他人的權力等等分開。我能看到的唯一途徑，使較有能力的人，使領導者和經理免遭仇視，免遭弱者大力妒忌，免遭被剝奪，基本社會權利者、能力較差者、需要幫助者忌恨，免受競爭失敗者顛覆的唯一途徑是付給他們不是更多或是更少的金錢，而是付給他們「高級的報酬」和「超越性報酬」。顯然，這將使自我實現者和心理發展較差者兩方面都感到滿意，並將抑制相互排斥和敵對的階級或等級制度的發展，那是我們在人類歷史上屢見不鮮的。要使這一後馬

克思的、後歷史的可能成為實際，我們需要做的就是要學會不付給太多的金錢報酬，即更重視高級的而不是低級的東西。在這裡也有必要消除金錢的象徵化，即不應該讓它象徵成功、值得尊重或值得愛。

在理論上，這些改變應該是完全可行的，因為這完全符合自我實現者的潛意識的或不完全意識到的價值生活。雖然這一世界觀究竟是或不是超越者更突出的特徵仍然有待揭示，但我推測是這樣的，主要的理由是，歷史上神祕主義者和超越者從來都似乎自發選擇簡樸生活而避免奢侈、特權、榮譽和財富。「普通人」因而大都愛戴並尊敬他們而不是害怕和仇視他們。這也許能成為設計美好世界的一種幫助，使最有能力的、最清醒的、最有理想的人能被選擇、被擁戴為領導者、導師、仁慈而不自私的當權者。

有可能我所說的超越者似乎在某種程度上更易於成為謝爾登式的外向結構，而那些不經常超越的自我實現者似乎更常常是中層結構。我提及這一點僅僅因為這在大體上較易於驗證。

也許很多人對此極難置信，但我必須明確地說，我曾在企業家、事業家、經理、教育家、政界人物中發現也有很多超越者，正如我曾在宗教界人士、詩人、知識界人士、音樂家和其他被認為是超越者和已有定論的超越者中所發現的那樣。我必須說，這些「專業」每一種都有不同的風俗，不同的行話，不同的外表，不同的服裝。任何執政者都將談論超越，儘管他連超越的最明顯的特徵是什麼也不了解。而大多數企業家將會小心翼翼地掩藏他們的理想主義、他們的超越性動機和超越性體驗，裝出一副「堅韌不拔」、「現實主義」、「只求私利」的樣子，並且用精闢的話語所突出的各種說法來表示他們很膚淺，所有的一切只是出於防禦。他們更真實的超越性動機往往並不是遭到壓抑，而僅僅是被抑制著。我有時發現很容易就能突破表面的保護層，只要提出一些非常直率的非難和疑問。

我還必須審慎從事，以免給人一種假象，好似我有數量眾多的研究對象

（我較詳訪談和觀察過的只有三四十人，另有一二百人只是一般的交談，讀過有關的材料，進行過觀察，但不是很仔細，也缺乏深度），好像我的資料很可靠（這都是探索或調查或草測，而不是審慎的最後研究，是初步的接觸而不是正規印證的科學，那些要到以後才會到來），或者我的選擇有代表性（我選擇的是我能得到的，主要集中在最好的抽樣上，包括智力、創造性、性格、力量、成功等條件）。

我必須堅持說，這是一種依據經驗的探索和報告，是關於我所認識到的問題的報告，而不是出自我的夢幻。我發現，假如我願稱這些報告為前科學而不稱之為科學的話（科學一詞在許多人看來意味著印證而不是發現），那將有助於消除我在自由探索、提出論斷和假說科學時的不安。無論如何，本文中的每一論斷大體上都是可以驗證的，無論你從論斷的正反哪方面證明，結論肯定是正確無誤的。

他們並不忽視未知的東西，不否認它或躲避它，也不力求掩飾彷彿已經了解它，他們也不過早地組織它、分割它或對它分類，他們並不依賴熟悉的事物。他們對真理的探索，也不強求確定、保險、明確和有條理。

自我實現者的創造之源

只有改變傳統創造力的觀念，才能再著手研究真正健康的、高度發展和成熟的、自我實現的人。首先，我必須放棄那種陳腐思想，即認為健康、天賦、天才和多產是同義的。我的研究對象中有相當一部分人，在特定意義上，他們雖然是有創造力和健康的，然而在通常的意義上，他們卻不是多產的。他們既沒有偉大的天才和天賦，也不是詩人、創作家、發明家、藝術家，或有創造性的知識分子。而且這一點也是不言而喻的，即某些最偉大的人類天才肯定不是心理健康的人，如瓦格納、梵谷、拜倫等。有一些是心理

健康的，而另外的一些則不是，這是很清楚的。我只能得出這樣的結論，偉大的天才不僅多少有賴於性格的優良和健康，而且也有賴於我們對之了解很少的某種東西。例如，有些證據表明，偉大的音樂天才和數學天才，更多的是透過遺傳而來，而不是後天獲得的。看來很清楚，健康和特殊天才二者是獨立的變量，它們可能只有微弱的關聯，也可能沒有關聯。

　　我們也可以承認，心理學對於天才類型的特殊才能所知甚少。這方面我不準備多說，我只限於談那種廣泛的創造性，這種創造性是每個人生下來就有的繼承特質。看來，這種創造性與心理健康是互為變量的。

　　而且我發現，我已經像大多數人一樣，變得根據成果考慮創造性了，並且我已經身不由己地把創造性只侷限在人類努力的某些傳統領域上，我無意識地假定：任何畫家、任何詩人、任何作曲家，都過著創造性的生活。理論家、藝術家、科學家、發明家、作家可能也有創造性，而其他的人則可能沒有創造性。我不知不覺地假定，創造性是某些專業人員獨有的特權。

　　但是，那麼多的實驗對象否定了我的那些假設。例如，一名婦女，她是沒有受過教育的、貧窮的、完完全全的家庭婦女和母親，她所做的那些平凡工作沒有一件是創造性的，然而她卻是奇妙的廚師、母親、妻子和主婦。她不用花很多錢就能把家裡布置得很溫馨。她是一個完美的女主人，她做的膳食是盛宴，她在臺布、餐具、玻璃器皿和家具上的情趣是無可挑剔的。她在所有這些領域中，全都有獨到的、新穎的、精巧的、出乎意料的、富有創內含的造力。我的確應該稱她是有創造性的。我從她那裡以及像她一樣的其他人那裡學到：第一流的湯比第二流的畫更有創造性；一般來說，做飯、做父母以及主持家務，可能具有創造性，而詩卻並不一定具有創造性。

　　我的另一名研究對象，獻身於最好稱之為最廣泛意義的社會服務，包紮傷口，幫助那些被生活困難壓倒的人，她不僅以個人方式而且以組織方式去做這些工作，這個組織能比她自己幫助更多的人。

　　還有一種研究對象是精神病醫生，他除了治療之外，從未寫過任何東西，也從來沒有創造出任何理論或研究過什麼創造性項目。但是，他樂於從事幫助別人創造他們的普通工作。這個治療家，把每一名患者都看成是世界上獨一無二的人。他沒有行話、預期和先入為主，他具有道教般的單純、天真和傑出的智慧。每一個患者對他來說都是獨特的人，因此，他是以全新的方式理解和解決全新的問題。甚至在非常困難的病例上，他都獲得了巨大的成功，這證實了他做事的「創造性」，而不是墨守成規的或「保守的」方法。另一個人使我懂得了，創立一個商業網可能是創造性活動。我從一名年輕運動員那裡學到，完美的擒拿動作可能像一首詩那樣美的作品，可以用同樣的創造精神對待它。

　　我明白了，我曾反射式地認為「有創造性的」、勝任的大提琴手（因為我把她與創造性的音樂、創造性的作曲家連繫起來了）實際上只是很好地演奏了別人寫好的曲子，她不過是喉舌，像一般的演員或「丑角式人物」一樣。而優秀的細木工、園林工，或者裁縫，則可能是真正有創造力的。我應該在每一事例上做出個人的鑑定，因為幾乎所有的角色和工作，都既可以有創造性，又可以沒有創造性。

　　換句話說，我學會了把「創造性的」這個詞（以及「美的」這個詞）不僅運用到產品上，而且以性格學的方式，也運用到人、活動、過程和態度上，而不再只用於標準的和普遍認可的詩、理論、小說、實驗和繪畫上。

　　我認為，很有必要把「特殊天才的創造性」和「自我實現的創造性」區分開來。後者更多的是由人格造成的，而且在日常生活中廣泛地顯露出來，例如，以某種念頭表現出來。這種創造性，看來好像是創造性地做任何事情的一種傾向，如管理家務、從事教育等等。似乎通常是這樣的：自我實現者的創造性的本質方面是一種特殊的洞察力，就像寓言中那個孩子能看見國王沒穿衣服那樣（這與創造力即產品的思想太牴觸了）。這樣的人能看見新穎

第二章　創造人性的境界

的、未加工的、具體的、個別的東西，正如能看到一般的、抽象的、成規的、範疇化的東西一樣。因而，他們更為經常地生活在自然的真實世界中，而不是生活在用詞表述的概念、抽象、預期、信仰和公式化的世界中，而很多人卻常常把這兩個世界混淆起來。羅傑斯的「對體驗虛懷若谷」很好地表達了這一點。

我的所有研究對象比普通人相對而言更自發，更傾向於表現。他們的行為是更「自然」而較少控制和壓抑的，似乎是自如而自由地流露出來的，較少阻礙和自尋煩惱。這種無抑制地和不怕嘲笑地表達自己的想法和衝動的能力，是自我實現者在創造方面的本質體現。羅傑斯在描繪健康的這個方面時恰當地運用了「充分發揮作用的人」。另一個觀察結論是，自我實現者的創造性在許多方面很像單純幸福的、無憂無慮的、兒童般的創造性。它是自發的、輕鬆的、天真的、自如的，是一種擺脫了陳規和陋習的自由，而且看來它在很大程度上是由「天真的」自由感知和「天真的」、無抑制的自發性和表現性組成的。幾乎所有兒童都能自由地感知，他們沒有那裡可能有什麼、什麼東西應該在那裡、那裡總是有什麼等等的先驗預期。他們一旦受到鼓舞，並不需要預先規劃和設計意圖，都能創作一支歌、一首詩、一個舞蹈、一幅畫、一種遊戲或比賽。

我的研究對象所具有的創造性，正是在這種孩子般天真的意義之上的。或者，為了避免誤解，因為我的研究對象畢竟不是孩子了（他們都是 50 多或 60 多歲的人了），請允許我這樣說，他們至少在兩個主要的方面或者保留了，或者恢復了孩子般的天真。也就是說，他們是非類化的或對經驗是尊重的，而且他們是自發的，傾向於表現的。如果說，兒童是天真的，那麼，我的被試者則是達到了「第二次天真」，正如桑塔亞納的說法那樣。他們的天真感知和表現是和老練連繫在一起的。

　　所有這些好像我們是在討論人天生的、普遍的潛能，是人性中固有的基本特性。這些固有的基本特性，由於人適應社會上存在的文化，就被掩蓋或被抑制而大多喪失了。

　　我的研究對象在另一種特性上也使創造性更有出現的可能。自我實現的人比較不怕未知的、神祕的、使人不好理解的東西，而且通常是主動地進攻，從中挑選出難題然後全神貫注地思考它。不妨援引一段我對此的描述：「他們並不忽視未知的東西，不否認它或躲避它，也不力求掩飾彷彿已經了解它，他們也不過早地組織它、分割它或對它分類，他們並不依賴熟悉的事物。他們對真理的探索，也不強求確定、保險、明確和有條理。正如我們在哥爾德斯坦的腦損傷者、或在強迫性神經症患者那裡所看到的異常形態那樣，當整個客觀情境有這種要求時，自我實現的人們可能安於無秩序的、粗獷的、混亂的、混沌的、疑問的、動搖的、模糊的、近似的、寬容的、偏差的狀態；在科學、藝術以及一般生活中的特定時刻，所有這一切是完全合乎需求的。」

　　因此，疑問、不明確性、不肯定性，以及作為結果的擱置的必要性就發生了。對於大多數人來說，這是很苦惱的；但是對於一些人來說，這是愉快的激勵性的挑戰，是他們生活中的高潮，而不是低潮。

　　我所描述的自我實現者對於二歧式的解決在我多年的觀察中一直困擾著我，但他終於有了些眉目。簡單地說，我發現有許多對立和極端性，我們都應該以不同的眼光去看待，不能像心理學家慣常認為的那樣，是直線理所當然的延伸。例如以困擾過我們的第一個二歧式為例，我就不能確定我的研究對象究竟是自私的還是不自私的（我自然而然地陷入了或者是這樣或者是那樣的境地，這一個越多，另一個就越少，這就是我提出這種問題暗含的意思）。我迫於事實的絕對壓力，不得不放棄亞里斯多德式的邏輯。

第二章　創造人性的境界

從一種意義上說，我的實驗對象是很自私的；而從另一種意義上說，他們又是很不自私的。二者融合在一起，似乎不是水火不容的，而是在一個合理的、動力的統一體或合成物中，這很像佛洛姆在他有關健康利己的著名論文中所描述過的東西。我的實驗對象就是運用這種方式將對立的東西融合在一起的。因此，我認識到，把利己和利他看成是矛盾的和完全排斥的，這本身就是人格發展水準低下的特徵。同樣，在我的實驗對象身上，許多其他的二歧式也都轉化為統一體了。認知和意動的對立（心對腦，希望對事實）變成了有意動結構的認知，像直覺和推理一樣得出相同的結論。責任、義務變成了樂事，樂事和義務合為一體。工作和玩樂的差距也縮小了。當利他主義成了令人愉快的利己的事情時，利己的享樂主義怎麼能夠與利他主義對抗呢？所有這些最成熟的人，也是具有最強烈的孩子氣或天真的人。總是被描繪為具有最強烈的自我和最明確的個性的這些人，恰恰是最有可能易於沒有自我、超越自我和以問題為中心的人。

能把不協調一致的、彼此互不相容的各種顏色和形式，融入一幅整體的畫面中，這是最偉大的藝術家所做的事情。這也是偉大的理論家所做的事情，他們把迷惑人的、不一致的事實放在一起，從而使我們能夠看出它們實際上是統一的。對於偉大的社會活動家、偉大的治療學家、偉大的哲學家、偉大的父母以及偉大的發明家來說，也同樣如此。他們全都是綜合者、都能夠把分離的、甚至對立的東西納入一個統一體中。

我們所講的整合能力，是人體內部的反覆整合能力，也是將他目前所做的一切整合起來的能力。如果創造性在一定程度上能依靠人的內部整合能力，那麼它就成為建設性的、綜合的、統一的、整合的創造性了。

我想，如果要找出這種情況的根源，可能要歸結於我的實驗對象的勇敢特質。他們顯然較少對文化有順應態度，他們不太害怕別人會說什麼，會要

求什麼，會笑話什麼。他們不太需要依賴他人，因而也較少受他人控制，他們不太怕他人，也不大敵視他人。然而，也許更重要的是自我實現的人不畏懼自己的內部世界，不怕自己的衝動、情緒和思想。他們比普通人更能接受自我。這種對自己的本性的贊同和認可，使他們更有可能敢於察覺世界的真正性質，也使得他們的行為更有自發性（較少控制、壓抑，較少規劃、設計）。他們不太怕自己的思想，即使這些思想是古怪的、糊塗的或瘋狂的，他們也不懼怕。他們不怕被笑話，不怕被反對。他們能讓他們的自我得到真情流露。相反，普通人和神經症患者積極地防禦畏懼，他們的自我大多留在牆內。他們控制、抑制、壓制、鎮壓他們的自我。他們非難自己的深邃自我，並且預期他人也這樣做。

其實我所說的自我認可包含的意思就是我的實驗對象的創造力彷彿是他們的更大整體和整合的副現象。普通人身上的那種固有的底蘊力量和防禦控制力量之間的內戰，看來在我的研究對象身上已經解決了，他們較少陷於分裂狀態。對於享受和創造的目的來說，他們的自我大多也是有效的，他們用於保護和反對他們的自我的時間和精力也較少。

能支持並豐富著這些結論的是我們關於高峰經驗的認識。這些高峰經驗也是整合過的和整合著的體驗，在某種意義上說，它們與感知世界上的整合是同型性的。在這種高峰經驗中，我們發現體驗的坦率性增強了，自發性和表現性也增進了。同樣，由於人的內部這種整合的一個方面是承認我們的深邃自我及其價值，這些深蘊的創造力就變得更有效用了。

就自我實現者的創造性來說，更多的是直接來自原初過程和二級過程的融合，而不是來自鎮壓和控制被禁止的衝動和希望。當然，由於害怕這些被禁止的衝動而產生的防禦……把原初過程封鎖到內心深處。

積極培養整合的創造力

　　我們極少用到傳統的佛洛伊德理論，資料甚至還在一定程度上反駁這種理論。他的理論本質上（或者說曾經）是伊特（舊）心理學，是一種對於本能衝動及其變化的研究，而且，最終是在衝動和防禦衝動之間看到基本的佛洛伊德辯證法。但對於理解創造力（以及遊戲、愛、熱情、幽默、想像和幻想）的源泉來說，比壓抑衝動更重要的是原初過程，這個過程本質上是認知的，而不是意動的。我們一旦把注意力轉到人的深蘊心理學時，我們就會立即發現，從心理的角度分析自我心理學，即克里斯米爾納、埃倫茲魏格、榮格的心理學和美國的「自我與成長」心理學之間，有許多一致的東西。

　　在通常情況下，能夠不斷從認知和意動兩個方面成功地抵制許多深蘊人性的人 —— 正常順應或順應良好的人。對現實世界的良好順應，意味著人的割裂，意味著這個人把他的後背對著他的自我，因為它是危險的。但是，現在清楚了，他這樣做的損失也是很大的，因為這些底蘊也是他的一切歡樂、熱愛和能力等的源泉；而且對於我們來說最重要的，也是創造的源泉。為了保護自己而去反對自我內部的地獄，結果也就把自己同自我內部的天堂割裂開了。在極端的情況下，我們就成了平庸的、封閉的、僵硬的、淡漠的、拘束的、謹小慎微的人，成了不會笑、不會歡樂和愛的人，成了愚笨的、依賴他人的、幼稚的人了。他的想像，他的直覺，他的溫暖，他的富於感情，全都逐漸被扼殺或被歪曲了。

　　心理分析的最終目標是作為一種整合性的療法。成就則是透過頓悟達到這種基本分裂的癒合，因此，遭到壓抑的東西就變成意識到的或者前意識的東西了。但是在這裡，作為研究創造性的深邃根源的結果，我們還可以做出某些修正。我們與我們的原初過程的連繫，跟我們與我們的不能接受的希望的連繫，並不是在一切方面都是一樣的。我能看到的最重要的差異，就是我

們的原初過程並不像被禁止的衝動那樣危險。在很大程度上，原初過程並不是被壓抑或被潛意識壓抑的，而是被「遺忘」的，或者也可以說是避開壓制（不是壓抑）的，因為我們必須順應嚴酷的現實，而這個現實要求的不是幻想、詩意和歡樂，而是有目的和實用主義的努力。或者也可以說，在富足的社會中，情況會是另一種樣子，即對原初過程的遏制必定要少得多。我預料，很少做減輕壓抑「本能」的事情的現行教育，在承認原初過程並把它整合到意識或前意識中有很大的用途。藝術、詩歌、舞蹈方面的教育，從原則上說在這方面是大有可為的。動力心理學方面的教育，同樣也大有可為；例如，多伊奇和墨菲以原初過程語言的方式說話的「診療交談」，可以看成是一種詩作。米爾納的非凡著作《論不能作畫》說出了我的心裡話。

我試圖概略分析的這種創造性，由爵士樂或孩子式即興創作的畫提供了最好的範例，而不是由稱之為「偉大的」藝術作品證明的。

在前一種場合，偉大的作品需要偉大的天才；在後一種場合，偉大的作品不僅要求思想的閃光、靈感、高峰經驗，而且也要求艱苦的勞動，長期的訓練，嚴格的修改，以及完美的規範。換句話說，繼自發性之後是深思熟慮；繼完全認可之後是批評；繼直覺之後而來的是嚴密的思維；繼大膽之後而來的是謹慎；繼幻想和想像之後而來的是現實的考慮。繼之而來的是這樣一系列問題：「這是實際情況嗎？這能被其他人理解嗎？它的結構是健全的嗎？它能經受得住邏輯的考驗嗎？我能夠證實它嗎？等等。」這時，推測之後的冷靜思維、比較、判斷、評價、選擇或拒絕的時刻就到了。

我們如果說繼原初過程之後感興趣的是二級過程，繼幻想主義之後感興趣的是實用主義。那麼，自願復歸我們的底蘊現在就結束了，必要的靈感或高峰經驗的被動性和感受性，現在就必須讓位給主動性、控制，以及艱苦勞動了。在一個人的身上，高峰經驗是偶然發生的，但偉大的作品卻是由此而創造出來的。

第二章　創造人性的境界

嚴格說來，我所調查研究的只是高峰經驗的到來。作為一個整合的人或這個人內部暫時統一的自發表現，這種體驗是順利的和不需經過努力的。只有當一個人的底蘊對他起作用時，只有當他不怕自己的原初思維過程時，高峰經驗才會到來。

我將把那種出自原初過程，並且應用原初過程多於應用二級過程的創造力稱之為「原初創造力」，而把那種多半以二級思維過程為基礎的創造力，稱之為「二級創造力」。後面這種類型包含著絕大部分的世界生產成果，橋梁、房屋、新的機動車，甚至許多科學實驗和許多文學作品都在其中。所有這一切，本質上都是精煉和延伸拓展他人的思想。兩種創造力之間的差異，類似於突擊隊員和預備役之間的差異，類似於拓荒者和移居者之間的差異。那種能以良好融合或良好交替的方式，自如而完美地運用兩種過程的創造力，我將稱之為「整合的創造力」。偉大的藝術、哲學、科學產品的出現，正是來自這種整合的創造力。

在創造性理論上，日益強調整合的作用充分概括說明了所有這一切發展的結局：使二歧式轉化為更高級的、更廣泛的統一體，也就是治癒了人的分裂，並使他更一元化了。由於在人的內部有我談到過的這種分裂，所以就等於有一種內戰，即這一部分反對他的那一部分。總之，就自我實現者的創造性來說，更多的是直接來自原初過程和二級過程的融合，而不是來自鎮壓和控制被禁止的衝動和希望。當然，由於害怕這些被禁止的衝動而產生的防禦，也可能在全面的、不加區別的、恐慌的戰爭狀態中，把原初過程封鎖到內心深處。但是，這種不加區別的戰爭看來是沒有原則性的。

簡單來說，自我實現者的創造性，首先看重的不是成就，而是人格，成就充其量只是這種人格魅力閃現的副產品。因此對人格來說，成就是第二位的。自我實現的創造性強調的是性格上的特質，如大膽、勇敢、自由、自發性、明晰、整合、自我認可，即一切能夠造成這種普遍化的自我實現創造

性的東西，在創造性生活中那些表現自身的東西，或者說是強調創造性的態度、創造性的人。我也強調過自我實現創造性的表現或存在的特質，而不是強調其解決問題或製造產品的性質。自我實現的創造性是散發到或投射到整個生活中的，正如一個激動的人沒有目的地、沒有謀劃地、甚至是無意識地「放射出」興奮一樣，它像陽光照射一樣，它傳播到各個地方，它使萬物得以成長（那種能成長的東西），而且它也浪費在岩石和其他不能成長的東西上。

我完全意識到：我試圖推翻那種得到廣泛承認的創造力概念，而又沒能提出一個精密的、明確定義的、完全區別開的代替概念。自我實現的創造性是難下定義的，因為有時它正如莫斯塔卡斯已經指出過的那樣與健康本身似乎是同義的。而且，由於自我實現或健康最終必須定義為實現最完全的人性，或實現這個人的「存在」，因此，自我實現和自我實現創造性，看來也幾乎是同義的，或者說自我實現創造性是自我實現的絕對必要的方面，或是它的標誌性的特徵。

政治體系之間的不斷鬥爭或冷戰還將繼續進行，但不是以軍事的方式進行。向其他中立人民呼籲的體系將是優勝者。哪一種人最終能成為更好的人，更友善，更平和，不貪婪，更可愛，更值得尊敬？誰將被非洲人和亞洲人所接受？

創造性人物的重要性

幾乎所有人都對創造性有興趣，而且這種興趣不再侷限於心理學家和精神病學家，它已變成一個全國性甚至全球性的政策問題。一般人，特別是軍事家、政治家和富於思想的愛國者，必然很快都會認識到這一點。世界上已出現一種軍事的僵局，這種僵局還會繼續存在。軍隊的任務主要是防止戰爭，而不是製造戰爭。因此，政治體系之間的不斷鬥爭或冷戰還將繼續進

行，但不是以軍事的方式進行，向其他中立人民呼籲的體系將是優勝者。哪一種人最終能成為更好的人，更友善，更平和，不貪婪，更可愛，更值得尊敬？誰將被非洲人和亞洲人所接受？

相對而言，政治需要心理上更健康或更高發展的人。他必須成為一個不被仇恨的人，一個能和任何人深入友好相處的人，包括非洲人和亞洲人，他們對於任何恩賜態度或偏見或仇視是非常敏感的。可以肯定，要成為合格領導並取得勝利必須具備的特徵之一就是不能有種族偏見，他必須有同胞兄弟感，必須有助人感，必須成為一個值得信賴的領導者而不是一個受到懷疑的人。如果從長久的角度，他不應成為專制主義，虐待狂者等等。

除此以外，更多的創造性人物，將是任何能長治久安的政治、社會、經濟體所必需的。這種考慮和重視大工業的看法是同類性質的，因為他們都非常警惕可能出現的過時廢棄。他們都警覺到，儘管他們現時富有並興旺，明天早上醒來卻可能發現有某種新產品問世，使他們成為昨日黃花。想一想什麼是汽車廠家的命運吧，假如某人忽然帶著一種美觀的、個人旅遊用的工具在地平線上出現，他的售價只相當一部汽車的一半來作為這種考慮的一個後果。每一家有策略眼光的公司只要有可能都會提出很大百分比的資金用於新產品的研究和發展，以及舊產品的翻新和改善。國際舞臺上的類似現象是軍備競賽。的確，現在有一種關於威懾武器、炸彈和轟炸機的相互制約的平衡等等。但是，假如將來發生了一件事，如同美國人發明原子彈時的情況那樣，又將如何呢？

所以，關於國防和軍事的大量的研究和發展也在所有大國的項目支出下忙碌著。每一個國家都必須爭取首先發現那種能使一切現有武器報廢的新武器。我想，強國的統治者們已經認識到，那些有能力做出這種發現的人正是那種罕見的怪人，那些創造性人物，那些他們總是以反射式的敵對態度相待的人。現在，他們將不得不學習管理創造性人才的方法，創造性人物的早期

選拔，創造性人物的教育和培養等等。

這才是為什麼會有這麼多領導人對研究創造性的理論感興趣的真正原因。我們所面臨的歷史環境有助於在富有思想的人們中間、在社會哲學家中間、在許多其他類型的人們中間創造出一種對創造性的興趣。社會流動性改變更加明顯，更加頻繁迅速，快過了歷史上的任何時代。新的科學事實、新的發明、新的技術發展、新的心理事件、物質豐裕等等的加速度累積，已向每一個人提供了不同於任何以前曾出現過的情境。除別的事情以外，這一從過去到現在再到將來的新的連續性和穩定性的缺乏已使各式各樣的改變成為必要，那是許多人現在還沒有認識到的。

它意味著我們需要那些非同尋常的人，而不是面對現在似乎現在不過是過去的重演，把現在僅僅當作應付未來威脅與危險而做好準備的時期的人，因為他相信自己能在無準備的情況下應付各種突發事件。

培養隨機應變創造力的方法

教育人材，比方說培養工程師的正確方法，就是將他們教育成為具有創造性的人，例如能夠面對陌生情況和隨機應變。他們必須不怕改變，必須能安於改變，安於新事物，而且，假如可能（因為那樣最愉快，甚至能享受新事物和改變的樂趣）。這意味著我們必須教育和訓練的不是舊的和標準意義上的工程師，而是新的意義上的即有創造力的工程師。

同樣，這種理論也對事業和企業中的領導者、管理者和執行者很有作用。他們必須是能夠對付任何新產品或任何舊工作方法不可阻擋和迅速過時問題的人，他們必須是不反對改變而能預見改變的人，是能夠以足夠勇氣接受它的挑戰並從中尋求樂趣的人。我們必須培育出一大批頭腦靈敏的、適應潮流的創造者。我們必須以一種與慣常方式全然不同的方式給熟練的人或訓

第二章　創造人性的境界

練有素的人或受過教育的人下定義（即，不作為一個具有豐富經驗因而能在未來事務中得益於此的人）。我們能稱之為學習的許多作法已經變得無用了。任何種類的學習只要是簡單的應用過去於現在，或在現在情境中利用過去的技術，在許多生活領域中都已經過時了，教育不再被認為根本上是或僅僅是一種學習過程，也是一種性格訓練，一種人格訓練過程。自然，這不是完全正確的，但它在很大成分上很有道理，而且它將變得越來越正確。我想這也許是我最徹底、直率而無誤地暢所欲言的論斷，而且在過去生活的某些領域中幾乎一點價值也沒有。過分依賴過去的人在許多職業中幾乎成了廢物。我們需要一種新型的人，他能同他的過去決裂，他覺得自己足夠堅強、勇敢，能在現在情境中信賴自己，假如需要，能以一種隨機應變的方式妥善處理問題而無須做先期準備。

這所有的一切綜合起來更加突出了心理健康的力量。它意味著更加珍視對現實情況給予充分注意的能力，能注意傾聽，能注意觀察我們面前的具體的、直接的契機。它意味著我們需要那些非同尋常的人，而不是面對現在似乎現在不過是過去的重演，把現在僅僅當作應付未來威脅與危險而做好準備的時期，因為他相信自己能在無準備的情況下應付到來的時刻。這種新型的人，即使沒有冷戰，即使我們都聯合在一個種族中，也是我們所需要的，我們需要他只是為了對付我們將在其中生活的新型的世界。

關於冷戰和我們在世界中要不斷面臨的新情況，給我們對創造性的討論提供了另外一些必要性。由於實質上我們討論的是一種類型的人，一種類型的哲學，一種類型的性格，於是，著重點便從對創造產品的強調，從對技術更新和美術產品和革新的強調等等轉移開。我們必須變得對創造過程、創造態度、有創造力的人更感興趣，而不單單是對創造產品感興趣。因此，我覺得更好的策略是把更大的注意力轉向創造性的靈感階段，而不是創造性的實

施階段，即轉向「始發創造性」而不是「次級創造性」。

因此，不管這種隨機應變的創造性是否重要，我們都必須集中注意而不是拿那些具有社會價值的藝術或科學成果作為經常性例證。之所以如此，是因為用已完成品作為一種標準會引入太多混淆，如良好工作習慣、頑強、訓練、耐性、良好編輯能力和其他特徵，它們和創造性沒有直接關係，或至少不是創造性獨有的特徵。

考慮到這些，我們甚至更願意將兒童而不是成年人作為創造性的研究對象。研究兒童能避免許多混淆和汙染的問題。例如，在這裡我們能不再強調社會改革或社會效用或創造產品。我們還能避開對先天傑出才能的專注，從而也避免了問題的混淆（天才似乎和普遍的創造性很少關聯，後者是我們所有人都有的稟賦）。

這也是我為什麼強調非語言教育的重要性的原因，例如藝術、音樂、舞蹈教育。我並不是特別對藝術家的訓練感興趣，因為無論哪一種情況都是以一種不同的方式完成的。對於兒童娛樂甚至對於用藝術進行心理治療，我也不是很感興趣。為了解決上述問題，我甚至並不關心藝術教育本身。我真正關心的是新型的教育，那是我們必須發展的，這種教育的目標是培養我們所需要的新型的人，發展過程中的人，有創造力的人，應變能力強的人，自我信賴、勇氣十足的人，自主自律的人。藝術教育家成為第一批沿著這一方向前進的人，不過這僅僅是一種歷史的偶然。這也能同樣容易地應用於數學教育，我希望有一天會是這樣。

當然，數學或歷史或文學在大多數地方仍然是以一種權威的、記憶的方式傳授的（雖然這已經不適用於布魯納論述過的那種最新型的教育，那種有關隨機創作、猜測、創造性、娛樂的教育，也不適於數學家和物理學家為高中教育創造的教學法）。問題仍然在於如何教導學生正視現實，隨機創作等

等，即如何變成有創造力的人，能採取創造態度。

　　新的不考慮客觀因素、不包含是非觀念的強調，也是一個透過藝術進行教育的運動。可以拋開正確與錯誤不去考慮，因而可使兒童面對自身，面對他自己的勇氣或焦慮，面對他的舊框框或他的新鮮感等等。說明這一點的一個好辦法是，現實一經拋棄，我們就有了一個良好的投射測驗情境。這正是我們在投射測試和頓悟療法兩者中所做的，即，現實、校正、對環境的適用、物理的、化學的和生物的決定因素通通撤消，讓心靈能更自由地裸露出來。我甚至可以說，從這方面考慮，藝術的教育是一種治療和成長的技術，因為它能讓心靈的深蘊層暴露出來，使之受到鼓勵、培養、訓練和教育。

　　犯錯誤就是給出一個不正確或不希望出現的回答。人們往往都有這樣一個明確的認識，基於你自己對過失的認識，就有可能避免惡劣的消極循環。

預防工作中緊張的緩解機制

　　調整節奏和速度可以提高工作效率和緩解持續性的緊張。在工作場所，情緒、氣氛和環境因素的一成不變是不適當的。在一定環境中，情緒是一個很重要的方面。只有當人們在一起工作時感到愉快，才能取得積極的、滿意的效果。相反，緊張的、不愉快的情緒也能在工作或人際交往的行為中反映出來。對工作場所的不滿意等消極的情緒，可以影響或融於一種氣氛，這種氣氛會使人們產生逃避的願望，沒有人願意生活在惱人的氣氛中。

　　在工作中，如果你所看到的、接觸的和聽到的一切事情令人生厭，你就更能感到導致緊張情緒產生的環境力量。如果你置身於緊張的工作環境中，只要你留心，就會從同事們說話的語調中察覺到緊張充滿了工作場所，有時人們表現出來的感情是如此強烈和多種多樣。

　　緊張的情緒來自於工作環境，反過來又影響環境。心情惡劣時很容易誇

大緊張的程度。如果你的上級並不支持或欣賞你的工作熱情和努力，如果他們總是下達錯誤的、不合適的決定而忽略你的一切反應，甚至也不注意你的成績，那麼你會怎樣想呢？痛苦？憤怒？不錯，對於有些人，憤怒是發洩壓力的途徑，而在另一些人那裡，壓力則導致了厭煩和麻木不仁。所有這些都是對工作狀況不滿的一種強烈的消極反應。

進一步說，如果上級不僅忽視你的工作成績，甚至還尋找機會批評你，那麼你的內心更增加了「被忽視」和緊張的感受。許多人會降低自尊心，產生憤怒或退縮的消極反應。

綜上所述，種種反應體現了在工作中能引起的情緒障礙的範疇。任何緊張都給環境帶來影響。一個氣味相投、富有合作性的氣氛，能緩解緊張並使工作具有吸引力和充滿愉快、積極的環境使人產生愉快、和諧的感受，使人比較寬容。消極的環境使人感到周圍充滿敵意、怨恨、厭煩、痛苦或遲鈍。對情緒健康的環境與一個消極的、破壞性的環境之間的差異進行探討是很重要的，它將使你能夠分析出，情緒變化與你產生緊張因素的關係。假如你想弄清緊張是如何從工作環境中產生的，那你就下列問題向自己提問，答案將有助於你揭示工作中的氣氛是積極的還是消極的。

你和你的同事們都有工作欲望嗎？人們在工作時常談論下班嗎？在工作中，人們出差錯嗎（較高的失誤率是消極情緒的一種跡象，由於壓力的影響，人們比平常更易犯錯誤）？你或你的同事頻繁地更換工作嗎（失業的高比率是緊張或其他消極影響的一個指標）？人們憂鬱嗎？你和你的同事們覺得不被賞識或受到輕視嗎？你的思維常有反覆性嗎？

如果你不能確定怎樣回答其中的某些問題，你可以去問你的同事們。如果對大多數問題回答「是」，那麼就說明，你備受消極情緒影響之苦，說明在你的工作環境中，瀰漫著消極氣氛。假如你要緩解或解除緊張，就必須消除產生緊張的環境。

第二章　創造人性的境界

那麼，為使這種氣氛轉變為充滿積極和愉快內容的氣氛，你能做些什麼呢？答案是兩個簡單而又尖銳對立的原則。了解這兩個原則，將為你在工作中初步改善情緒氣氛提供必要的基礎。

第一個原則是：表揚、友愛和讚揚、鼓勵以及支持對人們具有極大的影響。人們樂意因為工作好而受到表揚，人們喜歡受到別人的注意、希望別人評價自己的優良品格。的確，一直自我感覺良好的人也傾向於對別人友好。如果我們尊重和欣賞自己，我們也就尊重和欣賞別人。這一點你可以用簡單的自我提問來檢驗自己。當你工作得力，你是否喜歡被注意和被讚揚？如你回答「是」，那麼你就清楚了第一原則的要點。

第二項原則是非常不同的：批評、輕視，傲慢、敵視、無禮等，這些消極情緒和行為對人們的消極影響是長久的，所產生的後果也是難以消除的。因為當人們受到批評後，他們總懷疑自己的能力和自我價值。有時這種消極的自我認識，可以導致對環境的防禦和敵視態度。舉例說，一個常被上級批評的工作人員，她就會在所有寄出的公函中製造微妙的錯誤，以此報復上級對她的傲慢和輕視。這種報復不總是公開的，但這些行為卻常對她所受到的不公平的待遇起反作用，而無助於問題的解決。

這兩項原則為如何達到一個積極的、健康的工作氣氛提供了基礎。第一項原則的關鍵是你需要做的、需要創造的氣氛。第二項原則是一種警告，告誡人們不應做的事情。批評和敵視是使人們感到自己的工作欠佳的方法。創造出一個積極的氣氛，能產生工作願望，也可以防止嚴重的緊張反應。當週圍的氣氛和情緒是積極的和支持的，人們都比較容易克服緊張或從緊張中恢復。一個溫暖而愉快的工作環境可以比較容易地克服緊張。很明顯，這樣一個支持性、放鬆的情緒氣氛，確實能減少人們對少數緊張源的反應。當人們對自己或工作等感覺良好，即使他們面臨一些較嚴重的困難時，他們也不可能發生驚恐反應。

積極的工作氣氛猶如抵禦緊張的防線。每天，我們每個人都有多種多樣的工作需求 —— 分配任務、時間和生產的進度表、商議期限等等。這些需求是各不相同的和非常特殊的。一個緊張者的特殊需求可能是閱讀。有時在緊張狀態中，用一天或整天的時間閱讀，有利於身體的恢復。但在其他時候，有時相同的環境可以產生出非常不同的結果。某種需求或責任感可以緩解那些無言或無意義的。小的或不會觸發的緊張反應。所不同的是，身體反應是對許多因素綜合的應付。在能對情緒環境產生深遠影響的諸因素中，最重要的是經驗。積極的、愉快的感情對同事們來說，確實能減少或消除稱之為緊張的東西。

當你的感覺是積極的，那麼朋友或同事就不得不分享你的感情。我們所有人都喜歡真實訊息。有些研究結果表明，如果某個訊息具有最大限度的積極的效果，它就必須盡可能快速傳遞。如果一個稱讚或肯定的意見被長時間耽擱，我們希望表揚的那個人就會在反饋到達之前就開始感到洩氣和失望。這樣一來，我們的表揚如同虛設，減少了積極效果。

你的肯定評語越顯親密，你的僱傭人、共事者從你真誠的讚揚中得到的也就越多。切記，積極肯定的立即反應，將會產生最佳的效果。

當你對他人的所作所為已感到快樂時，如果此事是涉及一種特殊的行為和工作的話，那麼你的讚揚極有可能為他人所接受，為他人所欣賞。

增強感情氣氛的有效做法：稱讚必須是真誠的。不誠心的、虛偽的稱讚常常產生相反的效果。唯有真誠、坦率的肯定才能真正使對方對自己感到滿意。

當我們開口談話，傾聽者就竭力抓住我們談話的整個內容以及褒貶措詞的意思。如果我們希望談話內容得到對方的尊重和採納，那麼談話內容和措詞就應當是適當的。也就是說，措詞與內容相吻合。假如我以粗魯和諷刺的口氣對別人談話，卻充滿恭維過獎之辭，這就會深深地傷害對方。實際上，

當談話者不能恰如其分地表達自己的意思時，傾聽者則胡亂猜測對方的意思，並根據自己的感覺去理解和判斷。另外，措詞與語意之間的矛盾易導致別人的不信任。

這種做法的關鍵在於不說違心話。假意讚許效果是極消極的，會破壞人們相互的信任感，破壞人與人之間的相互尊重，如果你並不想稱讚別人，就應當避免用偽虛的褒義詞來掩飾自己的不滿。在這種情況下，緘口比美言顯得更有誠意。

我們反對虛偽的感情。假如你並不願對別人大加讚賞，那麼保持沉默就比違心的讚揚好。這並不意味著我們對自己的感情不誠實，也不意味著對有過失的一方不可以批評。但批評從來不是改變他人行動的最好辦法。如果你去強調他人積極的一面，而不是一味地指責，可以達到更好的效果。

而且，詳盡地數落別人的失敗或不好的表現是無意義的。毫無疑問，犯了錯誤就必須承認，但真正糾正錯誤、改正錯誤，只有當人們被鼓勵著去繼續幹或不斷發展自己積極工作一面的時候才會出現。導致這種現象的總的原因在於 —— 積極肯定的反應被視為獎勵並且是促進積極行為的因素。另一個原因是肯定的評語能使人感覺到自己更有能力，從而產生繼續幹好的決心和信心。適當的讚揚增強了人們的自尊心並且幫助我們竭力表現出最大能力。相反的，批評容易使被批評者感到難堪、削弱被批評者的自尊心。有的研究表明批評過多與工作人員失職率成正比，多挨批評的人在工作中失誤率也高。如果你希望製造一種積極的感情氣氛，那麼就要注意和他人建立相互支持的交往關係，強調積極的能導致成功的因素，並及時用準確的語言進行讚揚。

假如我們受到輕視、侮辱和指責，我們就會產生沮喪心理，就會以為自己因不勝任本職工作而要面臨失業。

在工作中促進積極感情氣氛這一概念的意義在於，如你期望得到下屬和

同事的支持，首先要做出表率。去發現他們的優點並且明確地告訴他們所欣賞之處。這不意味著你總是附和他們，而是說明你理解他們之間的關係並且尊重他們。只有當大家感到有一分相互支持的力量時，他們才能體驗一種同舟共濟的感情，這種價值既能有助於提高工作效率，也能產生輕鬆、和諧的感情。

如果你對自己厭棄，也就難以使他人感覺愉快。與自己過不去的人一般易於刁難他人，易於產生敵視態度，待人妄自尊大，而自己情緒卻常常消極低落。那些自我感覺良好的人則感覺到自己的力量和成功，並且更容易發現、肯定他人身上的優點和才能。與其說工作中積極的感情氣氛的增長在於你自己，不如說熱愛自己、尊重自己才是改變他人行為的首要一步。

除了把你的注意力放在積極行為以外，還有一種擺脫沉重的消極循環的最佳方法，就是再次分析缺點、錯誤的含義。當他們做錯了事總是自暴自棄，但在這之中常常暗存一種抱怨以及對一種完美的結局的期望。假如我們在心裡想像我們必須成功，那麼我們會竭力去想最壞的可能，或是陷入自我悲哀之中。假如你能在犯錯誤的情形下放棄過多的自我責備和自我懲罰，那麼透過分析犯錯誤因素則可重新振作起來。

這一做法的關鍵在於弄懂某種事物的多種關係。你不可能成為唯一「正確」的人。實際上，「正確」的東西總是相對的，有時是自我斷定的。

犯錯誤就是給出一個不正確或不希望出現的回答。人們往往都有這樣一個明確的認識，基於你自己對過失的認識，就有可能避免惡劣的消極循環。你所需要做的就是以新方法反省自己的錯誤而不是把過失看成是絕對的失敗或缺乏能力的象徵。要不斷思索，失敗只是增加了了解自己的時機，要了解出現失敗的內部因素。

把糾正錯誤看成進一步了解自己的機會，能幫助自己更現實地對待生活中的難題。不僅如此，還有別的有利方面。對自己以及自己的言行要光明

磊落，心胸坦蕩，這會使你自己更易接近他人。你會發現自己的反應是及時的、正確的，並且他與你自己本身的意願內容一致。你也會發現你更有可能鼓勵、支持他人。這樣做的結果是你將在積極工作氣氛中造成重要作用，而這種積極的工作環境將使你自己以及你的同伴減少甚至完全避免緊張的產生。

　　但我們的任務是明確的。我們必須理解愛情，我們必須能夠教導它，創造它，預知它，否則世界就會被敵對和懷疑所淹沒。目標的重要性甚至會給予我們在此提供的那些不太可靠的材料以價值和尊嚴。

自我實現者的愛情藝術

　　經驗科學關於愛情的問題僅能提供少得可憐的材料，更讓人大為不解的是，學院派心理學家們居然在這個問題上也保持沉默，因為我一直都認為這是他們的特殊職責。或許，這只不過又一次證明了學院派容易犯的一個毛病；他們寧願做那些他們毫不費力就能夠做到的事情，而不願做那些他們應該做的事情。就像我認識的那個愚蠢的雜工，有一天，他把旅館裡的瓶瓶罐罐通通啟開，只因這是他的拿手好戲。

　　我承認，我能清楚地了解心理科學這個問題，所以我已經承擔起了這一任務。在一切傳統中，這是一個非同一般的棘手問題，在科學的傳統中更是難上加難。我們彷彿身處一個荒無人跡的地帶的最前沿，處在正統心理科學的傳統技術毫無辦法的地方。事實上，正是由於有這種不足，我們才有必要實施一系列新的方法，以便能夠獲得關於這一或其他獨特的人類反應的情況，而這一系列新的方法業已導致了一種截然不同的科學哲學。

　　但我們的任務是明確的。我們必須理解愛情，我們必須能夠教導它，創造它，預知它，否則世界就會被敵對和懷疑所淹沒。目標的重要性甚至會給予我們在此提供的那些不太可靠的材料以價值和尊嚴。而且，就我所知，它

們是我們能夠取得的關於這個問題的唯一材料。我們面臨的特殊問題就是：「關於愛情和性活動，人能夠給我們一些什麼樣的教益呢？」

我們首先提出的是那些兩性之間愛情的、普遍的、表面的特點，然後才是關於自我實現者較為特殊的愛情研究結果。

不要做客觀的或行為主義的描述，所作的描述必須是主觀的或現象學的。沒有任何描述，沒有任何言詞能夠將愛情體驗的全部性質傳遞給一個未曾親身體驗過愛情的人。愛情體驗主要是由一種溫柔、摯愛的情感構成的（如果一切都順利的話），一個人在體驗這種感情時還可以感到愉悅、幸福、滿足、洋洋自得甚至欣喜若狂。我們可以看到這樣一種傾向：施愛者總想與被愛者更加接近，關係更加親密，總想觸摸他、擁抱他，總是護著他。而且施愛者感到自己所愛的人要麼是美麗的，要麼是善良的，要麼是富有魅力的，總之從心底里感到幸福。在任何情況下，只要看見對方或與對方相處，他就感到愉快，而一旦同對方分開，他就感到痛苦。也許由此便產生了將注意力專注於對方的傾向，同時也產生了淡忘周圍其他人的傾向，產生了感覺狹窄從而忽略身邊許多事物的傾向，好像對方本身是極富魅力的，吸引了自己的全部注意和感覺。

這種互相接觸，彼此相處的愉快情緒也表現在想要在盡可能多的情況下 —— 在工作中、嬉戲中、審美和智力消遣中 —— 盡量與所愛的人相處的願望之中。並且，施愛者還經常表現出一種想要與被愛者分享愉快經驗的願望，以至我們時常聽人講，這種愉快的經驗由於心上人的在場而更加強烈了。

在施愛者身上喚起的特殊的性衝動是在所難免的。這在典型的情況下直接表現於生殖器的變化。被愛者彷彿具有一種世界上其他不能達到同等程度的特殊力量，能夠使施愛者的生殖器勃起，或者從體內分泌出液體來，能夠喚起有意識的性慾，常常能夠產生伴隨著性衝動的激動。但這並不是基本的，因為在那些由於年老體衰而不能性交的人身上，我們也可以看到愛情。

不僅在肉體上有一種親近的願望，而且心理上也一樣。它時常表現為對兩人幽會的特殊偏好。除此之外，我們時常還可以觀察到在戀愛的男女雙方逐漸發展起了一套親密語言，一些旁人不懂的有關性愛的語言，以及一些只有對情人才懂得的特殊玩笑和手勢。

那種慷慨的情感，想要給予和取悅所愛的人的心情也是富有特色的，施愛者盡其所能為被愛者效勞，向他饋贈禮品，從中獲得一種特殊的樂趣。

戀愛者之間還普遍存在著一種希望更加全面地了解對方的意願，一種對心理上的體貼和靠近的渴求。也許，這些都是人格融合之下的一些例證。

可以輕而易舉地說明關於慷慨的傾向和為被愛者效勞的傾向，這就是說，施愛者常常沉湎於一個十分普遍的幻想之中，即想像自己為心上人做出了巨大的犧牲。當然除此之外還有其他形式的愛的關係，如朋友、兄弟、父母和孩子之間的愛。我至少必須提一下我在從事這些研究的過程中產生的一個猜測，即對他人存在的純潔的愛，或者叫做存在性的愛，在一些當了爺爺、奶奶的老人身上也可以見到。

從某種程度上說，健康的愛情意味著防衛的解除以及自發性和誠實的增強。健康的愛情關係傾向於使雙方的言談舉止完全出於自發，傾向於使兩人相互了解，永遠相愛。

解除愛情關係中的防衛性

西奧多‧萊克指出，愛情的明顯特徵就是能消除所有的恐懼焦慮。這一特徵在自我實現者身上表現得尤其明顯。幾乎可以肯定的是，在這種關係中，他們傾向於愈來愈完全的自發性，傾向於防衛、作用、嘗試和解除。隨著這種關係的進一步發展，他們的親密、坦率和自我表現也與日俱增，達到高峰時的所有這一切都是一種奇妙的現象。得自這些人的報告表明，與被愛者

相處能夠使人真正成為自己的主宰，能夠使人感到自由自在：「我可以不拘禮數。」這種坦率還包括讓伴侶自由地看到自己在生理和心理上的缺陷、弱點。

當愛情關係處在健康情況下時，則並非表現為竭力去突出自己的優點。正因為如此，自我實現者便無須掩飾自己中老年期的身體缺陷，無須掩飾自己的假牙、背帶、腰帶以及類似的東西。他們沒有必要保持距離、神祕和魅力，沒有必要自我克制，也沒有必要將自己的祕密隱藏不露。這種防衛的徹底解除與一般人關於這一問題的經典論述是背道而馳的，更不用說一些精神分析學家的理論了。萊克相信，做一個好的夥伴與做一個好的情人是相互排斥，相互矛盾的。但我們的材料似乎證明了相反的情況。

很顯然，我們的材料還否定了那種兩性之間具有相互敵對傾向的古老理論。兩性之間的這種敵對傾向，對性的無端猜疑、與自己的同性聯合起來反對異性的傾向，甚至異性這一詞彙的意義本身，都通常可以在心理症患者甚至一般公民那裡見到。但這一切在自我實現者那裡卻絲毫也看不到，至少我目前掌握的研究資料證明了這一點。

我們有理由相信，性的滿足和心理滿足的性質在自我實現者身上是隨著愛情關係日益成熟而改進的。我的這一發現是與一般大眾的思想、與那些在性活動和愛情問題上頗有見地的理論家的思想相互牴觸的。自我實現者的報告表明，他們目前的性活動比過去更為完美，並且一直在得到改進。在健康人那裡，嚴格意義上的感官滿足與肉體滿足是隨著對伴侶的日益熟悉而不是由於新奇得到改進的。毫無疑問，性愛伴侶身上那些新奇的東西顯然也十分令人興奮、十分誘人，特別對那些真正的精神病人來說尤為如此。但我們的材料表明，從這一現象引出一個普遍的結論絕非明智之舉。對自我實現者來說，情況肯定不是這樣的。

透過自我實現者的這一特徵，我們可以概括出一個普遍的結論：從某種程度上說，健康的愛情意味著防衛的解除以及自發性和誠實的增強。健康的

第二章 創造人性的境界

愛情關係傾向於使雙方的言談舉止完全出於自發，傾向於使兩人相互了解，永遠相愛。這當然也意味著，隨著一個人越來越密切和深刻地了解另一個人，他就會喜歡他所見到的一切。如果伴侶極壞而不是極好，那麼，將不會產生與日俱增的喜愛，而只能產生與日俱增的敵對和厭惡。我曾就「熟悉化」對繪畫作品道理的影響作過一番小小的研究。

上面所說的一切使我想起了我所作的這番研究的一個發現。我的發現就是，隨著與日俱增的熟悉化，優秀的繪畫作品越來越為人們喜歡和欣賞，而拙劣的繪畫作品則越來越不為人們所喜愛。其實，要確定一些判斷繪畫作品優劣的標準真是一件困難的事，以至於我不輕易發表這一發現。從主觀上我要說，人越好，那麼隨著熟悉的加深，他們就越招人愛；人越壞，那麼隨著熟悉的加深，他們就越招人討厭。

從我的研究對象身上得知，健康的愛情關係所產生的最深刻的滿足之一就是它允許最大限度的自發性，最大限度的自由自在、最大限度的解除防衛和最大限度的使人免遭威脅。在這樣一種關係中，一個人完全沒有必要警戒、隱瞞、譁眾取寵、感到緊張、言行謹慎、壓抑或抑制。我的研究對象報告說，他們能夠成為自己的主宰，完全感受不到別人對他們有所要求或期望；他們能夠感到自己在心理上（同樣也在身體上）是完全自主的；他們仍然感到有人愛著自己，需要自己，仍然感到十分放心。

這一點羅傑斯描述得很好：「被愛在這裡也許有著它最深刻和最普遍的含義，即被深刻地理解和被由衷地接受。實際上，我們愛一個人只能愛到這樣的程度，即我們不會受到他的威脅；只有當他對我們的反應，或者他對那些使我們感動的東西的反應能夠為我們所理解的時候，我們才能愛。因而，如果一個人對我們採取敵視的態度，那麼我敢肯定，我一定會採取某種防衛的方式來對待這種敵視態度。」

門寧傑描述了同一問題的相反一面：「我們的那種自己未得到正確評價的感覺對愛的損害要小於恐懼對愛的損害。我們每個人都或多或少模糊地感到這種恐懼，唯恐別人看穿我們的面紗，看穿那些由傳統和文化強加在我們身上的城市壓抑的面紗。正是這一點導致我們迴避親近的關係，只在一個表面的水準上與他人保持友誼，低估別人從而不能客觀地評價別人，唯恐別人也恰如其分地評價我們自己。」我的研究對象通常能夠超越傳統的以禮相待這類低級需求，能夠較為自由地表現他們的敵視和憤怒。這一點更進一步支持了上述結論。

心理健康（其他事情也是一樣）來自於愛的獲得而不是愛的剝奪。雖然禁慾主義不失為一條可能的道路，或許仍有著某些良好的效果，可是，需求的滿足仍是我們社會中健康的先兆。

培養愛與被愛的能力

我的研究對象能夠永遠被他人所愛，當然他們也愛著別人。在幾乎全部（或者部分地）能夠獲得事實材料的研究對象那裡，這一點都傾向於引導出這樣的結論：心理健康（其他事情也是一樣）來自於愛的獲得而不是愛的剝奪。雖然禁慾主義不失為一條可能的道路，或許也有著某些良好的效果，可是，需求的滿足仍是我們社會中健康的先兆。

自我實現者與普通人相比，性慾高潮既是重要的，但又可看作並非那麼重要。它經常是一種深刻的，幾乎神祕的體驗，但倘若性慾沒有得到滿足，這些人也容易忍受，這並不是一個悖論或矛盾，它是由動力動機理論引發出來的。在更高需求層次上的愛使那些低級需求及其滿足變得微不足道了，也更容易忽略不計。但是，一旦這些低級需求獲得了滿足，更高需求層次上的愛也使人們得到更投入的享受。

第二章　創造人性的境界

　　愛在自我實現者身上變得就像食物一樣，這些人一方面津津有味地享受食物，另一方面又認為食物在生活的整個格局中相對並不重要。當他們津津有味地享受食物的時候，他們是在一心一意地享用食物，對動物性以及人的似本能並不採取鄙視的態度。但是，在通常的情況下，享用食物在生活的整個格局中相對並不那麼重要。他們並不需要美酒佳餚，他們只是在擁有美酒佳餚之際去盡情享用它。

　　同樣，食物在尤賽琴哲學中，在幻想和在現實中，在價值哲學和倫理哲學中，所占的位置相對而言並不重要。這是某種基本的東西，通常被看成是理應如此的，是建立更高一級東西的一塊基石。這些人樂於承認，只有當低級的東西建立起來以後，高級的東西才能夠相應地建立起來；但是一旦這些低級需求獲得了滿足，它們便從意識中隱退而去，自我實現者從不沉湎於這些基本需求之中。

　　性生活與此極為相似。就算在生活哲學中性生活並不占主導地位或作用已經減退時，自我實現者仍能全身心地享受它，而普通人則很難做到這些。這是某種可以享受的東西，是某種能被認為理所當然的東西，是某種別的東西可以建立於其上的東西，是某種像水或食物一樣不可或缺的東西，某種完全可以當作水或食物來享受的東西。但是滿足當被看成是理所當然時自我實現者一方面比普通人遠為強烈地享受性活動，另一方面又認為性活動在整個參照系中遠遠不是那麼重要。這明顯是一個悖論，但我認為上面所說的那種態度已經解決了這一悖論。

　　需要重點指明的是，自我實現者這種對待性活動的複雜態度，極易造成這樣一種情形：性慾高潮時而可以帶來神祕體驗，時而又可以忽略。這就是說，自我實現者的性快感即可以十分強烈，同樣也可以波瀾不驚。這與那種認為愛情是一種神聖的瘋狂，一種心曠神迷的狀態，與神祕體驗的浪漫觀點

是背道而馳的。的確，自我實現者的性快感可以是十分微妙的，但並非時時刻刻都是如此強烈。它可以是一種輕鬆愉快、試而不虐的體驗，不必每時每刻都是如此嚴肅、深刻，更不必成為每個人都必須承擔的責任。這些人並不總是生活在高峰之中的。他們也可以處在一個比較一般的強烈水準上，輕鬆愉快地享受性活動，把它當作一種令人心醉神迷、試而不虐、妙趣橫生的體驗，而無須看穿迷狂與激動的最深刻的底蘊。當我的研究對象比較疲乏的時候，情況更是如此，這時他們自然就會進行那種比較輕鬆愉快的性活動。

總體上來講，自我實現的許多特徵都可以透過自我實現的愛情體現出來。其中一個特徵就是，這種愛情是建立在對自己和他人的健康接受的基礎之上的，許多東西別人不能接受，但他們卻能接受。例如，在這些人身上，婚外的風流韻事相對比較少見，但他們卻比普通人更坦然地承認自己為異性所吸引。我有這樣一個印象，即自我實現者傾向於與異性保持一種大方自然的交往，同時，他們偶爾還自得於為異性所吸引，但同時，他們對異性的魅力並不像其他人那般津津樂道。同樣，在我看來，他們談論起性行為來也遠較常人自由、隨便，不拘泥於常俗。所有這一切歸結起來就是對生活事實的接受，這種接受與那種更為強烈、更為深刻、更為愜意的愛情關係連繫起來，使得自我實現者沒有必要去尋求婚外的、作為補償的、神經質的風流韻事。這一有趣的現象證明了接受與行為並沒有必然的連繫。自我實現者比較容易接受各種性愛事實，正因為如此，他們才更容易相對地保持一夫一妻的關係。

這裡有一個實例。一位婦女與她的丈夫長期分居，我從她口中獲得的一切材料都表明，她參與了亂交。她多次參與了這類性活動，並且明確地感到進行這類活動有極奇妙的樂趣。這是一位 55 歲的婦女，這一切都是她親口告訴我的，除此之外，她沒有向我提供更多的細節。在談到這一問題時，她沒有流露出絲毫的負罪感或者愧疚不安的情緒，也沒有流露出做了一樁錯事的

感覺。顯而易見，一夫一妻的傾向與貞潔的傾向或者對性慾的棄絕並不是一回事。事實證實，愛情關係越是深刻地使人感到愜意，就越沒有必要對同妻子或丈夫以外的人發生性關係進行壓制。

自我實現者之所以能從性活動中獲得快感，正是因為他能夠這樣面對和接受它。我在健康人的愛情中發現的另外一個特徵就是，他們並不對兩性的作用和人格進行截然的區分。也就是說，不管是在性行為中還是在愛情中，他們都不認為女性是被動的，男性是主動的。這些人對自己的性別知道得很清楚，因而他們根本就不奢望自己承擔起異性方面的一些文化作用。特別值得注意的是，他們既可以是主動的愛者也可以是被動的愛者，這在性行為與性交中可以充分地體現出來。親吻和接受親吻，在性行為中處於上面位置或是下面位置，占據主動，沉默或接受愛，挑逗或接受挑逗 —— 這一切在男女雙方中均可看到。各種報告表明，兩性均可以從對方那裡得到樂趣。僅僅侷限於主動性交或被動性交可以看作是一種缺陷。對自我實現者來說，兩性都能獲得其特殊的快感。

我們如果把這一點再向深處想的話，那就是施虐狂與受虐狂了。在被使用時，在屈從與被動中，甚至在接受痛苦、被利用時，都自有一番樂趣。同樣，在擠壓、抱緊、吮吸時，在施加暴虐時，甚至在施加和接受痛苦時，他們都能夠感到一種主動的和積極的快感，只要不超過一定的限度。

在不夠健康的情況下，一般的二歧就會顯得正當合理。上述情況再一次表明了二歧在自我實現中是如何經常獲得解決的。

這一點與達西的論點恰好吻合。達西認為，性愛與教友愛是根本不同的，但在最優秀的人身上，兩者卻能融為一體。他談到兩種愛情，他們要麼是男子氣的，要麼是女人氣的；要麼是主動的，要麼是被動的；要麼是以自我為中心的，要麼是隱沒逃避自我的。的確，在一般人看來，所有這些都是

相互對立、處於相反的兩極的，但在健康人身上情況則恰恰相反。在健康人身上，兩極對應得到了解決，個人變得既是主動的又是被動的，既是自私的又是無私的，既具有男子氣又具有女人氣，既以自我為中心又隱沒逃避自我。達西承認，這一切雖極為罕見，但不是完全沒有。

我們可以滿懷信心地根據這些有限的材料得出一個否定結論，即，佛洛伊德把愛情歸結為性慾或將兩者等同起來的傾向是極其錯誤的。這個錯誤當然並非只有佛洛伊德才會犯 —— 許多思想淺薄的市井之徒也犯有同樣的錯誤 —— 但他可以被看成是在西方文明史上這一錯誤的代言人。佛洛伊德的著作處處都強烈地表明，他對這一問題偶爾會有另一種想法。例如，有一次他談到兒童對母親的感情來自自保本能，類似於在被餵了東西或得到關心之後內心油然而生的那種感恩心情，兒童對母親的感情來源於兒童最早的那些歲月，是在自保本能的基礎上形成的。另外還有一點，他認為這種感情是對應而形成的，此外他還將這種感情解釋為精神方面的性衝動。希區曼曾描述過佛洛伊德所作的一次演講。在這次演講中，佛洛伊德聲稱一切愛情都是兒童戀母的重複。兒童從母親的雙乳吮吸乳汁，這是所有愛情關係的模型。性愛對象的發現不如看作是一種重新發現。

在佛洛伊德提出的各種不同理論中，能得到人們廣泛接受的，就是在《文明及其不滿》（*Civilization and Its Discontents*）中關於溫柔的目的遭受到抑制的性愛：「這些人將主要的價值從被愛這一事實轉移到他們自己的愛的行為上去，借此獨立於他們的對象的默許。他們不是將他們的愛給予個別的對象，而是一視同仁地給予所有的人，以此來避免自己失掉愛。他們避開生殖器愛情的性目的，把本能變為一種含有遭到壓抑的目的的衝動，這樣他們就可以避免生殖器愛情的變化莫測以及對它的各種不滿，他們透過這一過程引入他們自身的那種狀態 —— 一種不可變易的、毫不偏離的、溫柔的心

態——與生殖器型愛情的暴風驟雨一樣的豐富多樣性就幾乎沒有什麼表面的相似性了，但那種狀態仍是來自生殖器型愛情的。」

說得直截了當一些，溫柔是目標轉向的或喬裝打扮的性愛。當我們遭到禁止，從而不能實現性交這一性目的之時，當我們一直企圖實現這一性目的，但卻不敢承認這一企圖之時，妥協的結果便是溫柔和感情，但實際情況卻與此恰恰相反。每當我們遇到溫柔和感情的時候，我們用不著像佛洛伊德那樣把它們僅僅視為目的遭到抑制的愛。從這一前提還可以推演出另外一個似乎是不可避免的論點，這就是說，如果不去壓抑性慾，而允許自己可以為所欲為地與其他任何人性交，那也就沒必要再談什麼溫柔的性愛了。亂倫禁忌和壓抑——這一切都孕育出愛情。

生殖器型的愛情是佛洛伊德學派所討論的另一種愛情，但他們給這種愛情下定義時往往只強調生殖器，卻從未談到過愛情。例如，這種愛情常常被界定為性交的能力，界定為達到性高潮的能力，界定為透過男女生殖器結合（無需求助於陰蒂、肛門、施虐、受虐等等）達到這種性高潮的能力。當然，較為精闢的觀點雖然少見，但確實存在。我以為，在佛洛伊德傳統中，麥克爾·巴林特和愛德華·希區曼的那些論斷最有見地。

巴林特對生殖器型愛情的討論其中有好多否定性質的強調。讓我們考察一下這種矛盾情感的後生殖器型愛情，這種愛情沒有矛盾情感的痕跡，而且也沒有前生殖器型的對象關係的痕跡；不應該有任何口頭的特徵；不應該有傷害、侮辱、控制和統治對方的意願。也就是說，不應該有任何施虐的特徵；不應該有玷汙對方的意願，不應鄙視他（或她）的性慾和性快感；不應有討厭對方的危險。也不應有僅僅為對象的一些令人不快的特徵而耿耿於懷的危險。也就是說，不應有任何肛門特徵的殘餘；不應強迫自己吹噓占有一個男性生殖器，不應有一種自己不完全的感覺和生殖器有缺陷的感覺，也不應該感到對方的生殖器有缺陷，不應有生殖器象徵階段的痕跡和閹割情緒的

痕跡。……如果沒有了上列接受生殖器階段的特徵的話，生殖器型愛情會是什麼樣子呢？

首先，我們愛自己的伴侶，是因為他或她能滿足我們的要求；第二，是因為我們能滿足他或她的要求，是因為我們能夠幾乎或完全同時體驗到性慾高潮。生殖器的滿足對生殖器型愛情來說顯然只是一個必要的而非充足的條件。我們所知道的是，生殖器型愛情遠遠不只是由於對方向我們提供了生殖器滿足而產生的感激或滿足，而且這種感激或滿足是單方面的不是共同的，這都無關緊要。那麼除了生殖器滿足之外，生殖器型愛情還包含一些什麼因素呢？

在一種真正的愛情關係中，除了生殖器滿足之外，我們還可以看到一種理想化，溫柔，一種特殊的認同形式。總起來說，生殖器型愛情確實是用詞不當。我們所說的生殖器型愛情是各種不協調因素的融合，既有生殖器的滿足，又有前生殖器階段的溫柔。人們時常害怕這種融合所產生的緊張，但他們也從中得到了報償，這就是說，為了尋求快樂的時刻，他們可以定期回歸到一種真正的幼兒階段上去。

溫柔是如何包含在生殖器型的愛情中的，這的確令人費解，因為，人們在性交中是絕不會抑制性目的（的確是性目的）的。佛洛伊德對目的得到實現的性愛不置一詞。如果我們能夠在生殖器型的愛情中找到溫柔的話，那麼除了目的抑制之外，我們還必須找到另一個源泉，而這一源泉似乎是與性愛無關的。薩蒂的分析理直氣壯地抨擊了佛洛伊德這一觀點的弱點。萊克、佛洛姆，德·弗萊斯特和其他一些修正佛洛伊德主義理論者的分析也是如此。阿德勒早在 1908 年就肯定地指出，對愛的需求並非來自性慾。

人畢竟是互相隔離、用緻密的皮膚包裹起來的，每個人都處於自己的小貝殼中。如果大多數人能承認人畢竟不能像了解自己那樣互相了解，那麼，群體之間和個人之間的一切交往都像是「兩個彼此隔絕的人企圖互相保護，互相接觸，互相問候」一樣。

愛情意味著分享責任與需求

戀愛雙方基本需求的諸多層次融合為一個單一的層次，是良好愛情關係的一個重要方面，也就是需求的認同。其結果就是，一個人可以感覺到另一個人的需求，就像是他自己的需求一樣，同時，他也感到自己的需求在某種程度上也屬於另一個人，從而自我得到擴大，同時囊括了兩個人。為了某種心理目的，這兩人在一定程度上也屬於另一個單位，一個單一的人，一個單一的自我。

阿德勒也許是以專門的形式提出這一原則的第一人，後來佛洛姆特別在《自為的人》（*Man for Himself*）一書中又非常出色地表述了這一原則。他這樣定義愛情：

就對象與自己的關係而論，愛情是不可分割的。真正的愛情表現出感動性，意味著關心、尊敬、責任和了解，它並不是在被他人感動那種意義上的「感動」，而是為了所愛的人的成長與幸福所作的積極努力，而這種積極努力又是根植於愛的能力的。

石里克也對這一定義做出很好的表述：

意念衝動是人的一些傾向，由於這些傾向，關於另一個人的愉快或不愉快的狀態的觀念本身就是一種令人愉快或令人不快的體驗（同樣，由於這樣一種衝動，光是感覺到另外一個人，光是感覺到他的在場，便可引發出愉快的情緒）。有這些傾向的人將他人的快樂視為自己行動的目的。一旦這些目的得以實現，他也可以享受到其中的快樂。因為不僅是關於他人愉快的觀念，而且是對他人愉快表情的實際感受，都使他感到高興。

往往可以透過承擔責任、關心和對另一人的關懷而表現出需要的認同。愛著自己妻子的人從妻子的快樂中獲得的快樂足以與他自己的快樂相比擬。愛著自己孩子的母親寧願自己為她的孩子承擔病痛，因為自己得病遠不如看

著孩子得病那麼痛苦。關於這一點，我們可以從健康的婚姻和不健康的婚姻中，夫妻對疾病以及隨之而來的護理所作的迥然不同的反應得到一個極好的例證：發生在一對健康夫妻身上的疾病是兩人共同的疾病，而不是其中一人的不幸，他們會自動承擔起相同的責任，好像他們倆同時遭難一樣。夫妻恩愛的家庭的這種原始共產主義精神透過這種方式顯示出來，而不僅僅是透過其離開食物或錢財而顯示出來的。正是在這裡，我們看到了下面這一原則的最好的和最純粹的證明：各盡所能，按需分配。在這裡，需要對這一原則作的唯一改動就是，對方的需求就是自身的需求。

在健康的夫妻關係中，弱的一方可以盡情享受自己愛侶的悉心呵護和料理，並且可以完全放棄自我意識，如同一個小孩在父母的懷抱中安然入睡那樣。而在不那麼健康的夫妻那裡，我們經常可以看到，疾病在夫妻之間造成了緊張。對於一個將自己的男子氣概與體力等同起來的壯漢來說，疾病和虛弱是一種災難。如果他的妻子也是以同樣的方式來界定男子氣概的話，那麼對她來說也是如此。對於一個根據選美比賽所要求的身體魅力來定義女性魅力的女子來說，減少了她的魅力的疾病、虛弱等等都是一場悲劇。如果她的丈夫也以同樣的方式來界定女性魅力的話，那麼對他來說也是一場悲劇。我們的健康人完全避免了這種錯誤。

如果大家都清楚，人畢竟是互相隔離的，每個人都處於自己的小貝殼中。如果大多數人能承認，人畢竟不能像了解自己那樣互相了解，那麼，群體之間和個人之間的一切交往都像是「兩個彼此隔絕的人企圖互相保護，互相接觸，互相問候」一樣。在我們或多或少了解的那些努力中，填補兩個互相隔絕的人之間不可踰越的鴻溝的最為有效的方式是健康的愛情關係。

自我超越的問題在建立關於愛情關係或利他主義、愛國主義等理論的歷史上，已經顯得太古老了。在專業水準中對這一傾向所進行的絕妙分析是由安吉亞爾的一本書提供的。在這本書中，他討論了他稱為協同法則的傾向的

第二章　創造人性的境界

各種實例，他將這種傾向與自主的傾向、獨立的傾向、個性的傾向進行了對比。安吉亞爾要求在系統心理學中為這些各式各樣的超越自我界限的傾向提供一席之地，越來越多的臨床和歷史證據表明他是完全正確的。而且，這種超越自我界限的需求完全可以成為類似我們對維生素和礦物質的那種需求。也就是說，如果這種需求得不到滿足，那麼人就會以這種方式或那種方式害病，這一點似乎是理所當然的。應該說，超越自我是最令人滿意的、最完美的。從避免性格疾病的角度來看，最健康的方式莫過於將自己投入到健康的愛情關係中去。

佛洛姆與阿德勒的觀點都強調了生產性、關心、責任，這都是確切無疑的，但佛洛姆、阿德勒和其他類似的討論者忽略了在我的研究對象身上十分明顯的健康愛情關係的一個特殊表現，即嬉戲，愉快，興高采烈，幸福感，娛樂。自我實現者能夠達成一種遊戲，在這種遊戲中，嬉笑與呼吸一樣平常。佛洛姆和其他一些論述過這一問題的嚴肅思想家描述理想的愛情關係的方式，就是將它變為一種任務或責任，而不是將它變為一種遊戲或樂趣。佛洛姆說：「一種生產形式，創造出一個人與他人、與自己的基本人種連繫。它意味著責任、關心、尊敬和了解，以及希望別人成長和發展的意願。它在保存雙方的完整性的條件下表現了兩人的親密關係。」

必須承認，佛洛姆所說的這種愛情聽起來好像是某種合約或夥伴，而不是一種出自自然的嬉戲的。要知道，使得兩人彼此傾心的原因並不是人種的利益、生殖的任務。人類也完全可以比作兒童遊戲或木偶遊戲。它是愉快的、幽默的和嬉戲的，不像佛洛姆暗示的那樣，是一種努力，它基本上是一種享受和樂趣，而這完全是另一回事。

對一個人的愛意味著對那人的肯定而不是占有，意味著愉快地授予他一種充分表達自己獨一無二的人性的權利。

培養對他人個性的接受能力

對他人個性的肯定，希望他人成長的意願，以及對他人獨特人格的基本尊重，這都是每個論述過理性或健康愛情這一問題的嚴肅思想家所強調的，對自我實現者的觀察有力地證明了這一點。這些人都具備為伴侶的勝利感到高興而不是受到這種勝利的威脅的罕見能力。他們的確以一種意味深長的深刻而基本的方式尊重自己的伴侶。奧佛斯特裡特說得好：「對一個人的愛意味著對那人的肯定而不是占有，意味著愉快地授予他一種充分表達自己獨一無二的人性的權利。」

佛洛姆關於這一問題的論斷也十分感人：「愛情是這樣一種自發性的最重要的組成部分，我所說的並非那種把自己消溶於另一個人中去的愛情，而是那種自發肯定他人的愛情，那種在保存個人的基礎之上將個人與另一個人結合起來的愛情。」在這方面，一個最感人的例子就是，一個人對他妻子的成就感到由衷的自豪，即使這些成就超過了他自己的成就。另一個例子就是嫉妒的消失。

可以有許多途徑，當然是與愛情效果本身區別開來的途徑，可以表現出愛情的這一方面。愛情和尊重可以彼此分開，儘管它們常常是相互伴隨的。即便是在自我實現的水準上，離開了愛的尊重仍是可能的。我不敢斷言離開尊重的愛情是否可能，但這也可以是一種可能性，因為有許多尊敬關係的特徵可以由愛情關係的外表特徵或性質表現出來。

對他人的尊重，仍然意味著對他人獨立存在的承認，在愛情關係中也不例外。自我實現者不會隨便地利用別人、控制別人、忽視別人的願望，他願意給予對方以一種基本的、不能降低的尊嚴，不會無端地侮辱他。這一點不僅適宜於成人之間的關係，而且還適宜於自我實現者與小孩的關係。他完全可能以真正的尊重來對待小孩，而大多數人往往都是做不到這一點的。

第二章　創造人性的境界

　　而這種尊重關係表現在兩性之間時，則往往是一種相反的情況，即好像是缺乏尊重，這的確是一種有趣的現象。例如，我們都清楚地知道，大量所謂尊重婦女的標誌事實上都是從不尊重婦女的過去遺留下來的殘餘，也還可能是無意識地表現了對婦女的極端蔑視。當一位女士進屋時，男人總要將她延請入座，幫她掛好外套，讓她先進門，給她敬上最好的東西，一切東西都讓她首先挑選。從歷史和動力學角度看，此刻所表現出的這些文化習慣都隱含著這樣一個觀點，即女人是弱者，是無力照顧自己的，因為所有這一切都意味著保護，就像對弱者和低能者的保護一樣。

　　總體來說，具有自尊心的女人對這類尊敬的標誌常常感到厭惡，因為她們清楚地知道，所有這些都可能具有正好相反的含義。自我實現的男人真正地並且從根本上說傾向於把女人看作伴侶，是與自己相同的完完全全的人而不是把她們看作有弱點的人，並在此基礎上尊重和喜歡她們。因而他們從傳統意義上看要從容得多，隨便得多，不那麼拘泥於禮節、客套。我看到，這一點容易引起誤解，因為往往會看到有人指責自我實現的人對婦女缺乏尊敬。

　　愛情並不尋求超越自身的原因，也不尋求限度。愛情是其自身的果實，是其自身的樂趣。因為我愛，所以我愛，我愛，為的是我可以愛……。

愛情的終極體驗是什麼

　　雖然愛情的結果中有很多美好的方面，但它們卻不是愛情的起始原因，也並不是兩性產生愛情的決定。我們在健康人那裡看到的愛情必須用自發的欽慕來加以描述，必須用我們在被一幅優秀的繪畫作品打動時所經歷的那種感受上的、不求回報的敬畏和欣喜來加以描述。各種心理學文獻對報償與目的，強化與滿足已經談得很多了，而對我們稱為終極體驗（與手段體驗相對）的，或者說一個人在自身就是報償的美面前所感到的敬畏則談得不夠。

在我的研究對象身上表現出的欽慕和愛情絕大多數本身並不要求報償，本身就無益於任何目的，而是在諾斯羅普的東方意義上被體驗到的，具體而豐富的，完全是服務於自身目的的，是表意符號的。

這種羨慕沒有目的性，不求實效，它或者可以看作是被動的而非主動的一種單純而真實的接受，它一無所求 —— 得到什麼也不放在心上。一個敬畏者幾乎完全聽任於自己的體驗，而體驗則影響著他自己；他用天真無邪的眼光注視著，凝視著，如同一個小孩，既不表示同意，也不表示反對，既不表示讚許，也不表示批評；他對經驗的、內在的、引人注目的性質感到心醉神迷，任其進入自己的心扉，達到自己的效果；就像我們有時任憑海浪將我們衝倒，不為別的，只是為了好玩，此時我們具有一種熱切的承受狀態。

我們可以將上面那種體驗比做這種熱切的承受狀態，或者更確切地說，我們可以將此比做我們對緩慢變化的目的的一種不受個人性感影響的舉止和一種敬畏的、被動的欣賞，我們幾乎不能給它強加任何東西。從這個意義上來說，我們並未將自我投射到這種體驗中去，也不企圖把這處體驗加以塑造，就像我們在羅夏測驗中一樣。它也不是任何東西的預兆或象徵，我們欽佩它，並不是因為我們得到了報償，它與牛奶、食物或其他身體需要絕無瓜葛。我們可以欣賞一幅繪畫作品但不想擁有它；我們可以欣賞一株玫瑰但並不想採摘花朵；我們可以欣賞一個漂亮的小孩但並不想綁架他；我們可以欣賞一隻鳥兒但並不想把它關入籠中。同樣，一個人也可以以一種無為的或一無所求的方式欽慕和欣賞另一個人。當然，欽慕和敬畏與其他一些將人們互相連繫起來的傾向確實相互協作，它並不是使人們連繫的唯一傾向，但的確是這種傾向的一部分，特別是那些不那麼沉溺於自我的人。

這一觀察中的最重要的含義可能與大多數愛情理論相違背，因為大多數理論家都認為，人們之所以去愛另一個人是因為受到驅動而非吸引。佛洛伊德談論的是目的受到壓抑的性愛，萊克談論的是目的受到壓抑的力量，許多

第二章　創造人性的境界

人談論的是對自我的不滿，這個自我迫使我們創造出一個由我們自身投射出去的幻象，即一個不真實的（因為被過高估價了）伴侶。

但是可以肯定一點，健康人是以一種由激動而變為感激的反應方式而彼此相愛的，就如同第一次欣賞偉大音樂就愛上它一樣。他們對音樂感到敬畏，為音樂所征服從而熱愛音樂。即使事先並沒有想到要讓音樂征服，情況也是如此。霍尼在一次演講中認為愛他人本身就是目的而不是達到目的的手段，並且以此來界定非神經質的愛情。隨之而做出的反應就是去享受，去欽慕，去感受樂趣，去關照和欣賞，而不是去利用。聖貝爾納說得十分貼切：

愛情並不尋求超越自身的原因，也不尋求限度。愛情是其自身的果實，是其自身的樂趣。因為我愛，所以我愛，我愛，為的是我可以愛……

這類觀點多次出現在神學文獻中。人們努力將上帝之愛與凡人之愛區別開來，這常常是因為他們相信，無私的欽慕與利他主義的愛只能是超人的一種能力，而凡人絕不可能自然而然地具備。當然，我們必須反駁這一論點，要知道當人處於最佳狀態之時，在獲得充分發展之時，也顯示出了許多被視為超自然特權的特性。

如果把這些現象與我們的一些理論綜合起來考慮，我認為，這些現象能被理解得十分透徹。首先讓我們來考慮匱乏性動機與成長性動機（或者更恰當些講是成長性表達）的區分。我已經指出，自我實現者可以被定義為不再受安全需求、歸屬需求、愛的需求、地位需求和自尊需求驅使的人，因為這些需求已經獲得了滿足。那麼，一個愛的需求已經獲得了滿足的人為何還要戀愛呢？一個被剝奪了愛的人之所以戀愛，是因為他需要愛；追求愛，是因為他缺乏愛，因而他就被驅使去彌補這一致病的匱乏。自我實現者肯定不是出於同樣的原因而去戀愛的。

我們必須看到，自我實現者沒有需要彌補的匱乏，他們已經超越了這些匱乏，而能夠去尋求成長、成熟和發展，或者說，能夠去尋求完美的個體和

人種本質的實現。這種人所做的一切事情都來源於他們的成長，並且無須努力就可以將他們的成長表現出來。他們愛，因為他們是愛他人的人，正如他們和藹，誠實，不做作，是因為他的本性如此，這些都是自發地表現出來的，就像一個強壯的人之所以強壯，並非因為他願意強壯；一朵玫瑰之所以散發出芳香，並非因為它願意散發出芳香；一隻小貓之所以優雅，並非因為它願意優雅；一個小孩之所以幼稚，並非因為他願意幼稚。

自我實現者的愛情是順其自然的，而沒有那些支配著普通人愛情的費勁、緊張或努力。用哲學語言來說，自我實現者的愛情既是存在，又是生成。

從一定意義上來說，個性得到了加強，自我與他人融合在一起了，但從另外的意義上來說，又像通常一樣，明顯地獨立。超越個性與加強個性這兩種傾向必須仍被看成是兼容而不是矛盾。

生命的分離與人的個性建立

自我實現者表面上容易被看作與我描述過的那種同一的愛情相違背，因為他們保持著一定程度的個性。這一事實似乎製造了一個悖論，但這只是一個表面上的悖論。正如我們所看到的，那種超然獨立的傾向，與需要認同的傾向，與建立深刻的相互關係的傾向在健康人身上可以並存。事實上，自我實現者在一切人中既是最有個性的，又是最富有利他主義精神、最喜歡交際和最富有愛心的。我們將這些性質置於一個單一的連續統一體的相互對立的兩極，這顯然是一個必須加以糾正的錯誤。在自我實現者身上，這些性質是並行不悖的，在他們身上，兩歧獲得了解決。

在我們的研究對象身上，體現出一種健康的自私、一種偉大的自尊和一種不願作無謂犧牲的傾向。

在自我實現的愛情關係中，體現了愛的巨大能力與既尊重他人又自尊自愛二者的完美結合。對於這一點，我們不能在普通的意義上說這些人像普通的情人那樣相互需要。他們可以極其親密，但又十分容易分開，他們之間不是相互黏連在一起的，他們沒有任何種類的釣鉤或鐵錨。顯然，他們從對方那裡獲得了極大的樂趣，但他們又極其樂觀，願意接受長期的分離或死亡。經過最強烈的、最令人心醉的愛情生活，這些人仍舊保持著原來的自我，最終仍舊是他們自己的主宰，即使他們從對方那裡獲得了強烈的樂趣，也仍舊按照他們自己的標準來生活。

　　如果這一發現能夠被證實的話，那我們就有必要重新修正關於理想和愛情的定義，起碼也要擴充一下。我們可根據自我的完全融合和獨立性的喪失，根據自我的放棄而不是根據自我的加強來給它下定義。如果這是真實的話，那麼此刻的事實似乎就是：從一定意義上來說，個性得到了加強，自我與他人融合在一起了，但從另外的意義上來說，又像通常一樣，明顯地獨立。超越個性與加強個性這兩種傾向必須仍被看成是兼容而不是矛盾。

　　對於健康人來說，身體上的缺陷和經濟上的、教育上的、社會上的遠遠沒有性格上的弱點那麼重要。結果，自我實現者極有可能深深地愛上那些形象不那麼好看的伴侶，別的人把這稱為盲目，但我們卻完全可以把這稱為良好趣味或感受力。

健康的人更具人生趣味

　　據我看來，自我實現者最優秀的特性之一就是他們極其敏銳豐富的感受力。他們遠比普通人更能有效地看出真理、理解現實，而不管這些現實有無結構，是否帶有個性。

　　在愛情關係這一領域，這種敏銳性的主要表現是對性愛伴侶的一種極好

的趣味（或感受力）。我們的研究對象中的親密朋友，夫妻組成的群體比隨意的抽樣調查所表明的要好得多。

當然，認為這種婚姻關係和對性愛伴侶的選擇都達到了自我實現的程度顯然是不準確的。我們可以提出幾個在某種程度上都可以得到辯解的錯誤，它們都證明了這樣一個事實，即我們的研究對象並不完美，並非無所不知，他們也有自己的虛榮心，也有自己的特殊弱點。例如，在我所研究的那些人中間，至少有一個人是出於憐憫而不是出於平等的愛情而結婚的，有一個人面臨著無法避免的問題娶了一個比自己年輕得多的女人。我們應當更精確地強調說，他們對夥伴的抉擇要比一般人好得多，但絕非完美。

但即使僅憑這一點也足以將那種很普遍的觀念推翻，那種觀念認為愛情是盲目的，或者更確切一點說，戀愛中的人往往把伴侶看得太完美。很清楚，雖然這對一般人來說可能適用，但對健康的個人來說就未必了。的確有的材料甚至表明，健康人的感受在愛情中要比其他方面更為有效，更為敏銳。愛情使得施愛者有可能在對方身上看到一些別人完全忽略的特質，因為健康人能夠愛上一些普通而特殊的東西。

奧斯瓦爾德·斯瓦在《性心理學》中曾有精彩論述：「愛情賦予愛者的這一神奇的能力，在於那種能夠在對方身上發現一些他實際具有的而未受愛情鼓舞的人卻看不見的優點的能力，這一點不能強調得太過分。這些優點並非一個用幻想的價值觀所愛的人裝飾起來的施愛者創造的，愛情不是自我欺騙。」毫無疑問，在這裡面有著強烈的情感因素，但愛情基本上是一種認知活動，的確是把握人格的內在核心的唯一途徑。別人因為有明確的缺陷而不願愛的人，人們極易錯誤地認為愛是盲目的。然而，這種愛情對於缺陷並非盲目的，它僅僅是忽略了這些可以感覺到的缺陷，或者根本就不把它們當作缺陷。對於健康人來說，身體上的缺陷和經濟上的、教育上的、社會上的遠遠沒有性格上的弱點那麼重要。結果，自我實現者極有可能深深地愛上那些

形象不那麼好看的伴侶。別的人把這稱為盲目，但我們卻完全可以把這稱為良好趣味或感受力。

我曾經有機會觀察到這種良好趣味在幾個相對健康的人身上的體現，與其說這是由於與日俱增的年齡使然，不如說是與日俱增的健康使然。

我們的材料還反駁了相反相吸和同配生殖兩種普遍理論。事實上，同配生殖是一種與諸如誠實、真摯、慈愛和勇敢這樣一些性格特徵相關的規律。在較為外在和表面的特徵方面，在收入、社會地位、教育、宗教、民族背景、外表方面，自我實現者同配生殖的程度比在普通人身上顯然要低得多，他們不受差異和陌生的威脅。的確，他們對此感到好奇，而不是相反，他們遠遠不像普通人那種需求熟悉的口音、服飾、食物、習俗和儀式。

至於相反相吸，這種在這樣一個範圍內適合於我們的研究對象，充分體現出他們對自己不具備的技藝和才能的誠實的欽佩。這樣的理論體現在一些比較健康的男女大學生身上的發展過程。他們越是成熟，就越不被諸如漂亮、好看、舞技超群、豐滿的乳房、身體的強壯、高高的個頭、勻稱的身材、美妙的脖頸這樣一些特點所吸引，他們就越是講究彼此適合、互相體貼入微、講究善良、彬彬有禮、良好的夥伴關係。在幾個實例中，他們還與這樣一些人相愛，這些人具有那些幾年前被認為是特別令人厭惡的特徵，如身體上長毛、過胖、不夠瀟灑等。在一個年輕小夥子那裡，我看到他的心上人在逐年減少，起初他可以被任何一位女性迷住，潛在的心上人的排除也是僅僅建立在過胖、過高等身體基礎上，但最後他只想與所有認識的姑娘中的兩位發生戀愛關係，他所關心的是她們的性格特徵而不是身體特徵。

我認為，研究將會表明這種情況可以看作一種優勢，不管是在男人身上還是在女人身上，都使得一個潛在的伴侶對我的研究對象更具吸引力，而不是相反。

我想讓大家注意下面這一事實：這些都為我們提供了又一個例證說明那個古老的二歧，即衝動與理性、理智與情感之間的二歧得到了解決或者被否定。我的研究對象與他們所愛的人都是既透過認識的標準也透過意動的標準來合理地選擇的。也就是說，他們是根據冷靜的、理智的、不偏不倚的考慮而直覺地、性愛地、衝動地被適合他們的人所吸引的。他們的意願同他們的判斷相一致，是互相協作而不是互相違背的。

這就像索羅金曾試圖表明的，真、善、美肯定是互相連繫的。我們的材料似乎確證了這些看法，但只有在健康人身上才是如此。出於對神經病患者的尊重，我們必須在這個問題上持慎重態度。

知道某事總比懷疑它、思考它要好得多。也許他不理睬我是因為我不好，也許他們那麼對待我是因為我不好。對於普通人，生活僅僅是一連串的也許，他並不知道人們為什麼嘲笑他或不笑他，覺得自己不必再做猜想是一種非常安然的感受，自知是好事。

優美心靈管理的「異途」

在 1965 年 8 月 14 日，我來到了紐約州斯塔騰島德托普村。此前我一直過著一種非常閉塞的生活，因為我不想引起任何無意義的誤解。對於這裡正在進行的一切我幾乎一無所知，看一看不像我那麼閉塞的人怎樣生活是我來到這裡的目的，也渴望能從這裡學到些什麼。如果我能對社區有用，從社區的角度來看，也許正因為我是一個沒有經驗的人，一個正在對社區成員已經習慣的事情進行觀察的人。不過，我或許能注意到一些僅僅因為社區成員太熟悉而可能忽略的事情。也許我能以這種方式對社區有所幫助，不過我只能講我對這一類事情曾有過的反應如何，以及我正在解決的問題是什麼。

我從事心理學理論和研究工作，過去曾進行過臨床心理治療的情況和這

第二章　創造人性的境界

裡有很大的不同，用的方法不同，求診的人不同 —— 一般是大學生和享有特權的人物。在過去的時間裡，我一直學習如何小心謹慎地待人，體貼嬌慣，溫文爾雅，就像他們是易碎的瓷器一樣。但這裡正在進行的一切引起我極大興趣，而且有證據表明，我過去的態度可能完全是一種錯誤。我所知的關於辛那儂的情況，以及我的親眼所見都表明，把人看作易碎的茶杯，以及認為絕不要對任何人高聲說話以免傷害他，或認為人會很容易大哭大鬧或自殺或發狂，所有這些想法都已經過時了。

這些團體的想法和做法與我以前所接觸過的截然相反，人是非常頑強而不是脆弱的。他們的承受力極高，最好是直截了當地對待他們，不要拐彎抹角，或輕手輕腳地從背後包抄他們，應該直視問題的中心。我稱這種治療方式為「無廢話療法」，它的作用非常大，可以用來清除防禦、文飾、面罩、迴避、世俗的客套。也許人們會說：「世界是半盲目的。」不過在這裡我卻看到一個透明的社會情境。在這些團體中，人們拒絕接受通常的面罩，他們剝開面罩，拒絕接受任何廢話、任何藉口或遁辭。

當然，我曾提出一些問題，但被告知這一假想是很起作用的。有人曾自殺或出過什麼問題嗎？沒有。有人由於這樣對待而發瘋嗎？沒有，而且我親眼看到了這一點。有非常直率的談話，效果很好。這和我過去的訓練發生了矛盾。對於我這樣一個理論心理學者來說，這顯得很重要，因為它有助於我弄清人性大體上是怎樣的。它提出了一個真實的有關整個人類的本性問題。人有多麼堅強？他們能承受多大份量？主要的問題是，人能接受多少誠實？它對人有多少好處？有多少壞處？我想起了埃利奧特說過的一句話：「人類承擔不了太多的真實。」他是說人不能直截了當地承受真實。此外，在這個團體得出的經驗也表明，人不僅能承受誠實，而且誠實非常有益，非常有療效；它能使事情更快地運轉。即使誠實造成傷害時也是如此。

我的一個朋友對辛那依很感興趣，他曾表示過，一個吸毒上癮者經歷過那裡的治療後，在他的生活中第一次體驗到了真正的親密關係、真正的友誼和真正的尊重。他第一次體驗到直爽和誠實的可愛，並在他的生活中第一次感到他能成為他自己而人們不會為此而傷害他。這是非常愉快的：他越是保持他的本來面目，人們也就越喜歡他。這時，我的朋友說出了使我非常感動的話：他想他很喜愛的一個朋友也許也能從這種生活中受益。他甚至說：「可惜他不是吸毒者，不然他就能到這樣奇妙的地方來了。」這聽起來簡直近於瘋狂。從某種角度而言，這是一個小理想王國，一個世外桃源，在這裡你能得到真正的直爽、真正的誠實，和誠實中含有的尊重，有一種像大家庭在一起活動的真正團體的生活經驗。

我不禁又意識到：難道這不正是良好社會的某些因素嗎？不正是「愚蠢」的排除嗎？我曾研究過北部印第安黑腳族，他們是極完善的人。我對他們非常感興趣，和他們一起生活了一段時間並逐漸和他們熟識起來。我有一些很有趣的體驗。我進入這片少數民族保留區時有一個印象，好像這些印第安人是被存放在一個架子上，就像存放標本等一類收集物一樣。後來我卻逐漸地改變了我的印象，在保留地上生活的印第安人是很有教養的人。當我把他們和村中的白人相比較時，我簡直弄得越來越糊塗了。我逐漸發現，這些白人是我一生中所遇到的最醜陋混雜的人群。於是，問題產生了：收容院在哪裡？誰是看管人，誰是住院者？每一件事都混淆不清。在這個小型的良好社會中就是如此。保留地不是荒蠻之地，而是沙漠中的綠洲。

在這裡的一次午餐談話中，我有了另一種想法。我們討論的基本問題是：人最普遍的需求是什麼？在我看，似乎有相當大量的證據表明，人類最基本的需求是有數的幾種，那絕不是什麼複雜的事。

第二章 創造人性的境界

- 他們需要有一種安全感，使他們覺得有保障，幼小時需要照顧，覺得沒有危險。

- 他們需要有一種歸屬感，如有一個家，一個部族或團體，或有某種組織使他們能感到自己有權利作為其中的一員。

- 他們必須有一種受到敬重的感受，覺得人們對他們懷有感情，覺得他們值得他人喜愛。

　　以上就是有關這個問題的一些想法：你能談論心理健康、談論成熟和堅強、成長和創造，認為這些都是一種心理藥物 —— 能產生維生素一樣後果的藥物。假如這是正確的，那麼，恐怕大多數人都患有這些維生素缺失症。這一事實被各種各樣的手法掩蓋，但真實的情況是，一般人在這個世界上都缺少真正的朋友。只有很少數的人能有心理學者所說的真正友誼。從理想的角度考慮，婚姻也大都不是很美滿。你可以說，我們這些人所共知的難題 ——不能抵制酗酒，不能抵制吸毒，不能制止犯罪，不能制止任何不道德的 ——都是由於缺乏這些基本的心理滿足而造成的。問題在於，德托普村是否能提供這些心理維生素？當我對此調查研究之後，我的結論是它能提供。請記住它們是什麼：首先是安全，沒有焦慮，沒有恐懼；其次是感情，有喜愛你的人；再次是歸屬，你可以歸屬於一個團體；最後是尊重，你能受到他人的敬重。德托普村之所以有效，正是因為它能提供這樣一種環境，並使這些需求有獲得的可能。

　　我的心頭湧現出很多的印象和想法，我曾經提出過千百個問題，也試想過千百種答案，問題是這樣的：有一種直率的誠實，但有時聽起來甚至近於殘酷的粗魯，你是否認為它能為安全、情感和尊重提供一個前提條件呢？它有傷害，而且必然會有傷害。你們每一位都有過這樣的經驗。你是否認為這是一個好主意？這裡有一個我們見到的前景，真是劍拔弩張，沒有溫文爾

雅，非常爽快，非常直接，非常生硬。你認為這對你能起作用嗎？這是一個我非常想聽到回答的問題。

另一個問題是，這一特殊的團體活動是否能提供那種歸屬感？在這樣的活動中，人人都彼此情投意合，每一件事情都由團體關照嗎？這種情感以前是否缺失？很有可能這種粗雜的誠實並不是一種侮辱，反而含有一種尊重。你能相信你的所見嗎？相信事實就是如此嗎？這能否成為尊重和友誼的基礎？

在很久以前，我曾聽過一位分析家的談話。那時還沒有團體療法，他也談論過這種誠實。在那時他所說的聽起來很可笑，而且有點不近情理。他說：「我讓我的患者承擔他們能夠忍受的最高焦慮負荷。」你知道那意味著什麼嗎？讓患者盡量多承擔，那就是他將提供很多治療，因為他提供得越多，整個療程進展也就越快。從這裡的經驗來看，它似乎毫無可笑之處。

若從教育的角度思考，也可以把德托普看作一種教育制度。它是一個綠洲，一個小型良好的社會。它提供了所有的社會都應該提供但並未提供的東西。從長遠之處著眼，德托普提出了全盤的教育問題以及社會文化如何利用教育的問題。教育並不僅限於書本和文字。德托普的課程是一種廣義的教育，教人學會如何變成一個優秀的成年人。

從自我實現角度考慮，每一個人都能達到自我實現。假如未能自我實現，那一定是因為發生了什麼事打亂了發展過程。這裡添加的論據是超過我所認識到的，對成熟、責任和美好生活的追求是那麼強有力，以至使它能夠承受你們所托出的所有這些粗魯的東西。至少這對某些人是適用的。這些人不得不在這裡打開他們的道路，越過痛苦和難為情等等，我深感這是比我所能認識到的更強有力的自我實現需求。當然，這裡的人是能夠承受這種粗魯對待的人。不過，不能承受的又是什麼人呢？有多少人曾因為誠實太痛苦而迴避誠實呢？

第二章　創造人性的境界

　　關於責任心的發展方面，不僅要教養成年人承擔責任，也要相信他們能承擔責任，並讓他們為盡責而奮鬥、流汗。讓他們自己盡心盡力，而不是過分保護他們，縱容他們，或包辦代替。當然，另一方面，完全不管也不行，但那是另一回事。我推測：這裡所出現的情況正是責任感的正向發展。在這個近似封閉的地區，你從任何人那裡都聽不到一句大話，假如你必須做某事，你就不能不去做，似乎沒有任何理由可以不去做。

　　我可以舉一個印第安黑腳族人的例子來說明我的意思。他們是堅強的人，自尊的人，而且是最勇敢的戰士。他們是硬漢子，敢於承擔責任。如果你注意觀察他們如何發展到這一步，我認為那是透過對他們的孩子的尊重得到的。

　　我記得有一個小男孩，一個蹣跚學步的孩子，力圖打開一個通向小屋的門。那是一扇很重的門，他起初打不開，但他卻不停地推來推去。如果換作其他族類的父母，這時就會走過來為他打開那扇門。然而，印第安黑腳族人卻心安理得地坐在那裡，看著小孩推門，直到半個小時以後小孩推開門。小孩雖然弄得滿頭大汗，氣喘吁吁，不過人人都稱讚他，因為他能自己完成任務。我認為，印第安黑腳族人的旁觀要比普通人更尊重那個孩子。

　　另一個例子是我非常喜歡的一個小男孩的行為。他有七八歲的樣子，經過仔細端詳，終於看出他是印第安人中的富家子弟。在他的名下有幾匹馬和一些家畜，還有一包貴重的藥品。有一個成年人要買那包藥物，那是小男孩最值錢的財產，我從他的父親那裡得知。當他面臨這一難題時他有些不知所措。請記住，他才只有七八歲。他所做的是自己到野外去思索。他走了大約兩三天，在外面過夜，自己考慮該怎麼辦。他不請求他的父親或母親給予建議，他們也不告訴他該怎麼辦。3天以後他回來了，宣布了他的決定。要是我們，我敢說我們將會告訴一個7歲的孩子該怎麼辦。

對於新的社會療法的議題，我認為這是一種想法，可能證明對於你們是有專業興趣的。有一種新的工作在你們的面前展現，那是一種行動主義者的工作，它更需要的是實際經驗而不是書本訓練。它是老式行政官員和教師的一種結合。你必須從事人的工作；你必須喜歡直接和人打交道，而不是遠離他們；你必須對於人性有盡可能豐富的知識。我曾稱它為「社會療法」。這似乎是非常緩慢地發展起來的。在這方面做得最有成效的人不是得到過博士學位之類的人，他們是「白丁」，完全是自己弄懂事物的原理的，他們懂得他們所談論的事情。例如，他們知道什麼時候應該用力，什麼時候應放鬆。

世界上有98％的人，你可以稱之為「沒有特權的人」，這些人需要做許多工作。另外，如何教導不識字的人學習也成為強迫的任務；還有利用精神病學知識幫助人成熟並增強責任感的問題等等。現已感到從事這些工作的人很短缺。我的印象是通常的學院訓練可能對此有些幫助，但那是很不夠的。這些工作的很大一部分已落在社會工作者的手中。一般社會工作者，就我所知，通常並不理解應該做些什麼。換個方式來說，就是缺乏實際的經驗。因此，做這些工作的最佳人選應該是經驗豐富的人，而不是僅僅懂些理論或皮毛的傢伙。德托普令人感興趣的原因之一就在於它是由經歷過實際考驗的人管理的。在德托普，治療師知道如何對其他患者講話。從某種意義來看，這是一種工作，它可能是一種新型的專業。

我能輕易地舉例說出社會革命在不同領域發生的情況。所有的教會都在改變，宗教也正在改變，有一場革命正在進行。有些地方進展得比其他地方更快些；但它們都是沿著同一的優美心靈的方向發展，即沿著人性更豐滿的方向發展，這是人所能到達的堅強的、創造的和歡樂的目標，是享受生活的、身心健康的人的方向。你可以說這是優美心靈的宗教，而且它正在出現。我曾寫過一本書，即《優美心靈管理》，那是討論勞動環境、工作任務

第二章　創造人性的境界

和工廠等等問題的，在這些問題上也有一場革命，有些地方整個工作環境弄得非常適合人性而不是非常糟，所採取的措施能使人性得到發展而不是削弱。

在婚姻、愛情和性的方面，有些書和文章及調查研究也以同樣的方式，它們都指向某種理想，指出我們正在前進的方向，使一個人成長得盡可能完善，使他的本性盡可能地充分發展。

當然，我們的社會仍然像一塊僵死的、沉重的東西。但有許多生長點，許多不同的點，你可以稱之為未來的波濤。眾所周知，世界上還有許多別的地方也在進行這些事情，也許有幾十處之多。不過，我們很少聽到它們的情況，因為它們是獨立地發展的。假如你有了一個精彩的想法，假如我有了一項發現，有了某一創見，我知道，正如我能醞釀成功一樣，某些人在同一時間也在醞釀著。這往往是對現狀的一種反應，敏感的人將做出迅速的反應。

教育制度中也發生著同樣的事情。在我看來，如果我們共同努力把所有的經驗，不論好的或不好的，都聚集起來，我們將有可能剝開整個可詛咒的教育制度的表皮，而且我們也能重建教育。我們能提出好的建議 —— 我們應該有一個真正的教育制度。這是一個爆炸性的問題，因為它要求一種人的現實，人的需求，人的發展，而不是某種千百年來的傳統遺產，那些古老的典章早該放入博物館了。

探討優美心靈教育確實不是件容易的事，如果你們能夠接受我的提議，把辛那依當作一種開拓性實驗對待，後人對你們的評價絕不亞於核武器專家。幹起來吧，只當全世界的人都在你們背後注意觀察，看你們的努力的成果如何 —— 什麼起作用，什麼不起作用，什麼好，什麼不好，什麼成功，什麼失敗。

我曾參加過一個交友小組的活動，我簡直不能想像如果我在那裡呆的時間較長會做出怎樣的反應。在我一生中從來沒有什麼人對我那麼粗魯，它和

我所習慣的社會 —— 大學教授的社會 —— 完全不同。教職員會議肯定不會像這樣交往。那並不是什麼可詛咒的事，假如我願避免一切客套，沒有什麼人會對我說一聲「呸」。我記得有一位教授就是這樣，我想即使糞便埋到他的頸部他也不會說那是「糞便」。但這次完全不同，它使我有點震驚。在我習慣的社會中，每一個人都非常客氣，因為他們都想迴避交鋒。在我的周圍有一大群謹小慎微的老處女 —— 我指的是男性「老處女」。我想如果你們有可能參加我們的教職員會議並有所交鋒，那一定是一件大好事。那會把整個事情弄得底朝天。我猜想，那一定是大有好處的。

　　我想提出一個問題請大家研究。這是一個很重要的問題，我猜想你們實際上還沒有得出答案。問題是為什麼有些人留下來而另一些人不願留在這裡？這個問題包含以下幾方面內容：假如你認為這是一種教育制度，那麼就有必要問一下，它對多少人口是有好處的？你能期望有多少人願意受教？有多少人不願受教？但請記住一點，沒有來過的人是不能作為失敗來計算的。

　　在德托普的人克服了一個障礙，克服了一種恐懼。但對於那些不能越過這種恐懼的人，你們是怎樣對待的？從各個方面來衡量，他們和你們有什麼不同？這是一個實際問題，因為你們將從這裡畢業，將來要在別處籌建和這裡一樣的事業。到那時，你們必須解決怎樣才能使更多的人留下來的問題。對於精神分析，對於個人的心理治療，問題也一樣。他們依據他們的經驗得出的結論：正是這種直率把患者逐出治療。他們所做的是非常溫存地對待患者並這樣一個月又一個月地度過，然後才真正開始接觸深層的問題。他們力圖先建立一種關係，然後再施加一點壓力。這和此地的方法是矛盾的，在這裡，誰也不會等上 6 個月，集中的治療立即開始。問題是哪種方式更好？對誰更好？對多少人更好？與正規的精神分析過程相比，這裡的進程似乎要快一點。

第二章　創造人性的境界

　　這使我想起了另一件事。我所接受的理論和我在治療中應用過的理論，都強調不需要讓患者知道真實情況，認為那樣做沒有多少好處。在我的治療過程中，我只是幫助他們發現他們自己的真實情況。可以預計，這將需要很長的時間，因為真情不是很容易看清的事。你不得不逐漸地面對真情。我向你們報告的是向你們提供一個對比的畫面，說明這裡的做法是把真情和盤托出，直接捅到你的面前，沒有人會坐等幾個月為自己發現真實情況。至少留下來的人能接受這種作法，它似乎對他們有益。但這和全部精神病學理論是相悖的。

　　由於某種原因，團體是一種幫助，沒有人知道其中的原因，他們所知道的一切就是團體總是能起作用。我有豐富的印象但還沒有來得及分析研究。我不能肯定從中能得出什麼原理，因為還沒有時間仔細思考。從我與他們的交談中，我有一個非常明確的感受，即團體反饋給你的東西是你從一個人身上進行 100 年精神分析也得不到的。談論某人的行為表現以及其他特質，確定你在別人眼中的形象，然後讓五六個人對你提供的訊息進行判定，發表贊同與否的看法，這種方式很有啟發意義。如果你能獲得外界對你的真實畫像 —— 外在的或內在的，也許你就能形成你的自我同一性概念或你自己的真實畫像。這是一個新的設想。在精神分析中還沒有提出這樣的設想。你在別人看來如何是不必重視的。你的真實面目如何只能依靠你自己的內臟、內部條件和你的夢與幻想在你自身內去發現。

　　我覺得，假如我留在那個團體中，我會聽到許多我以前從未聽到過的事情。我將得到的是一種特殊的資料，就好像有一臺電影攝影機，它能把他人看到的我赤裸裸地顯示給我自己看。然後，我能掂掂它的份量，一面打量一面思索，問一問自己，他們的看法是對還是錯？其中有多少是真實的？我覺得這能使我更多的了解我自己。在尋求自我同一性的過程中，這種對自己的認識是非常有益的。

在你熬過了痛苦以後，自知確實是一件非常好的事情。知道某事總比懷疑它、思考它要好得多。也許他不理睬我是因為我不好，也許他們那麼對待我是因為我不好。對於普通人，生活僅僅是一連串的也許，他並不知道人們為什麼嘲笑他或不笑他，覺得自己不必再做猜想是一種非常安然的感受，自知是好事。

第二章　創造人性的境界

第三章　實現自我的價值

　　自我實現價值的人是人類中的傑出人物，這樣的人可以說達到了人類生活的高級理想狀態。他們表現為健康、堅強、高尚、明智、富裕等，而不是生存的低級基本需求。在他們的眼裡，整個世界都變得不同了，他們脫離了人的低級生存狀態，超越於萬物生靈之上，向整個人類展示了令人驚訝而又激動萬分的美好前景：人，經過充分的努力和發展，竟然可以達到如此高度？

　　當整個客觀情況需要時，自我實現者可以在雜亂、骯髒、混亂、散漫、含糊、懷疑、不肯定、不明確或者不精確的狀態中感到惬意。在某些情況下，這一切在科學、藝術或一般生活中是完全合乎需求的。

—— 馬斯洛

　　這種探索原則上不具備可行性，以至於假如我們要坐等慣常可靠的材料，我們將不得不永遠等待下去。這樣，似乎應做的唯一令人佩服的事就是不要害怕錯誤，投身進去，盡力而為，以期能在從大錯誤到最終走向真理的過程中，學到足夠的東西。

啟發人生的超然理念

　　這裡所研究的內容，在多種領域上來說都是超前的。它最初不是按照常規的研究安排的，它不是一項社會性的研究，而是一次旨在解決各種個人道德的、審美的以及科學問題的私人性的探索。我只是力圖使自己信服並且從中獲得教益，而不是讓別人去論證。但是出乎我意料的是，這些研究對我如此具有啟發作用，滿含著令人拍案叫絕的東西以至儘管有方法上的缺點，為其他人寫出某種形式的報告還是合情合理的。

　　另外，我思考心理健康問題是如此急切，以至任何意見、任何材料，不管怎樣有待討論，都具有巨大的啟發價值。這種探索原則上不具備可行性，以至於假如我們要坐等慣常可靠的材料，我們將不得不永遠等待下去。這樣，似乎應做的唯一令人佩服的事就是不要害怕錯誤，投身進去，盡力而為，以期能在從大錯誤到最終走向真理的過程中，學到足夠的東西。否則，對待這個問題就只有置之不理。因此，我在還不知道會有什麼用處的情況下，將下面這個報告呈獻出來，並向那些堅持傳統的信度、效度以及取樣等的人們表示由衷感謝。

　　我把自己認識的一些著名人物和了解到的歷史人物以及另外一些人作為研究對象。另外，在一次對年青人的研究中，對 300 名大學生進行了篩選，但只有哈佛大學生可直接作為研究對象，有一二十名也許將來可作為研究對象。我不得不斷定，我在原來的研究對象那裡發現的自我實現的類型，對正處在發展中的青年來說是意義無窮的。

　　因此，與艾維林‧巴斯金博士和但‧裡德曼合作，我們開始對一組相對健康的大學生進行調查。我們決定任意在大學生中選出最健康的 1%。儘管這次探索在持續了兩年之後，在完成之前被迫中斷，但它在臨床水準上卻具有特殊的啟發意義。我們也曾希望由小說家和劇作家們所塑造的那些人物能

夠用於研究，但沒有發現有任何一個具有現實意義（這本身就是個引人深思的發現）。

淘汰或選擇研究對象所依據的第一個臨床依據除了有一個消極的方面外，還有一個積極的方面。消極的選擇標準使被選對象中沒有神經病、精神變態性格、精神病或這方面的強烈傾向。也許身心疾病要求更仔細的研究和判定。在可能的情況下，就給予羅夏測驗，但結果證明這些測驗在顯示被隱藏的精神變態方面比選擇健康的人更有價值，選擇的積極標準是自我實現的確定的證據，自我實現仍然是一個難以具體描述的症候群。為服務於我們討論的目的，自我實現也許可大致被描述為充分利用和開發天資、能力、潛能等等。這樣的人似乎在努力地使自己達到完美。這使我們想到尼采所說的：「你就是你自己？」他們是一些已經走到，或者正在走向自己力所能及高度的人。他們的潛能也許是個人特質的，或者是人人都有的。

這一標準的另一層意思是，研究對象在任何時候對安全、歸屬、愛、尊重和自尊的基本感情的需求，以及對於理解和知識的需求的滿足，或者能在多大程度上達到這種滿足。這就是說，所有研究對象都感到安全和無憂無慮，感到被公認，感到愛和被愛，感到自身的價值並且被尊重。他們已經明確了自己的哲學、宗教或者價值取向。至於基本的滿足是自我實現的充分條件還是必要條件，這是一個尚未解決的問題。也許自我實現意味著基本滿足再加上最起碼的天才、能力或者（人性的）個性。

我們採用的選擇技術其實是一些舊的技術，這種技術以前在對自尊和安全感的人格症候群的研究中使用過。這種技術簡單來說就是：以個人或文化的說法信仰作為開始，對自我實現症候群的各種擴大的用法和說法進行比較，然後慎重地為它重新定義 —— 在下定義時採用現實的用法（可稱為詞典學層次的用法），但是，同時排除在通俗定義中常見的邏輯和事實的自相矛盾。

第三章　實現自我的價值

　　根據重新修正的定義，第一批研究對象小組選出來了，其中一組品格高，一組品格低。以臨床態度對這些人進行更加仔細的研究，在經驗研究的基礎上，最初修正過的通俗定義又按照現在手中的材料進行進一步的修改。這樣就得出了第一個臨床的定義。按照這一新的定義，對最初的研究對象進行重新篩選，一些人被保留，一些人被淘汰，再補充進一些新的內容。然後，又繼續對第二種水準的研究對象小組進行臨床研究，在條件允許的情況下，進行實驗和統計研究。這必然需要對第一個臨床定義的修改、訂正和補充。然後，又根據這一個新的定義進行再篩選。經過這樣精挑細選，一個最初模糊、粗淺的通俗概念就能變得精確清晰，在特性上越來越便於操作，因而也越來越科學。

　　當然，一些客觀的、理論的和實際的因素會影響自我調整的螺旋上升的過程。例如，在研究的早期，由於對通俗用法進行過分的苛求，以至於無人能符合這一定義。我們不能夠因為有小缺點、錯誤或者脫離實際而停止考慮一個可能的研究對象。或者可以這麼說，既然沒有完美的人，我們就不能用完美來作為選擇的標準。

　　另一種難題表現為這樣的情況：所有事實都告訴我們，不可能獲得臨床工作通常要求的那種全面而精確的資料。研究對象候選人在得知研究的目的後，變得注意自己，變得呆板，對全部努力一笑置之，甚至拒絕繼續合作。鑑於這些教訓，對於舊的研究對象一直是間接研究，甚至可以說是偷偷摸摸的。只有較年輕的研究對象才可能被直接研究。

　　既然被研究對象的姓名不能公開，那麼兩種迫切需要得到的東西就不能得到，或者甚至說普通科學研究的要求就不可能達到。這兩樣是調查的重複性和材料的普遍有效性。這些困難部分地由知名歷史人物的有關材料，以及由一些青年人和大方的兒童的補充研究所克服。

　　這裡的材料與其說是對一些事實的簡單羅列，不如說來自我的朋友以及

相識的人的總括或整體印象的緩慢發展。很難順利地向我們的老研究對象們提問，或者對他們進行測驗。與老研究對象的連繫是隨機的，並且是一般的社會形式。而一旦條件允許，隨時都可向朋友們和親戚們提問。

由於研究對象數量太少，以及多數研究對象的資料不完全，再加上前面提到的原因，任何定量描述，只有復合印象可以提供，而顧不上它們可能會有什麼價值（既然調查者完全不能確信什麼是描述，什麼是投射，當然這些印象也就不會比有條件的客觀觀察更有價值）。

對於這些總體印象作整體分析，可得出最重要和最有用的總體印象，據此，可進行進一步的研究。

當整個客觀情況需要時，自我實現者可以在雜亂、骯髒、混亂、散漫、含糊、懷疑、不肯定、不明確或者不精確的狀態中感到愜意。在某些情況下，這一切在科學、藝術或一般生活中是完全合乎需要的。

更加有效地洞察現實的能力

對現實的更有效的洞察力的第一種表現形式是辨別人格中的虛偽、欺騙、狡詐，以及大體正確和有效地識別他人的不尋常的能力。在一次對一組大學生的非正式的實驗中，與不太成熟的學生相比，在更成熟的學生身上發現了準確地判斷自己教授的傾向，也就是說，在測驗中，後者得分更高。

隨著研究的進展，明顯地看到，這一效率擴展到生活的其他許多領域，甚至是可被測試的全部領域。在藝術和音樂方面，在智力方面，在科學方面，在政治和公共事務方面，他們作為一類人，似乎能比其他人更敏銳準確地看出被隱藏和混淆的現實。因此，一個非正式的試驗表明，由於較少地受願望、欲望、焦慮、恐懼的影響或較少地受樂觀或悲觀傾向的影響，無論他們手中掌握的是何種情況，他們對於未來的預測準確率似乎總是較常人更高。

第三章　實現自我的價值

　　剛開始這一點被稱作優秀的鑑賞力或優秀的判斷力，其含義是相對的，而不是絕對的。但是，由於某種原因，現在有種傾向越來越明確，即，最好把它看成是對某個確實存在的事物（是現實，而非一套看法、見解）的洞察力，而不是鑑賞力。

　　如果這一結論被驗證，那它就具有非比尋常的重要性。英國的精神分析學家蒙利·凱里指出，他相信單憑神經病患者對於現實世界那種幼稚的理解，就可以斷定神經病患者不僅相對地而且絕對無能。神經病患者不僅在感情上呈現病態，而且在認識上也是錯誤的。假如健康和神經病分別是對於現實的正確和不正確的理解，事實命題和價值命題在這個領域就合二為一了。這樣，在原則上價值命題就不僅僅是鑑賞或規勸的問題，而應該是可以根據經驗驗證的。深入思考過這一問題的人將會清楚地意識到我們在這裡可能為真正的價值科學、社會關係科學、政治科學、宗教科學等等獲得一個不完全的根據。

　　適應不良甚至極度的神經病對感覺的干擾完全可能達到影響視覺、觸覺或者味覺的敏銳程度。但是這種作用很有可能在遠離純生理的感覺領域內得到證實，諸如艾因斯特朗等的實驗就可提供證明。隨之可以這樣推論：願望、欲望、偏見對於感覺的影響（這體現在許多試驗中）對健康人應該比對病人小得多。先前的一系列思考恰恰驗證了這一假設：對現實的感覺上的優越性導致一般意義上的推理、理解真理、做出結論、符合邏輯和準確地認識的優越能力。

　　詳細討論這種與現實的優越關係的一個特別突出和有啟發的方面是有必要的。過去發現自我實現者可以比大多數人能更輕易地辨別新穎的、具體的和獨特的東西。其結果是，他們更多的生活在自然的真實世界中而非生活在一些非現實的概念、抽象物、期望、信仰和習俗當中。大多數人往往都將這些東西與真實的世界混淆起來。因此，自我實現者更傾向於領悟實際的存在

而不是他們自己或他們所屬文化群的願望、希望、恐懼、焦慮，以及理論或者信仰。赫伯特・米德非常形象地將此稱為「明淨的眼睛」。

人們與未知事物間的關係問題，可以看作理論與實驗及心理學之間的橋梁，而且似乎特別具有研究價值。我們健康的研究對象一致不懼怕未知的事物，在這一點上，他們與普通人大不相同。他們接受未知事物，與之關係融洽，相對於已知事物而言，他們甚至往往更對前者感興趣。他們不僅能接受意義不明、沒有結構的事物，甚至喜歡它們。愛因斯坦的話相當有代表性：「我們體驗的最美的事物是神祕的事物，它是一切藝術和科學的源泉。」

的確，這些人是知識分子、研究者和科學家，所以，在這裡主要的決定因素可能是智慧力量。然而，我們都知道，許多智商很高的科學家，由於羞怯、習慣、憂慮或其他性格上的缺點，單調地從事他們所熟悉的工作，反覆地思索、整理、分類，為此而浪費時間，而不是去發現他們應該做的事。

對於健康人來說，未知事物並不可怕，他們則不用費心去降鬼，吹口哨壯膽走過墓地，或者抵禦想像中的危險。他們並不忽視或者否認未知事物，不迴避它們或自欺欺人地把它們看成是已知的。他們也不急於整理未知的事物，過早地將它們分類並冠以標籤。他們不拘泥於熟悉的事物，他們對真理的追求不是處於災難中對於確定、安全、明確以及秩序的需求。而與此相反的情況，我們可以從哥爾德斯坦的腦損傷或強迫性神經病的病例中看到突出的例子。當整個客觀情況需要時，自我實現者可以在雜亂、骯髒、混亂、散漫、含糊、懷疑、不肯定、不明確或者不精確的狀態中感到愜意。在某些情況下，這一切在科學、藝術或一般生活中是完全合乎需要的。因此，懷疑、試驗、不確定，以及因此而產生的猶豫不決雖然對大多數人是個折磨，但對某些人卻是一個令人興奮的充滿刺激性的挑戰，是生活中的一種高境界。

我們的研究對象看見的是人性的真實面目不是他們希望中的人性，他們的眼睛並不為各種假象所迷惑，從而歪曲、改變或者粉飾所見事實的真像。

第三章　實現自我的價值

改變接受自然產物的能力

　　自我實現者有許多易於察覺的、最初似乎是不同的、互不相關的個人特質，可以理解為一個單一的更為基本的態度的表現形式或派生物。這個態度就是：相對地不受令人感到慚愧的罪惡感、使人嚴重自卑的羞恥心以及極為強烈的焦慮的影響。這與神經病患者形成鮮明的對比，後者在任何情況下都可以表現為類似於罪惡感、羞恥心和焦慮感，也因此失去了正常的神經思維，甚至有些正常成員也毫無必要地為許許多多的事情感到內疚或者羞愧，並產生無謂的焦慮。我們的健康人發現，接受自己以及自己的本質同時並無懊惱、抱怨，甚至對此並無過多的考慮都是理所當然的。

　　儘管他們自己的人性也不可避免地有種種缺點，與理想有種種差距，他們可以在根本上以斯多葛的方式接受它們而不感到有真正的憂慮。如果說他們是自滿，那會傳播錯誤的印象。相反，我們必須說：他們能夠以一個人在接受自然的特性時所持的那種無所畏懼的態度來接受脆弱、過失、弱點以及人性的罪惡方面。一個人不會由於水的純淨，岩石的堅硬或者樹的翠綠而抱怨它們。兒童是睜大了眼睛，不帶偏見和純真無邪的眼光來看待世界的，他們只是注意和觀察事實，但並不過多地評判或奢望，自我實現者也是以同樣方式看待自己和他人的人性的。當然，這並不同於東方佛道的觀念，不過佛家、道教的觀念在我們的研究對象那裡，特別是在面對疾病和死亡的研究對象那裡也能觀察到。

　　換句話說，這等於用另一種方式來表達我們已經描述過的觀點，已經自我實現的人對現實看得更清楚：我們的研究對象看見的是人性的真實面目不是他們希望中的人性，他們的眼睛並不為各種假象所迷惑，從而歪曲、改變或者粉飾所見事實的真像。

　　第一個最直觀的接受層次是所謂動物層次。自我實現者往往都是優良

的、強健的動物，他們生活得非常快活，沒有懊悔、羞恥或者歉意。他們始終食慾良好，他們睡眠香甜，他們沒有不必要的壓抑而享受性生活，其他相對來說，屬於生理性的衝動也都是如此。他們不僅在這些低層次上能夠接受自己，而且在各個層次上都能夠接受自己，例如愛、安全、歸屬、榮譽、自尊等等。所有這一切都被看成是值得花費時間和精力的，它們之所以能被無條件地接受，其原因僅僅在於：自我實現者傾向於適應環境卻不會因環境的惡劣而憤憤不平。普通人常有的反感、厭惡在自我實現者中間是相對少見的，他們較少挑食、厭惡身體的排泄物、身體的氣味以及功能等等。這是上述自我實現者傾向於接受自然產物的表現。

自我接受與接受他人的緊密相關體現在兩個方面：第一，他們沒有防禦性，沒有保護色或者偽裝；第二，他們厭惡他人身上的這類做作。假話、詭計、虛偽、裝腔作勢、好面子、玩弄花招，以庸俗手法沽名釣譽，這一切在他們身上異常罕見。既然他們對自己的缺點甚至也能坦然接受，那麼這些缺點最終（特別是在後來的生活中）會變得令人感覺根本不是缺點，而只是個性的一種體現。

這並不是說他們絕對不存在罪惡感、羞恥心、黯淡的心緒、焦慮和防衛性，而是指他們很少受這些罪惡感等的壓抑。動物性的過程，例如性慾、排尿、懷孕、行經、衰老等，是客觀事實的一部分，必須無條件地接受。因此沒有一個健康的婦女會因為自己的性別或者性別具有的任何生理特點而產生罪惡感或者防衛心理。

健康人能真實地感到內疚（羞恥、焦慮、憂傷，或者防衛）的是，可以改進的缺點，如懶惰、漫不經心、發脾氣、傷害他人；不健康心理的頑固後遺症，如偏見、妒忌、猜疑；雖然相對獨立於性格結構，然而不可能又是根深蒂固的一些習慣；他們所屬的種族、文化或群體的缺點。一般情況可能是這樣：如果事實與最好是什麼或應當是什麼之間存在差異，就會使健康人感

到遺憾而不滿意。

　　雖然自我實現者各種基本需求的滿足都不缺乏，但他們仍然有衝動，他們實幹，他們奮鬥，他們渴望成功，但這一切都與眾不同。對他們來說，他們的動機就是發展個性，表現個性，成熟、發展，一句話，就是自我實現。

自我實現者的道德準則

　　自我實現者都在行為中表現出相對的自發性，並且在內在的生活、思想、衝動等方面更有自發性。他們行為的特徵是坦率、自然，很少做作或故意的掩飾。但是，這並不意味著他們一貫遵從習俗。假如我們實際計算一下自我實現者不遵從慣例的次數，就會發現記錄並不高。他們對慣例的叛逆不是表面的，而是根本的或內在的。他們獨特的破舊立新以及自發性和自然性皆出於他們的衝動、思想和意識。由於深知周圍的人在這一點上不可能理解或者接受他們，也由於他們無意傷害他人或為某件瑣事與別人大動干戈，因此面對種種俗套的儀式和禮節他們會善意地聳聳肩，盡可能地順應它們。例如，我曾見過一個人接受了別人對他表示的敬意，雖然他曾私下嘲笑甚至鄙視這類敬意，但他並未因此而小題大作，傷害那些企圖使他高興的人們的感情。

　　其實，自我實現者的這種遵從習俗行為，如同牛仔故作紳士地在肩上披一件斗篷一樣，可以輕易把它甩掉。自我實現者實際上從不允許習俗慣例妨礙或阻止他們做他們認為是非常重要或者根本性的事。在這種時刻，他們獨立於慣例習俗的靈魂便顯露出來，然而他們並不同於普通的波希米亞人或者反抗權威者，這些人抓住區區小事大做文章，把對無關緊要的違規行為當作天大的事。

　　當自我實現者熱切地沉迷於某個特殊的事物時，他的這種內心態度也會

表現出他的興趣來。這時，他會毫無顧忌地拋開平時遵守的各種行為準則。在遵從慣例上他彷彿需要有意識地做出努力，他對習俗的遵從彷彿是有意的、存心的。

然而，當自我實現者與那些並不介意是否遵從俗套行為的人們相處時，他們會自動地拋掉行為的這種表面特性。在我們的研究對象中可以看到，他們願意與那些允許他們更自由、更自然、更有自發性的人們共處，這使他們能夠擺脫那些他們看不慣的虛假行為。因此，像上面那樣的相對控制行為對他們來說是個負擔。

綜上所述，可以得出一個結論：這些人具有相對自主的、獨特的、不遵從慣例的道德準則。奉行常規習俗的沒有思想的人有時可能認為他們不道德，因為當情況似乎要求如此時，他們不僅會違反常規，甚至還會違反法律。然而事實恰好相反，他們是最有道德的人，儘管他們的道德準則與周圍的人不盡相同。正是這種觀察使我們堅信，普通人的一般的道德行為主要是遵從習俗的行為，例如，是以基本上被公認的原則為根據的行為，而不是真正的道德行為。

由於與一般習俗以及普遍接受的虛偽、謊言格格不入，由於與社會生活不適應，他們有時感到自己看起來好像是異國土地上的流浪者。

我不願意給人造成一種印象，彷彿他們試圖掩蓋自己的真實面目。其實，他們有時也出於對慣例的僵化刻板和對習俗的盲目短淺的惱怒而故意放任自己。例如，他們可能會試圖教訓一個人，或者試圖保護一個人的感情以及利益免受不公平的傷害。有時，他們可能會感到熱情在澎湃，而這些感情如此令人興奮甚至狂熱，以致壓抑它們似乎就是褻瀆神明。據我觀察，在這些情況下，他們並不為自己給予旁觀者的印象而感到焦慮、內疚或者羞愧。

他們自己聲稱：他們之所以按慣例行事，只是因為這樣不會引起什麼大問題，或者只是因為其他方式會傷害人們，使人們感到難堪。

第三章　實現自我的價值

　　他們對現實的輕鬆的洞察力，他們的接受性和自發性非常接近於動物或者兒童，這意味著他們對自己的衝動、欲望、見解以及主觀反應的一種優越的覺悟。對這種能力的臨床的研究毫無疑問地證實了佛洛姆的這樣一種看法：一般正常的、適應得很好的人，往往根本沒有想到他是什麼，他要什麼，以及他自己的觀點是什麼等問題。

　　正是這樣一些調查結果，最終把自我實現者與其他人明顯地區別開。區別就在於，自我實現者的動機生活不僅在數量上而且在品格上都與普通人不同。我們很可能必須為自我實現者另外創立一種具有深刻區別的動機心理學，例如，一種研究表達性動機、成長性動機，而不是匱乏性動機的動機心理學。也許將生活與生活準備作個區分是很有必要的；也許動機的概念應該只用於非自我實現者。我們的研究對象不再進行一般意義上的奮鬥，而是在發展。他們努力成長得盡善盡美，努力以自己的風格發展得日益全面。普通人的動機是為匱乏性的基本需求得到滿足而奮鬥。

　　自我實現者雖然各種基本需求的滿足都不缺乏，但他們仍然有衝動。他們實幹，他們奮鬥，他們渴望成功，但這一切都與眾不同。對他們來說，他們的動機就是發展個性，表現個性，成熟、發展，一句話，就是自我實現。這些自我實現者能夠比常人更具有人性嗎？他們是否更能顯示人種的本來面目？他們在分類學的意義上更接近人類嗎？一個生物種應該由它的殘廢的、不正常的、發展不完全的成員或者完全退化的、受到限制的以及被訓練好的模範來鑑定嗎？

　　我們的研究對象的突出表現是把注意力集中在他們自身以外的問題上，用流行術語來說，他們是以問題為中心，而不是以自我為中心。

以問題為中心的突破口

我們的研究對象是以問題為中心，而不是以自我為中心。他們自身一般根本沒有什麼問題，他們一般也不太注重他們自己，這正與不安定的人們中發現的那種內省形成對照。自我實現者通常有一些人生的使命，一些有待完成的任務，一些需要付出大量精力的但恰恰是他們身外的問題。

這些任務未必是他們自願的，或他們根據自己興趣挑選的，而可能是他們所感到的職責、義務或責任。這就是他們必須做的，而不是他們想要做的工作。一般來說，這些任務是非個人的，不自私的，它們與人類的利益、民族的利益或家庭的利益有關。

除了幾個例外，研究對象通常與我們已學會稱為哲學或倫理學的永恆問題和基本爭論有關，這些人習慣生活在最廣泛的合理的參照系裡，他們絕不會片面地看問題。他們在櫃架裡工作，這種價值是偉大的，而不是渺小的；是從長遠出發的，而不是從近期出發的。儘管這些人都很相異，但都是這種或那種意義上的哲學家。

當然，這種態度對於日常生活的各個方面都具有意義。例如，我們最初研究的主要顯著特點，如寬容、拋棄、自私、淺薄、狹隘等，都可以歸入這種更一般的態度的名下。他們超越瑣事，視野開闊，見識廣博，在最開闊的參照系裡生活，籠罩著永恆的氛圍，給人的印象具有最大的社會以及人際關係的意義，它彷彿傳播了一種寧靜感，擺脫了對於緊迫事務的焦慮，而這使生活不僅對於他們自己並且對於那些與他們有連繫的人都變得豐富多彩了。

自我實現者較一般人擁有更多的「自由意志」，更不容易為他人所操縱。不管「自由意志」和「決定論」在實際應用中做何解釋，在這項調查中，它們是經驗事實，況且它們是可以隨條件而變化的概念，而不是一成不變的定義。

超然獨立生活的行為準則

　　我的研究對象都可以離群獨處而不會使自己受到傷害，以及感到不舒適。而且，幾乎所有的研究對象都明確喜歡與外界隔絕以及獨處，其程度明顯比一般人更大。內傾和外傾的二歧法幾乎完全不適於這些人，我們在這裡也不採用這種二歧法。最有用的術語似乎就是「超然獨立」。

　　他們常常可以超然於物外，泰然自若地保持平靜，而不受那些在其他人那裡會引起騷亂的事情的影響。他們很容易就能遠離塵囂，保持沉默寡言，並且平靜安詳。他們對待個人的不幸也不像一般人那樣反應強烈，甚至在不莊重的環境與情景中，他們似乎也能保持尊嚴。他們的這種沉默也會漸漸地轉變為嚴峻和冷漠。

　　這一超然獨立的特性也許還有其他某些特質的因素。首先，可以認為我的研究對象比一般人更客觀。我們可能會發現，他們是更以問題為中心而不是以自我為中心的，甚至當問題涉及到他們自己，以及他們的願望、動機、希望或抱負時也是這樣。從而，他們具有一般人不常有的集中注意的能力。他們強烈的專注又帶來漠不關心這種副產品，這也就是輕視以及不在乎外在環境的能力。例如，他們具有熟睡的能力，不受干擾的食慾，在面對難題、焦慮、責任時，仍然能夠從容面對。

　　在人數眾多的社會關係中，超然獨立招來了一定的意想不到的麻煩。它很容易被「正常的」人們解釋為冷漠、勢利、缺乏感情、不友好甚至敵意。相比之下，一般的友誼關係更具有相互依戀、相互要求的性質，更需要再三的保證、相互的敬意、支持、溫暖、更具有排他性。的確，自我實現者並非在一般意義上需要他人。然而，既然被需要和被想念通常是友誼和誠摯的表現，那麼顯然超然獨立就不會具備這些為普通人輕易接受的表現。

　　自主所表達的含義是自我決定，自我管理，做一名積極、負責、自我訓

練的、有主見的行動者，而不是完全受別人操縱的一個兵卒，做一位強者而不是弱者。我的研究對象自己下決心、自己拿主意，他們是自己的主人，對自己的命運負責。這是一種高明深奧的素養，難以用語言形容，但它卻十分重要。這些人使我懂得了我以前充滿疑慮的現象，即，許多人不用自己的頭腦來考慮自己的事，而是讓推銷員、廣告商、父母、演講者、電視、報紙等替他們作決定。這種表現實際上是十分反常、病態、軟弱的。這些人是供他人指揮的兵卒，而不是自主作決定、自己行動的人；他們最終只會感到無助、軟弱、受人擺布；他們是強權的犧牲品，軟弱的哀怨者，不是決定自己命運、對自己負責的人。

對民主政治和經濟來說，這種不負責的態度無疑是災難性的。民主、自治的社會必須由自我行動、自我決定、自我選擇的成員組成，他們表達了自己的意見，是自己的主人，具有自由意志。

根據阿希和麥克里蘭德做的大量實驗表明，自我決定者約占人口的5%至30%，其比例的大小由不同的環境決定。在我的研究對象中，100%的人是自我行動者。最後我要下一個結論，儘管它肯定會使許多神學家、哲學家和科學家感到不安：自我實現者較一般人擁有更多的「自由意志」，更不容易為他人所操縱。不管「自由意志」和「決定論」在實際應用中做何解釋，在這項調查中，它們是經驗事實，況且它們是可以隨條件而變化的概念，而不是一成不變的定義。

由成長性動機推進的人實際上卻有可能被他人妨礙。對於他們來說，決定滿足以及良好生活的因素存在於個體之內，而不是社會內。

人生自我實現依靠的手段

　　大多數自我實現者能對自然條件和社會環境在一定程度上達到相對獨立。既然自我實現者是由成長性動機而不是匱乏性動機推進的，那麼他們主要的滿足就不是依賴於現實世界、依賴於他人、文化或達到目的的手段，總之，不是依賴外界來實現的。換句話說，他們的發展和持續成長依賴於自己的潛力以及潛在的資源。如同樹木需要陽光、水分和養分一樣，大多數人也需要愛、安全及其他需求的滿足，而這種滿足只能夠來自外界。但是，一旦獲得了這些外在的滿足，一旦人們內在的缺乏由外在的滿足物所填補，個人真正的發展問題就出現了，也就是自我實現的問題。

　　這種對環境的相對獨立意味著面臨困難、打擊、剝奪、挫折時的相對穩定。在促使他人去自殺的環境中，這些人也能保持相對的積極和樂觀，他們也可稱為「有自制力」的人。

　　受匱乏性動機促動的大多數人，其主要需求的滿足（愛、安全、自尊、威信、歸屬）只能來自他人，那麼，他們就必然離不開這些有用的人。但是，由成長性動機推進的人實際上卻有可能被他人妨礙。對於他們來說，決定滿足以及良好生活的因素存在於個體之內，而不是社會內。他們已變得足夠堅強，能夠不受他人的讚揚甚至自己感情的影響，榮譽、地位、獎賞、威信，以及人們所能給予的愛，比起自我發展以及自身成長來說，都顯得不重要了。我們必須記住，要達到這種超然於愛和尊重的境界，最好的方法（並非唯一的方法）是事先就有完全同樣的愛和尊重的充分滿足。

　　自我實現者具有奇妙的反覆欣賞的能力，他們帶著敬畏、興奮、好奇甚至狂喜，精神飽滿地、肆無忌憚地體驗人生的樂趣，而對於其他人，這些體驗也許已經變得陳舊。

欣賞存在價值的時時常新

　　自我實現者具有奇妙的反覆欣賞的能力，他們帶著敬畏、興奮、好奇甚至狂喜，精神飽滿地、肆無忌憚地體驗人生的樂趣，而對於其他人，這些體驗也許已經變得陳舊。對於自我實現者，每一次日落都像第一次欣賞時那樣美妙，每一朵花都溫馨馥郁令人喜愛不已，甚至見過許多花以後也不會減少分毫。他所見到的第一千個嬰兒，就像他見到的第一個一樣，認為是一種令人驚嘆的產物。在他結婚 30 年以後，他仍然讚歎他的婚姻的幸運；當他的妻子 60 歲時，他仍然像 40 年前那樣，為她的美麗而傾倒。對於這種人，甚至偶然的日常生活中轉瞬即逝的事務也會使他們感到激動、興奮、迷戀。這些奇妙的感情並不常見，它們或者只是偶然有之，而且是在最難以預料的時刻降臨。這個人可能已經擺渡過河 10 次，在他第十一次渡過時，仍然有一種強烈的感受，一種對於美的回憶以及油然而生的興奮，就像他第一次渡過一樣。研究對象們在選擇美的目標方面存在著一些區別。

　　一些人主要嚮往大自然，另一些人主要愛孩子，還有幾個人則一直主要熱愛偉大的音樂。但確實可以這樣說：他們從生活的基本經歷中得到了喜悅、鼓舞和力量。然而，他們卻不能夠從參加夜總會，或者得到了一大筆意外之財，或者一次愉快的宴會中體會到上述感受。

　　此外，也許還可以加上一種特殊體驗：對於我的幾個研究對象，他們的性快感，特別是情慾高潮，提供的不僅是一時的快樂，而且還有某些基本力量的增強和復甦。有的人是從音樂或大自然中得到這種增強和復甦的。

　　或者大家只能體驗到這種主觀色彩與新鮮具體的現實之間相通的一方面。也許我們所說的陳腐的體驗是停止以豐富的感覺去洞察所有領域的結果，因為這些領域現在表明已不再具有優點、益處或者威脅性，否則就不能再和自我和睦相處了。

第三章　實現自我的價值

　　我意識到，忽略了自身的幸福，往往會引起人類諸多罪惡、痛苦以及悲劇。儘管這種忽略是非邪惡的，我們輕視那些在我們看來是理所當然的事情，所以我們往往用身邊的無價之寶去換取一文不值的東西，留下無盡的懊惱、悔恨和自暴自棄。不幸的是，子女、丈夫、朋友在死後比生前更容易博得愛和讚賞。其他現象，如身體健康、政治自由、經濟富強等也是如此。它們的真正價值只有在失去以後才被認識到。

　　赫茲伯格對工業中「保健」因素的研究，威爾遜對聖·尼奧茲「閾限」的觀察，我對「低級牢騷、高級牢騷和超級牢騷」的研究都表明，如果我們能像自我實現者那樣對待身邊的幸事，我們的生活將得到極大的改進。

　　非高峰型的自我實現者似乎是講究實際、追求實效的人，是成功地生活在這個世界中的中間變體。而高峰者除了上述情況外，似乎還生活在存在領域中，生活在詩歌、倫理、象徵、超越的境界裡，生活在神祕的、個人的、非機構性的宗教之中，生活在終極體驗中。

神祕的美好幸福體驗

　　那些主觀體驗往往被稱為神祕體驗，對我們的研究對象而言，這種體驗是很普遍的。威廉·詹姆斯對此有過精彩的描述。那種強烈感情有時變得氣勢磅礴、渾渾沌沌、漫無邊際，所以可稱為神祕體驗。我在這上面的興趣和注意，首先得到我的幾個研究對象的支持，他們用曖昧而又通俗的措辭來描述他們的情慾高漲。我後來想起這些措辭曾被各類作者用來描述他們稱為神祕體驗的東西。在這些神祕體驗中都有飄飄欲仙的感覺，從未有過更加有力但同時又孤立無助的感覺，巨大的狂喜、驚奇、敬畏，以及失去時空的感覺。這最終使人確信，某種極為重要、極有價值的事發生了，在某種程度上，感受主體結果被改變了、增強了，這種體驗甚至在日常生活中也是如此。

　　但很重要的一點是，必須將這種神祕體驗與所謂的神學或超自然分離開，儘管它們已經混淆了上千年之久。雖然在後來的談話中，有幾個人引出了半宗教的結論，例如「天生我材必有用」等，但是，我們的研究對象沒有一個自發地製造這種束縛。因為這種體驗是一種自然的體驗，很可能屬於科學研究的範圍，也許用佛洛伊德的術語來描述它更為合適，如海洋感情。

　　我們的研究對象可以使我們了解到，這種體驗能夠以較小的強度出現。神學作品一般地假定，在神祕體驗與所有其他體驗之間，有一種絕對的性質上的差異。一旦從超自然的關係中發現了神祕體驗，並把它作為自然現象來加以研究，就有可能把神祕體驗按從強烈到微弱的數量上的連續體加以整理。我們從而可以發現，微弱的神祕體驗在許多人那裡，甚至可能在大多數人那裡都會發生，並且，如果一個人幸運的話，一天可以發生數十次。

　　神祕體驗強烈時，可以產生一種忘記自我或超越心靈的感受。正如班奈狄克所描述的：以問題為中心高度的集中，獻身行為，強烈的感官體驗，對音樂或藝術的忘我、熱切的欣賞。我有時把它叫「高峰經驗」。

　　自從研究這一問題以來，我已逐漸將注意力更多的集中在高峰者與非高峰者的區別上。兩者之間很可能只是程度與數量的差別，但這卻是非常重要的。如果需要簡單的概括，非高峰型的自我實現者似乎是講究實際、追求實效的人，是成功地生活在這個世界中的中間變體。而高峰者除了上述情況外，似乎還生活在存在領域中，生活在詩歌、倫理、象徵、超越的境界裡，生活在神祕的、個人的、非機構性的宗教之中；生活在終極體驗中。

　　我意識到這將是關鍵的性格邏輯的「種類差別」之一。這對於社會生活來說尤為重要，因為那些「健康的」非高峰型的自我實現者似乎更可能成為社會的改革者，成為政治家、社會工作者、改良者、領導者；而那些超凡脫俗的高峰者，則更可能去寫詩、作曲、研究哲學，獻身宗教。

他們具有幫助人類的真誠願望，就好像他們都是一個大家庭的成員。一個人對於兄弟的感情總體上是愛的感情，儘管這些兄弟愚蠢、軟弱，甚至有時顯得很卑鄙，但仍然會輕易原諒他們。

人類社會感情的風範

「社會感情」一詞是由 A·阿德勒首先提出來的，它很形象地描述了我的自我實現研究對象們對人類的感情的風範，在這方面，它是唯一可通用的術語。儘管自我實現者偶爾也暴露出對別人的氣憤、不耐煩或者厭惡，但他們對人類懷有一種很深的手足情、同情和愛的感情。正因為如此，他們具有幫助人類的真誠願望，就好像他們都是一個大家庭的成員。一個人對於兄弟的感情總體上是愛的感情，儘管這些兄弟愚蠢、軟弱，甚至有時顯得很卑鄙，但仍然會輕易原諒他們。

如果想充分體會到這種與人類一體的感情，就需要有開闊的視野、豐富的歷史知識。自我實現者的思想、衝動、行為、情感上明顯區別於其他人。當自我實現者在這些方面要表現自己的時候，在某些基本方面上，他就像一個旅居異鄉的異客，很少有人真正理解他，不管人們多麼喜歡他。他經常為普通人的缺點感到苦惱氣憤，甚至被激怒，而普通人對他來說，通常不過是一些不斷給他製造麻煩的人，有時甚至變成痛苦的不幸。不管有時他與他們之間的間隙有多大，他總是感到與這些人有一種最根本的親緣關係，同時，如果不說有一種優越感，至少他必定認識到，許多事情他能比他們做得更好，對許多事情他可以明察而他們卻不能，有些在他看來目的是如此清楚明了的真理大多數人卻看不見。這也就是被阿德勒稱之為老大哥態度的東西。

大多數人畢竟沒有什麼了不起，但他們本來有可能很了不起。他們犯各種愚蠢的錯誤，以致感到極為痛苦，但仍不明白他們本意是好的為何會落得

這個結果。那些令人不愉快的人往往會在深深的痛苦中付出代價。他們應該受到憐憫而不是攻擊。

自我實現者的人際關係

　　自我實現者與其他人相比，還有一個重要特徵就是具有更高一層的人際關係。他們比一般人具有更多的融合、更崇高的愛、更完美的認同，以及更多的擺脫自我限制的能力。然而，他們的這些人際關係有著一定的特殊性。首先，我觀察到，這些關係中的其他人員比一般人很可能更健康，更接近（常常是非常接近）自我實現者。考慮到在全部人口中，這種人口只占很小的比例，這裡就有一個很高的選擇標準。

　　這些因素決定了一些情況自然發生，與自我實現者保持特別深的人際關係的只有少數幾個人。他們的朋友網很窄，親密朋友在數量上更是少之又少，其部分原因在於在這種自我實現狀態中去接近某人似乎不是短時間內可以做到的，忠誠不是一時的事情。一位研究對象對此這樣說：「我沒有時間照應許多朋友，也就是說，如果要交真正的朋友，是不可能同時交很多的。」在我的小組裡，唯一的一個例外是一位婦女，她似乎特別善於交際，簡直使人感覺到她生活的天職就是與她家庭的成員、家庭成員的家庭成員，以及她的朋友們、朋友的朋友們保持密切、溫暖、良好的關係。也許，這是因為她沒有正式的工作和事業，是一個未受過教育的婦女。這種專一的排他主義的確能夠與普遍的社會感情、仁慈、愛和友誼（正如上面所描述的）同時存在。這些人幾乎對所有人都很慈善，或至少對他們都有耐心，他們對兒童有一種特別溫柔的愛，並且為兒童們所喜歡。在一種非常真實而且是特殊的意義上，他們愛或者更準確地說同情整個人類。

　　這並不是說由於他們缺乏鑑別能力而產生了這種愛。事實上，他們的確

能夠以嚴厲的口吻，認真地談到那些應受譴責的人，特別是那些偽善者、狂妄自大者、自命不凡的人。然而，這種實際的低評價甚至在與這類人面對面地接觸時也並未表現出來。對此，大致可以做出這樣的解釋：「大多數人畢竟沒有什麼了不起，但他們本來有可能很了不起。他們犯各種愚蠢的錯誤，以致感到極為痛苦，但仍不明白他們本意是好的為何會落得這個結果。那些令人不愉快的人往往會在深深的痛苦中付出代價。他們應該受到憐憫而不是攻擊。」

因此，可以簡明地解釋出他們對他人的敵對反應的原因是：第一，這是理所應當的；第二，這是為被攻擊者或某一個人好。按照佛洛姆的意思，他們敵意的基礎並不是來自性格，而是反應性或情境性的。

我的材料中所掌握的那些研究對象還同時表現出另一個特點，在此也不妨說明一下，他們至少吸引一些欽佩者、朋友，甚至信徒、崇拜者。自我實現者與他的一系列欽佩者之間的關係往往是一廂情願的。欽佩者們要求的總是多於被欽佩者願意給予的，而且欽佩者們過分的熱情常常使被欽佩者為難、苦惱、甚至厭惡，因為他們常常越軌。情況總是這樣：當被迫建立這種關係時，我們的研究對象通常是和藹的、令人愉快的，但是，一般都盡可能有禮貌地迴避那些欽佩者。

只要是一個人，就給他一定程度的尊重，甚至對於惡棍，他們似乎也不願超越某種最低限度去降低、貶損或侮辱其人格。

培養民主性格的方式

我的研究對象都是在深刻意義上的真正民主的人。以前對於民主的和集權主義的性格結構的分析是這個觀點的根據。但這些分析過於複雜，這裡不便重複，我們只可能簡單地描述這種表現的某幾個方面。這些人都具有顯著的民主特點。他們的確也可以對任何性格相投的人表示友好，完全無視該人

的階級背景、教育程度、政治信仰、種族或膚色。實際上，他們甚至好像根本意識不到這些區別，而普通人對於這些區別卻是十分計較的。

除了這個明顯的特質外，他們還具有更為深厚的民主感情。例如，他們覺得不管一個人有什麼其他特點，只要某一方面比自己有所長，就可以向他學習。在這種學習關係中，他們並不試圖維護任何外在的尊貴或者保持地位、年齡之類的優越感。甚至應該說，我的研究對象都具有某種謙虛的美德。他們都相當清楚，與可能了解的以及他人已經了解的相比，自己懂得太少了。正因為如此，他們才可能毫不做作地向那些可以向其學習的、在某方面較自己有所長的人們表示真誠的尊重甚至謙卑。只要一位木匠是位好木匠，只要某人精於自己使用的工具或是本行中的能手，他們就會向他表示這種真誠的尊重。

簡單地將一個人等同於另一個人，並不因為這種民主式感情而缺乏對各種趣味的鑑別力。這些研究對象本身就是傑出人物，他們選擇的朋友也是傑出人物，但他們是性格、能力、天賦上的傑出人物，而不是出身、血統、家族、家庭、壽命、青春、聲譽或權力方面的傑出人物。

自我實現者有一種模糊深奧而難以理解的傾向：只要是一個人，就給他一定程度的尊重，甚至對於惡棍，他們似乎也不願超越某種最低限度去降低、貶損或侮辱其人格。然而這一點與他們強烈的是非觀、善惡觀是共存的。他們往往更傾向於挺身抗擊邪惡的人和行為。對於邪惡引起的憤怒，他們不會像一般人那樣表現得含糊不清，不知所措或者優柔寡斷。

可以這樣說，這些人的道德力量很強，有明確的道德標準，他們只做正確的而不是錯誤的事。但是，他們的是非概念往往是不合習俗的。

如何掌握現實生活的善與惡

在區分自己實際生活中的是非時，我的研究對象都是很有把握的。不管他們能否用言語將這種狀態表達清楚，他們很少在日常生活中表現出混亂、疑惑、自相矛盾，或者衝突，而這些在普通人處理道德問題時是最易發生的。可以這樣說，這些人的道德力量很強，有明確的道德標準，他們只做正確的而不是錯誤的事。但是，他們的是非概念往往是不合習俗的。

D‧列維博士曾提出一個方法用來表達我描述的這個特質，他指出，若在幾個世紀之前，這些人會被稱為與上帝同道或神聖的人。說到宗教，我的研究對象中沒有一個信仰正統宗教的，但另一方面，我知道只有一個自稱無神論者（整個研究小組裡共有 4 人）。我所掌握情況的其他幾人在確定自己是否屬於無神論者時猶豫不決。他們說他們信仰一個上帝，但與其說他們把上帝描繪成一個有形的人物，不如說描繪為一個形而上學的概念。因此，他們這類人是否可以稱為有宗教信仰的人，完全取決於我們選用關於宗教的概念或定義。如果僅從社會行為的角度來解釋宗教，那麼這些人，包括無神論者都屬於宗教信仰者。但如果我們更為保守地使用「宗教」這個術語，包括並強調超自然的因素和傳統的宗教觀念（這當然是更為普遍的用法），那麼我們的結論就是截然相反的 —— 他們當中幾乎無人信仰宗教。

自我實現者在行為的手段與目的之間總表現出明顯的界限。一般地說，他們致力於目的，手段則相當明確地從屬於目的。然而，這種說法過於簡單。我們的研究對象經常將對其他人說來只是達到目的之手段的經歷和活動視作目的本身，這就使情況複雜多了。他們較常人更有可能純粹地欣賞「做」的本身；他們常常既能夠享受「到達」的快樂，又能夠欣賞「前進」本身的愉快。他們有時還可能將最為平常機械的活動變成一場具有內在歡樂的遊戲、舞蹈或者戲劇。韋特海默曾指出，大多數孩子非常富有創造性，

他們具有將某種陳腐的程式、機械呆板的體驗加以轉變的能力。例如，在他們的把戲中，他們會發明某種方法或某種節奏把書從一個書架運往另一個書架。

他們的幽默的特點在於：常常是更緊密地與哲理而不是其他東西相連繫。這種幽默也可以稱為真正的人的幽默，因為它主要是善意地取笑人類的愚蠢，忘記自己在宇宙中的位置，或者妄自尊大。

自我實現型幽默的教育形式

自我實現者具有不同於常人的幽默感 —— 富於哲理的，善意的幽默感。由於這一特點為我的研究對象所共有，很容易就可以發現。對於一般人感到滑稽的事情，他們並不感覺如此。因而，惡意的幽默（以傷害某人來製造笑料）、體現優越感的幽默（嘲笑他人的低下），反禁忌性的幽默（硬充滑稽的猥褻的笑話）都不會使他們感到開心。

他們的幽默的特點在於：常常是更緊密地與哲理而不是其他東西相連繫。這種幽默也可以稱為真正的人的幽默，因為它主要是善意地取笑人類的愚蠢，忘記自己在宇宙中的位置，或者妄自尊大。這種幽默有時以自嘲的形式出現，但自嘲者不會表現得像個受虐狂或者小醜。林肯的幽默就是一個範例。林肯很可能從來沒有開過傷害他人的玩笑，他的絕大部分玩笑都有某種意義，遠不止僅僅引人發笑的作用，類似於寓言，它們似乎是一種更有趣味的教育形式。

我們的研究對象開玩笑的數量並不像普通人那麼多，所以有時顯得並不是個幽默的人。在他們當中，富有思想性、哲理性的幽默比普通的雙關語、笑話、妙語、揶揄和開心的巧辯更為常見。前者所引起的往往是會心的微笑而不是捧腹大笑，它脫胎於當時的具體情況而不是這個情況的附加物，它是

自發的而不是事前策劃的，並且時常是新鮮的。由於一般人習慣於笑話故事和逗人發笑的材料，因此，他們也就很自然地認為我們的研究對象過於嚴肅莊重。

　　這類幽默的感染力很強。人的處境，人的驕傲、嚴肅、奔波、忙碌、野心、努力、策劃都可以看得有趣、詼諧、甚至可笑。我是一度置身於一間擺滿「活動藝術品」的房間之後才對這種幽默感恍然大悟的。在我眼中，「活動藝術品」以它的喧囂、動盪、混亂、奔忙、勞碌，以及打破常規地對人生進行了幽默的諷刺。這種幽默感也影響到專業性工作本身，在某種意義上，這些工作也是一種遊戲，在嚴肅認真的同時，也可以製造一些輕鬆。

　　自我實現者的創造力似乎與孩子們的天真的、普遍的創造力一脈相承。它似乎是普遍人性的一個基本特點 —— 所有人與生俱來的一種潛力。

自我實現型創造力的形式

　　根據我的觀察和研究，這是我的研究對象無一例外的共同特點。每個人都在這方面或那方面顯示出具有某些獨到之處的創造性或獨創性。我們的討論可以使這些獨到之處得到較為完整的理解。但有一點要強調，自我實現型的創造力與莫扎特型具有特殊天賦的創造力是不同的。我們必須認識到一點：所謂的天才們會顯示出我們所不能理解的能力。總之，他們似乎被專門賦予了一種衝動和能力，而這些衝動和能力與其人格的其餘部分關係甚微，從全部證據來看，是他生來就有的。我們在這裡不考慮這種天賦，因為它不取決於心理健康或基本需求的滿足。而自我實現者的創造力似乎與孩子們的天真的、普遍的創造力一脈相承。它似乎是普遍人性的一個基本特點 —— 所有人與生俱來的一種潛力。大多數人隨著對社會的適應而慢慢消失殆盡了，但是某些少數人似乎保持了這種以新鮮、純真、率直的眼光看待生活的方

式，或者先是像大多數人那樣喪失了它，但在後來的生活中又逐漸找了回來。

　　但在我的研究對象身上，有時這種創造力以低賤的形式體現出來，而不是以人們嚮往的著書、作曲和創造藝術等高雅形式。這種特殊類型的創造力作為健康人格的一種顯現，彷彿是映在世界上的投影，或者，彷彿為這個健康人所從事的任何工作都塗上了一層色彩。從這個意義上看，可以有富有創造力的鞋匠、木匠、職員。一個人會以源於自己性格本質的某種態度、精神來做任何一件事。一個人甚至能像兒童一樣富有創造性地觀察世界。

　　為了討論的方便，我將這個特性單獨提出，彷彿它與那些引它出現和由它導出的特性是彼此分離的，其實則不然。也許，我們現在討論創造力時，只是從結果的角度來描述我們前面稱為更強的新穎性、更深的洞察力和感覺效力的東西，這些人似乎更容易看到真實的、本質的東西。正因為如此，他們才相對於那些更狹隘的人具有創造力。

　　另外，我們還會發現他們那種自由的個性，他們極少向外界的壓力低頭或去適應社會上既存的舊習俗。用積極的術語來表達就是：他們更自然、更具自發性和人性。別人在他們身上看到的創造力，也是這一點引出的結果之一。假如我們像在兒童研究中那樣，設想所有的人都是自然的，並且他們的最深層本質也許現在仍然沒有改變，但是，他們除了這種內在的自然性外還有一整套表面的但卻強大的約束，那麼這種自然性肯定會受到控制以至不會出現得過於頻繁。假如沒有扼殺力量，我們也許能看到每個人都會顯示出這種特殊類型的創造力。

　　在不同文化中較他人在更大程度上能自我獨立的人們，不僅其民族性應該較弱，而且彼此之間在某些方面的相像程度應該高於本社會中發展不充分的同胞。

第三章　實現自我的價值

在缺陷的文化中做一個健康人

　　自我實現者如果單從順應文化和融入文化的意義上來說，會表現為適應不良的症狀，雖然他們在多種方面與文化和睦相處，但可以說他們全都在某種深刻的、意味深長的意義上抵制文化適應，並在某種程度上內在地超脫於這種文化氛圍。由於在關於文化與人格的文獻中極少談及抵制文化造型的問題，由於像裡斯曼已明確指出的那樣，保留剩餘部分對於美國社會十分重要，這樣，無形中加深了我們甚至還很欠缺的資料的重要性。

　　總的看來，這些健康人與遠不如他們的文化的關係是非常複雜的，其中至少可歸納出以下一些成分：

　　在他們的文化中，所有這些人在選擇衣服、語言、食物，以及行為方式時，都同樣受表面習俗的限制。然而他們並不真正守舊，當然也不會去趕時髦。

　　這個特殊的內在態度通常能表現出下面的特徵：一般來說社會上流行的那些習俗讓他們無動於衷，換一套交通規則也未嘗不可。雖然他們也把生活搞得安寧舒適，但絕不至於過分講究、小題大作。這裡我們可再次看到這些人的一個普遍傾向：他們大多數認為不重要，不可改變，或對他們個人沒有根本關係的事情他們都認可。由於我們的研究對象對鞋子和髮型的選擇，或由於在什麼晚會上不太關心禮貌、舉止和風度，別人往往會對他們側目而視。

　　但是，這種作用是勉強的接受並不是熱情的認同，他們對於習俗的服從往往是草率敷衍的，或者簡捷行事以求乾脆、坦率、節省精力等等。在壓力之下，當遵從習俗變得過於惱人或代價過於昂貴之時，表面的習俗就暴露出它那淺薄的面目，拋開它也就像拋開一雙破襪子一樣容易。

　　其次，從青年的或狂熱的角度來說，這些人幾乎無一可稱為權威的反叛

者。雖然他們不斷地對偏私爆發出憤怒，但他們對於文化並不顯出主動的不耐煩，或者時而出現的、長期不斷的不滿，他們並不急於改變它。我的一個研究對象年輕時是個狂熱的反叛者，他組織了一個工會，而當時這種工作非常具有危險性，現在他已厭惡地、絕望地放棄了這一切。由於他變得習慣於這個文化和時代中改革的緩慢，他最終轉向了對青年的教育。其餘的人表現了某種對文化進步的冷靜的、長期的關心。這在我看來意味著承認變革的緩慢以及這種變革的明顯的益處和必要性。

他們的這種情況絕非缺乏鬥爭性。一旦發生急速的變革時，這些人可以立即表現出果斷和勇氣。雖然他們在一般意義上並不屬於激進派，但是我認為他們極有可以轉向激進派。首先，他們是一群知識分子（別忘了是誰選擇了他們），其中大多數人已有了自己的使命，並且認為自己在為改良社會進行真正重要的工作。其次，他們能清楚地意識現實，似乎不願去做巨大的、但卻無謂的犧牲。在真正鬥爭激烈的情況下，他們十有八九要放棄自己的工作而參加猛烈的社會行動，例如，德國和法國的反納粹地下活動。我覺得，他們反對的不是有效的鬥爭而是無效的鬥爭。

生活，希望生活得愉快，是我們討論的又一話題。這一點與全力以赴的狂熱的反抗幾乎水火不容。在他們看來，後者犧牲過大，而又不能獲得預期的微小的成果，他們大多數人在青年時期都有鬥爭的經歷，都有急躁、熱情的插曲，成熟後大都懂得對於急速變革的樂觀態度是沒有根據的。他們這些人作為一個整體致力於在日常生活中以一種能被認可的、冷靜的態度，愉快地努力從內部去改良文化，而不是從形式上去反對它，與之抗衡。

與文化分離的內在感情不一定是有意識的，但在幾乎所有研究對象身上都有所表現，尤其在討論作為整體的文化時，在同其他文化進行各種各樣的比較時更是如此。實際上，他們似乎經常疏遠它，彷彿他們不屬於這種文化。慈愛和反對、贊同和批評的不同比例的混合，表明了他們依靠自己的觀

第三章　實現自我的價值

察從文化中選擇好的東西、排斥壞的東西的情況。總之,他們對文化進行權衡、分析、辨別,然後做出自己的決定。

這種態度確實有別於一般的對文化造型的消極順從,後者可在許多有關集權主義人格的研究中具有民族中心主義的研究對象身上發現。

我們的研究對象個性獨立,喜歡獨處,對熟悉的和習慣的事物的需求及偏愛不像一般人那樣強烈,這些情況或許都體現了他們獨立於文化的特點。

支配他們的是自己的個性原則而不是社會原則,基於這種原因或許可以稱其為有自主性的人。正是在這個意義上,他們不僅僅是或不單純是某種特殊的人,而且從廣義上說,他們比其他人在更大程度上屬於人類的成員。假如刻板地去理解,那麼說這些人高於或超越了大眾文化就會引起誤會。因為他們畢竟講方言、有本地人的行為方式和性格等等。然而,如果我們把他與過分社會化、行為機器化或者種族中心主義相比較,我們就會壓抑不住內心的激動而假定:這個研究對象小組不僅是另一個亞文化群的小組,而且還更少適應文化、更少平均化、更少模式化。這裡有個程度問題,他們處在一個連續統一體之中,這個連續體是按照從對文化的相對接受到與文化的相對分離的順序排列的。

如果這個假定能夠被驗證成立的話,我們至少可以從它再推出一個假設:在不同文化中較他人在更大程度上能自我獨立的人們,不僅其民族性應該較弱,而且彼此之間在某些方面的相像程度應該高於本社會中發展不充分的同胞。當然,這又引出了關於什麼組成了良好的社會的問題。

綜上所述,可以得出這樣的觀察結論,在文化中能夠產生相對健康的人。這就回答了「在有缺陷的文化中做一個健康人或好人是否可能」這樣一個老問題。這些相對健康的人們憑藉內在的自主與外在的認可之間的複雜結合得以生存,當然,其前提必須是,這種文化能夠容忍拒絕完全文化認同的獨立性。

當然，這種健康並非完全符合理想。顯然，我們的研究對象一直受不完美社會的約束的限制。這些約束和限制，使他們不得不保留自己的一些祕密。他們越是保留自己的一些祕密，他們的自發性就越是減少，他們的某些潛能就越是不能得以實現。既然在我們的文化中只有很少人達到健康，那麼這些達到健康的人就會因為他們自己的性質而感到孤獨，從而加重自發性的降低，減少潛能的實現。

即使這些人十分罕見、鳳毛麟角，也能推動人類走向光明前景。然而，他們有時也會流露出易怒、暴躁、乏味、自私或沮喪等弱點。為了避免對人性失望，我們必須首先放棄對人性的幻想。

自我實現者的缺陷

好人往往由於他的公式化而令人可望而不可及，但這卻是小說家、詩人和隨筆作家常犯的錯誤，因為是他們把好人寫得過於完美了。人們把自己對完美的希望，以及對自己缺點的罪惡和羞愧，投射在各種各樣的人身上，對於這些人，普通人對他們要求的遠比自己給出的更多。因此，教師和牧師通常被認為沒有歡樂，沒有世俗的欲望和弱點。我認為大多數試圖描寫好人（健康人）的小說家把這些好人塑造成自命不凡的討厭鬼，提線木偶，或者不真實理想的虛假投影，而不是還他們以本來面目：身體強健、精神飽滿、朝氣蓬勃。我們的研究對象會表現出人類的許多小缺點：他們也有愚蠢的、揮霍的、或粗心的習慣；他們會顯得頑固、令人厭煩或惱怒；他們並沒有擺脫淺薄的虛榮心和驕傲感，特別是在涉及到他們自己的作品、家庭或孩子時，他們也常常發脾氣。

我們的研究對象也會有無情的表現，而且往往是強烈的、出乎意料的。必須記住，他們是非常堅強的人，在需要的時候，他們能超越常人的能力表

第三章　實現自我的價值

現出一種外科醫生式的冷靜。假如他們有誰發現自己長期信任的人不誠實，就會果斷地中斷這種友誼，而絕不會感到惋惜和痛苦，就像一個與自己並不愛的男人結婚的婦女，在決定離婚時表現出的幾乎近於殘忍一樣。他們中的一些人能很快從哀悼親友死亡的情緒中擺脫出來，以至顯得有些無情。

他們不但具有這種無情的堅強，而且外界的大眾輿論也無法左右他們。有一次，當一位婦女在一次聚會上被介紹給他人時，她因對方乏味的庸俗套詞而大大激怒，因而有意讓自己的言行使對方感到震驚。也許有人會說，她這樣做未嘗不可，但人們不僅會對她本人而且會對主持聚會的主人採取完全敵對的態度。雖然這位婦女原本想要對這些人疏遠，但男女主人卻並不想這樣做。

另外一個例子是，比如我們的研究對象非常專注於個人世界以外的因素。當他們全神貫注或者沉醉於自己的興趣時，當他們熱切地專注於某個現象或問題時，他們可能變得對周圍事情心不在焉，毫無幽默感，忘記了他們一般的社交禮貌。在這種情況下，他們不喜歡聊天、逗樂、聚會等，而且這些特點往往表現得非常明顯。他們的言行可能使別人感到很痛苦、震驚、羞辱或者感情受到傷害。這種超然獨立至少從旁人來看是令人不快的，它的其他後果上面已經列舉過。

他們犯錯誤有時甚至會由於自己的仁慈，例如，出於憐憫心而與某人結婚；在與神經病患者、不幸的人和大家討厭的人的相處中陷得太深，事後又感到後悔；有時為無賴行騙開了方便之門；由於付出的東西超出了適當的範圍，從而有時易滋生寄生蟲和精神變態者等等。

在此再重申一下，他們也有罪惡感、焦慮、悲傷、自責以及內心的矛盾衝突。這些現象並非源於神經病，然而，大多數人（甚至包括大多數心理學家）卻無視這一事實，往往根據以上現象就把神經病強加給他們。

我認為，這些情況足以給我們以教誨，我們都應明白：金無足赤，人無完人。其實，好人、善人，乃至偉人，都是可以發現的。事實上確實存在著

創造者、先知、哲人、聖人、巨人和發起人。即使這些人十分罕見、鳳毛麟角，也能推動人類走向光明前景。然而，他們有時也會流露出易怒、暴躁、乏味、自私或沮喪等弱點。為了避免對人性失望，我們必須首先放棄對人性的幻想。

他們之間既有相似之處但又迥然不同。他們同迄今描述過的任何一類人相比，都有著更加徹底的個人化，同時又有著更加完全的社會化，有著對人類的更深刻的認同。

實現自我價值的內在動力

人性、自我、複雜的社會生活以及自然和客觀現實，都可以被自我實現者以哲人的態度接受，這自然而然地為他的價值系統提供了扎實基礎。這些接受價值，在整個日常的個人價值判斷中占很大一個比例。他所贊成或不贊成的，他所反對的或提倡的，他所高興的或厭惡的，往往可以理解為這種接受的潛在特質的表面衍生物。

自我實現者的內在動力不僅順理成章地為他們提供了這種基礎（因此至少從個意義上看，充分發展的人性是全球的、跨文化的），而且還提供了其他決定因素。這些決定因素包括：他與現實的特別適意的關係，他的社會感情，他的基本需求滿足的狀態，他所特有的對於手段和目的的區分等等。

自我實現者對待世界以及他們的實踐活動的方式，會產生一個極為重要的後果：在生活的許多方面，衝突、鬥爭以及選擇時的猶豫和矛盾減弱或消失了。很明顯，「道德」很大程度上是不接受或不滿意的副現象。在一種異教徒的氣氛裡，許多問題好像沒有道理，並且淡化了。其實，與其說解決了這些問題，倒不如說把它們看得更清楚了，它們原本絕非一些本質固有的問題，而只是一些「病人製造的」問題，例如，打牌，跳舞，穿短裙，在某些

第三章　實現自我的價值

教堂裡接受祝福或懺悔，喝酒，只吃某些肉類或只在某些日子裡吃肉。對於自我實現者而言，不僅這些瑣事變得無足輕重，而且整個生命進程在一個更重要的水準上繼續發展，例如，兩性關係、對身體構造及其功能的態度、對死亡本身的態度等。

我不由想到，透過更深層次的探求之後，所謂的道德、倫理和價值的許多其他東西會成為一般人心理病態下毫無道理的外體現。一般人被迫在許多衝突、挫折和威脅中做出某種選擇，價值就在選擇中表現出來，而對於自我實現者，這些衝突、挫折和威脅都消失或者解決了，就像關於一個舞蹈的爭論會平息一樣。他們覺得兩性表面上不可調和的鬥爭不再是鬥爭，而是快樂的協作；成人與兒童的利益其實根本沒有那樣明顯的對抗性。對他們來說，不僅異性間和不同年齡間的不和是如此，天生的差異等等也是如此。我們知道，這些差異都是焦慮、懼怕、敵意、進攻性、防禦和嫉妒的肥沃的溫床。但實際上，它們似乎並非必然如此，因為我們的研究對象對差異的反應就很少屬於這種不值得追求的類型。

很典型的一個例子就是師生關係。我們研究對象中的教師的行為方式非常健康，這是因為他們對這種關係的理解異於常人。例如，他們將它理解為愉快的合作，而不是意志間的衝突，對權威、尊嚴的威脅。他們以自然的坦率代替了做作的尊嚴，前者很不易受到威脅，而後者很容易甚至不可避免地要受到冒犯，他們並不試圖做出無所不知、無所不能的樣子，也不搞威嚇學生的獨裁主義，他們並不認為學生間、師生間的關係是競爭關係，他們也不會擺出教授的架子，而是保持像木匠、管道工一樣普通人的本色。所有這一切創造了一種沒有猜疑、小心翼翼、自衛、沒有敵意和擔心的課堂氣氛。在婚姻關係、家庭關係以及其他人際關係中也同樣如此，當威脅減弱了，這些類似的對威脅的反應往往也就消失了。

悲觀絕望的人和健康樂觀的人在原則和價值觀的許多方面都是不一樣的。他們對於自然界、社會，以及自己隱蔽的心理世界的感知和理解有著深刻的區別，這種感知和理解的組織和系統在一定程度上決定了該人的價值系統。對於基本需求滿足匱乏的人來說，周圍世界充滿危險，既像是生活在莽林中，又如同生活在敵國領土上，在其中既有著他可以支配的人，也有可以控制他的人，這像任何貧民區居民的價值體系不可避免地受低級需求支配和組織。基本需求得到滿足的人則不可能這樣，由於基本需求的充分滿足，他能夠把這些需求滿足看得無所謂，並全力以赴地追求更高級的滿足。這就是說，兩者的價值體系不同，滿足的需求也必然不同。

在已經自我實現了的人的價值系統中，其最高點是絕對獨一無二的，它是個人獨特的性格結構的體系。這種情況非常清楚、不容置疑，因為自我實現就是實現一個自我，絕不會有兩個自我是完全相同的，只有一個雷諾爾，一個布拉姆斯，一個斯賓諾莎。我們已經看到，我們的研究對象有很多共同之處，但同時個人化的程度卻又更高，他們更加鮮明地成為他們自己，他們也不像任何常人對照組的成員那樣容易彼此互相混淆，也就是說，他們之間既有相似之處但又迥然不同。他們同迄今描述過的任何一類人相比，都有著更加徹底的個人化，同時又有著更加完全的社會化，有著對人類的更深刻的認同。

假如最社會化的人本身也最個人化，假如最成熟的人同時又不失孩子的天真和誠實，假如最講道德的人同時生命力又最旺盛、欲望最強烈，那麼繼續爭論這些區別還有什麼意義呢？

自我實現者整合二歧的原則

　　對於二歧的問題，我們必須也最終可以歸納和強調一個對自我實現者的研究中得出的非常重要的理論上的結論。其實透過好幾處也可以斷定，過去認為最截然相反、對立或二歧的東西，其實只對不健康者存在。在健康者看來，這些二歧已經解決，對立已經消失，許多過去認為是不可調和的東西已整合併結合為統一體。

　　比方說，心與腦、理性與本能、直觀和理解之間，常被認為早就存在著對立，但在健康人的身上卻根本看不出。它們的關係由對抗變成協作，它們相互之間沒有衝突，因為它們表達的是同樣的意思，得出的是同樣的結論。一句話，在健康人身上，欲望和理性相互吻合、天衣無縫。聖奧古斯汀說「摯愛上帝，為所欲為」，這句話可以恰當地解釋為「自我保健，為所欲為」。

　　由於健康人的行動，從根本上看既有利己又有利他的，所以自私與無私的二歧也不存在了。我們的研究對象既有高尚的精神生活，又非常不受約束，喜愛聲色美味之樂。當責任也是快樂，工作等於消遣時，當履行職責並且講求實效的人同時也在尋求快樂，而且的確非常愉快時，職責與快樂、工作與消遣也就不再相互對立了。假如最社會化的人本身也最個人化，假如最成熟的人同時又不失孩子的天真和誠實，假如最講道德的人同時生命力又最旺盛、欲望最強烈，那麼繼續爭論這些區別還有什麼意義呢？

　　同樣還可以在下面的對立中發現到這一點：仁慈與冷酷、具體與抽象、接受與反抗、自我與社會、適應與不適應、脫離他人和與他人融合、嚴肅與幽默、認真與隨便、莊重與輕浮、酒神與太陽神、內傾與外傾、循規蹈矩與不合習俗、神祕與現實、積極與消極、男性與女性、肉俗與愛情、性愛與友愛等。對於這些人，本我、自我和超我是互相協作的，它們之間並不發生衝

突，它們的利益也無根本分歧，這種情況與神經病患者則恰好相反。他們的認知、意動和情感結合成一個有機統一體，形成一種非亞里斯多德式的互相滲透的狀況。高級需求和低級需求的滿足不是處於對立，而是趨向一致。

　　許多個重要的哲學兩難推理都被發現有兩種以上的解答，或者根本沒有答案。假如兩性之間的衝突結果在成熟的人那裡根本不存在，而僅僅是成長的阻礙或削弱的徵兆，那麼誰還願意選擇這種衝突的關係？誰會再三思索而高瞻遠矚地選擇心理病理學？當我們同時發現兩位女性都是健康的婦女之時，還有必要在好女性和壞女性之間選擇嗎？她們之間還相互排斥嗎？

　　類似於以上的情況，健康人與普通人之間的區別不僅在程度上，而且在類型上的區別都是如此之大，導致了兩種截然不同的心理學。我們越來越清楚地看到，有殘疾、發育不全、幼稚和虛弱的人只會產生殘缺不全的心理學和哲學，而對於自我實現者的研究，必將為一個更具普遍意義的心理科學奠定基礎。

第三章　實現自我的價值

第四章　體驗人生的幸福

　　高峰經驗論是自我實現論的合理延伸和有機組成部分。高峰經驗是一種強烈的、令人心蕩神遊、出神入迷的境界體驗，是人最美好時刻的體驗，它不僅是個人的最高幸福時刻，而且還能帶來個人對存在價值的領悟以及對自我同一性的發現。它預示著幸福不僅能給你帶來情感上的愉悅，而且能使你發現人生的真正意義。

　　在高峰經驗中，我們作為世界萬物的代理人，察覺整個世界或它的遺產。只有那時，我們才能察覺世界萬物的價值，而不是我們自己的價值。這些價值我稱之為存在價值。

—— 馬斯洛

　　存在認知使活動成為不可能，或者至少是使活動猶豫不決，這是它的主要危險。存在認知沒有判斷、比較、宣判或評價，它也沒有決定，因為決定是行動的準備，而存在認知是消極凝視、鑑賞、不干預事物，是「任其自然」。

避免存在認知危險的策略

　　存在認知使活動成為不可能，或者至少是使活動猶豫不決，這是它的主要危險。存在認知沒有判斷、比較、宣判或評價。它也沒有決定，因為決定是行動的準備，而存在認知是消極凝視、鑑賞、不干預事物，是「任其自然」。如果一個人僅是凝視腫瘤或細菌，或者肅然敬畏，讚美、驚異、陶醉於豐富理解的快樂，那麼，他就什麼也不會去做。所有一切全都被暫時擱置在一邊了，無論是憤怒、畏懼、改善境遇、破壞或屠殺的欲望、譴責，或是以人為中心的結論（「這對我是有害的」或者「這是我的敵人，會傷害我」），錯誤和正確、善和惡、過去和將來，全都與存在認知沒有關係，同時也是對它不起作用的。在存在主義的意義上說，這不是一般意義上的人性，或者至少這不是存在於世界之中；存在認知是超然的、有同情心的、非主動的、非干預的、非行動的。它與以人為中心的意義上的朋友和敵人是沒有關係的。只有當認知轉移到缺失性認知時，即轉到決定、判決、懲罰、譴責、規劃未來的時候，活動才成為可能。

　　既然是這種情況，那自然會產生危險：存在認知與當時的活動是不相容的。但是，由於在大多數時候我們是生活在世界中，所以活動是必需的（防禦的或進攻的活動，或利己主義的活動，從觀看者的角度而不是從被觀看者的角度說）。老虎，從它自己「存在」的觀點看，有活的權利（蒼蠅、蚊子、細菌也一樣）；而人也有同樣的生活權利。這樣，衝突就不可避免了。自我實現可能迫使人殺死老虎，儘管對老虎的存在認知是反對殺死老虎的。

　　雖然從存在主義的觀點看，自我實現概念的固有的和必需的東西，也是一定的利己和自我保護，是對必要的暴力甚至殘忍的某種允許。因此，自我實現不僅需要存在認知，而且也需要缺失認知作為自身不可或缺的方面。這就意味著，衝突和實踐的果斷、抉擇，必然包含在自我實現的概念中。這就

意味著搏鬥、鬥爭、努力、不確定、內疚、悔恨也必定是自我實現的副現象。這就是說，自我實現必須包括兩個方面：沉思（注視）和活動。

在有某種分工的社會裡，這是有可能的。如果另一個人可以幹這種活動，那麼沉思者完全可以免除活動。我們並不需要為我們自己吃牛排而去宰牛。哥爾德斯坦已經以廣泛概括的形式指出了這一點，正像他的腦損傷的病人那樣，由於別人保護他們，並為他們做他們所不能做的事情，從而使他們能夠無分離、無災難、無焦慮地生活。一般來說，自我實現者在各個領域得到別人的容許和幫助，至少在特定範圍內是如此，因此自我實現變得有可能了。

我的同事托曼在談話中曾強調說，在專門化的社會裡，全面豐滿的自我實現的可能性會變得越來越小。愛因斯坦，一個在他的晚午高度專門化的人，由於他的妻子普林斯頓、朋友們的幫助和容許，才有可能自我實現。愛因斯坦之所以能放棄多面性並且自我實現，是因為其他人為他做了事。在荒島上，單獨地，他可能有哥爾德斯坦意義上的自我實現，即在環境容許的條件下盡他的所能。但是，無論如何，他已經具有的這種專門化的自我實現，在那裡是不可能的。而且，自我實現大概是全然不可能的，也就是說，他可能死去了，或者由於他明顯的無能為力而變得焦慮和自卑，或者可能悄悄地回到缺失性需求水準的生活。

存在認知和沉思理解的另一危險，是它可能使我們成為不太負責的，特別是在幫助別人方面。極端的事例是對幼兒的態度，「任其自然」意味著阻礙他的發展，甚至意味著扼殺他。我們對於非幼兒、成人、動物、土地、樹木、花草等也都負有責任。對美麗的腫瘤感到極端驚異而不理會病人的醫生，可能傷害了他的病人。如果我們鑑賞洪水，我們就不會建築堤壩。這不僅對於遭受不活動後果的其他人，而且對於沉思者自己，都是確確實實的。由於他的旁觀和不活動在別人身上造成的惡劣後果，肯定會感到是有罪的。

第四章　體驗人生的幸福

他必然感到問心有愧，因為在某個方面他「愛」他們；他與他們的兄弟情誼使他們融成一體，這就意味著關心別人的自我實現，而他們的死亡或遭難則中止了他們的自我實現。

這種二難推理的最好例子，在教師對學生，父母對子女，治療者對病人的態度上完全可以找到了。在這裡，很容易看到，這種關係變成了自身同類的關係。但是，我們也必須處理一些急需解決的問題，如教師（父母、治療者）在促進成長上的責任，也就是樹立界限、紀律、懲罰、不使滿足、蓄意成為阻撓者、做出能喚醒而又能承受的敵意等等。

活動的抑制和責任心的喪失導致宿命論。也就是說，未來將成為怎樣就成為怎樣，世界是怎樣就是怎樣，這是確定了的。對此，我沒有事情好做。這是意志論的喪失，自由意志的喪失，是決定論的一種壞理論，而且對於所有人的成長和自我實現肯定是有害的。

不活動的沉思肯定會受到這種沉思危害的其他人的誤解。他們會認為這是缺乏愛，是缺乏關心和同情。這不僅會阻礙他們向著自我實現成長，而且可能使他們在成長的斜坡上往下滑，因為這會「告訴」他們這個世界是壞的，而且人也是壞的。結果，他們對人的愛、尊重和信任將會倒退。這也就意味著使世界變得更壞，特別是對兒童、青少年和意志薄弱的成人來說是如此。他們把「任其自然」理解為忽視和缺乏愛，甚至理解成蔑視。

純沉思就是上述問題的一個特例，包含不書寫、不幫助、不教育的意思。佛教區分為佛陀和菩薩。佛陀只是為自己獲得啟蒙，而不管其他人；而已經達到了啟蒙的菩薩，則仍然覺得只要其他人還沒有得到啟蒙，他自己的皈依就不是盡善盡美的。我們可以說，為了自我實現，他必須離開存在認知的極樂世界，以便能幫助其他人並且教育他人。佛陀的啟蒙是純粹個人的、私人的占有物嗎？還是它也必定屬於其他人、屬於世界呢？的確，書寫和教育他人經常是從極樂世界隱退，它意味著自己放棄天堂，而去幫助其他人達

到天堂，當然，也並非永遠是這樣。禪宗和道教是正確的嗎？他們說：「你一談了它，它就不存在了，它就不再是真實的了。」這就是說，檢驗它的唯一方法是體驗它，而且用什麼話都永遠不能描述它，因為它是不可言喻的。

當然，雙方都有正確的一面，這也是存在主義永遠不能解決的二難推理的原因。如果我發現了一個其他人可以分享的綠洲，我將獨自享受它呢？還是把別人也領到那裡以便挽救他們的生命？如果我發現了約斯米特幽谷，而它的美麗在一定程度上是由於它的寂靜、無人、幽僻，那麼，我是保持它的原狀好呢？還是使它成為千百萬人觀賞的國家公園好？因為人們是眾多的，這會使它失去它的本來面目，甚至會使它遭到破壞。我要不要和其他人分享我的私人海灘，從而使它成為非私人的？尊重性命、憎恨主動殺生的印度人，讓牛吃得很肥卻任嬰兒大量死亡，這究竟算不算正確呢？在貧困的國家中，面對挨餓的兒童，我究竟在何種程度上考慮才可以讓自己享用食物？在這些問題上，沒有一個好的、徹底的、理論上的先驗答案。自我實現必然是利己的，然而它也必須是不利己的。因此，這裡必定有抉擇、衝突，以及遺憾產生的可能性。

也許分工的原理（與個人體質性差異的原理相連繫）能夠幫助我們找到較好的答案（儘管永遠不可能找到盡善盡美的答案）。在各種宗教團體中，一些人受到「利己的自我實現」的感召，另一些人受到「成為善的自我實現」的感召。這可能是符合社會要求的，因為社會贊成一些人變成「利己的自我實現者」，變成純沉思者。社會可能設想支持這種利己的自我實現者是值得的，因為他們可以給其他人樹立良好的榜樣，為別人提供純粹的、世界之外的沉思（旁觀）能夠存在的啟示和範例。我們為少數幾個偉大的科學家、藝術家、作家和哲學家做這樣一些事情，我們免除他們進行教學、寫作和承擔社會責任的義務，不僅是由於「純粹的」理性，而且是在進行一場冒險，認為這樣可以抵償我們的支出。

第四章　體驗人生的幸福

　　這個二難推理也使「真實的內疚」問題複雜化了（佛洛姆的「人道主義的內疚」），我這樣稱呼它是為了把它同神經病的內疚區分開。真實的內疚來自沒有達到對你自己的、對你自己一生命運的、對你自己固有本性的忠誠。

　　在這裡，我們就產生了進一步的問題：「什麼樣的內疚出自對你自己的忠誠，而不是來自對他人的忠誠呢？」因為我們看到，對你自己的忠誠有時可能與對他人的忠誠存在著固有的、必然的衝突，只在極少數情況下，選擇才能同時滿足二者。如果為了對你自己是忠誠的，你就必須對別人是不忠誠的，而社會興趣又是心理健康的本質方面或規定方面，那麼，這個世界必然是可悲的，因為自我實現的人為了挽救另一個人就要犧牲他自己的某些份額。從另一方面說，如果你首先對自己是忠誠的，那麼這個世界也必然是可悲的，因為純粹的（而且是利己的）沉思者並沒有幫助我們的想法。

　　存在認知可能導致無區別的認可、損害日常的價值、喪失鑑別能力，以及過分容忍。的確如此，當每一個人只是從自己存在的觀點來看自己時，就會把自己看成是完美的。這時，對於這種觀點來說，一切評價、評定、判斷、非難、批評、比較全都不適用而被拋在一邊了。然而，請允許我說，無條件的認可對於治療者、相愛者、教師和朋友來說是絕對必要的。顯然，對於法官、警察和行政官員來說，無條件認可只是其中的一部分。

　　我們已經考察了包含其中的兩種人際態度的不相容性。大多數心理治療家都會拒絕對他的病人採取懲戒或懲罰活動。許多行政官員、管理人員或將軍，則拒絕對他們指揮的人承擔任何治療的責任，對於他們指揮的人，他們的態度只有解僱和懲罰。

　　幾乎對於所有的人，這種困難都由在不同場合既應該成為「治療者」又成為「警察」的必要性造成。而且，我們可以推測，人性越完美的人擔當這兩種角色也就越認真。同通常根本意識不到這種困境的普通人相比，這種完

美人性越多的人，很可能被這種困境搞得更加煩惱。

可能是由於這個原因，也可能是由於別的原因，我們所研究過的自我實現的人，一般都能依靠同情和理解把兩種功能很好地結合起來，而且他們也比普通人更有正當義憤的能力。有些資料證明，自我實現的人和比較健康的大學生在表露正當義憤和非難的程度時，與普通人相比，前者顯得更真誠和更少猶豫。

除非理解和同情有憤怒、非難和義憤作為補充，否則就有可能拉平一切感情，對人反應平淡，無義憤能力，喪失對真正能力的識別力，扼殺優越性和美德。對於專業的存在認知者來說，這就有可能導致職業上的危險。例如，如果我們可以從表面上評價這種普遍印象的話，那麼我們就可以說，許多心理治療家在他們的社會交往中，看來就過分中立和無反應，太溫和，太平穩，太沒有火氣了。

在一定意義上說，對於另一個人的存在認知就是把他看成「十全十美的」，這很可能使他產生誤解。不僅受到無條件的認可、接受絕對的愛、得到完全的讚許，有奇妙的增強和促進成長的作用，還有高度治療的作用，而且能促進心靈發展。然而，我們也必須意識到，這種態度也可能被曲解為一種不能容忍的要求，也就是說，他以不實際的至善論的期望作為生活實踐的目標。他覺得越不完善和越無價值，他對「完善」、「認可」這些詞曲解得就越多，他也會越發覺到這種態度是一種包袱。

當然，「完善」這個詞有兩個意思，一是存在範疇內的，一是缺失、力求、形成範疇內的。在存在認知中，「完善」意味著完全現實主義地理解和承認這個人的一切實際情況，在這層意義上，說明每一個活著的人都是完善的。在缺失性認知中，「完善」包含不可避免的錯誤感知和幻覺的意思在內。也就是說，在第一種意義上，每一個活著的人都是完善的；在第二種意義上，沒有一個人是完善的，而且永遠不可能是完善的。簡而言之，我們可以

把他看成是存在性完善的，因而自然就可能弄得不自在、自卑和深感內疚，彷彿他在欺騙我們。

我們可以合理地推論出，一個人越是能夠存在地認知，他也就越能認可和享受存在認知。我們也可以預期，這種曲解的可能性通常可以在存在認知者、完全理解並認可另一個人的人身上，造成棘手的策略問題。

值得在這裡分開來談的最後一個棘手問題：可能有的過分唯美主義是存在認知保留下的。對生活的美感反應，在本質上往往同對生活的實踐和道德反應相牴觸（古老的形式和內容的衝突）。一種可能性是完美地描繪醜陋的東西，另一種可能性是不適當地、非審美地描繪真的、善的、甚至美的東西。我們真、善、美地描繪真、善、美，即沒有問題的描繪，暫時撇開不談。由於這個二難問題在歷史上已經爭論得太多了，所以，在這裡我只是指出，它也包括更成熟的人對不太成熟的人的社會責任的問題，即對可能混淆存在認知和缺失性贊成的人的社會責任的問題。對於生活在令人恐怖的和使人誤入歧途的世界上的存在認知的人，這是一個要承擔的附加責任。

從理論上看，自我實現被誤解為靜態的、不真實的、「完美的」狀態，似乎在這種狀態中，一切人的問題全都超越了，人們「永遠快樂生活」在寧靜或狂喜的超人狀態中。但從經驗上看，情況並非如此，這也是我急於糾正的主要原因。

永遠快樂生活的祕密

從理論上看，自我實現被誤解為靜態的、不真實的、「完美的」狀態，似乎在這種狀態中，一切人的問題全都超越了，人們「永遠快樂地生活」在寧靜或狂喜的超人狀態中。但從經驗上看，情況並非如此，這也是我急於糾正的主要原因。

　　為了使實際情況更清楚些，我可以把自我實現描述為這樣的人格發展，這種人格發展使人擺脫了青年的缺失問題，也擺脫了人生的神經病態（幼稚的、幻想的、不必要的、「不真實的」）問題。因此，他能夠對付、忍受和抓住人生的「真正」問題，因為人內在的和終極的問題，避免不了「存在性」問題，對於這些問題並沒有什麼完善的答案。也就是說，這並不是問題不存在了，而是一個從過渡性問題或不真實的問題運動到真實的問題。為了使人驚醒，我甚至可以把自我實現的人稱之為自我認可和頓悟的神經症患者，因為這個概念能夠解釋「理解和承認人的固有狀態」的同義語，也可以說，勇敢地面對和承認人性的「缺點」，甚至是對這些缺點「欣賞」並感到有趣，而不是力求否定它們。

　　正是這些真實的問題，甚至是（或者尤其是）最成熟的人都要碰到的問題，才是我希望在將來討論的。例如，真實的內疚，真實的悲痛，真實的孤獨，健康的利己，英勇，責任心，對別人負責等等。

　　隨著普遍級人格的形成一造成來的，除了看到真理時的內在滿足而不是欺騙自己之外，當然還有量上的（以及質上的）增進。從統計的角度來看，大多數人的內疚是神經病性質的，而不是真實的內疚。成了無神經病性質的內疚的人，確實意味著內疚的數量更少了，儘管真實的內疚可能繼續存在。

　　不僅如此，高度發展的人同時也有更多的高峰經驗，並且這些體驗是更加深刻的（即使這一點可能不大符合「著迷的」或阿波羅型的自我實現的實情）。這就是說，雖然成了更完善的人仍然有問題和痛苦（儘管是「更高級的」類型），然而實際情況卻是，這些問題和痛苦在數量上是較少的，而愉快在數量上則是更多的，而且在品質上是更高的。總之，由於達到了個人發展的更高水準，所以個體在主觀上更入佳境。

　　自我實現者比一般公眾在特殊類型的認知，即我稱之為存在認知上是更有能力的。我把這種認知描述為本質的、存在性的、內在結構和動力的、人

和物或任何事物現存潛力等的認知。存在認知與缺失認知、或以人為中心的認知和以自我為中心的認知形成鮮明的對照。正是因為自我實現並不意味著沒有問題，所以存在認知作為自我實現的一個方面，包含著一定的危險。

這些自我實現的研究對象在存在認知、沉思和理解能力方面比一般的公眾要大得多。這一點看來是個程度的問題，因為每一個人似乎都有偶然的存在認知、純粹沉思、高峰經驗的能力。

連繫沉思與活動的途徑

在自我實現的研究對象身上，存在性認知和缺失性認知之間有什麼關係呢？他們是怎樣把沉思和活動連繫起來的呢？雖然當時我並沒有以這種形式想到這些問題，但是，我可以用回想的方式報告如下印象。

首先，這些自我實現的研究對象在存在認知、沉思和理解能力方面比一般的公眾要大得多。這一點看來是個程度的問題，因為每一個人似乎都有偶然的存在認知、純粹沉思、高峰經驗的能力。

第二，他們同樣也有更多的有效活動和缺失性認知的能力。必須承認，這可能是在美國選擇研究對象的副現象，甚至這也許是研究對象的選擇者是美國人這個事實的副產品。總之，在我研究過的自我實現的人中，我沒有碰到像佛教僧侶那樣的人。

第三，我回憶的印象是，在大多數時刻，多數完美人性的人都過著日常的生活 —— 購物，吃飯，成為有教養的人，去看牙科醫生，考慮金錢，反覆思考是選擇黑色皮鞋還是棕色皮鞋，去看無聊的電影，閱讀流行的文學作品等等。可以一般地預測，他們對惹人厭煩的事情是生氣的，對罪行是震驚的等等。儘管這些反應可能是不太強烈的，或具有同情色彩的。高峰經驗、存在認知、純粹沉思，無論自我實現的人看來是如何頻繁，但是從絕對數量上

看，即使是對他們來說，這些也是罕見的體驗。這一點是實際情況，儘管還有另一種實際情況：即更成熟的人在一些別的方面會全部或大部分時間生活在更高水準上，例如，更清楚地區分手段和目的、深層和表面。一般的是更表現的、更自發的，同他們所愛的東西是深切地連繫在一起的等等。

因此，這裡提出的問題更多的是終極問題而不是中間問題，是理論問題而不是實踐問題。然而，與理論上努力說明人性的可能性和限度相比，這些二難推理問題是更重要的。因為它們是真實內疚、真實衝突的起因。它們是我們可以叫做「真實存在心理病理學」的起因。我們必須繼續同這些二難推理問題作鬥爭，因為它們也是個人的問題。

在科學理論的創立歷史上，最具有代表性的情況是：在任何科學解決成為可能以前，便有一種對當時缺陷的不安感。換個方式來說，在創立科學理論之前，對未知領域的探索通常是採取一種深感不滿的形式。

探索高峰經驗的形式

我透過同 80 名個人進行個別談話以及 190 名大學生對下述引導語的書面回答做出的原始近似概括 —— 一種印象主義的、典型的、「混成的模擬」或組織。

我希望你想一想你生活中最奇妙的一個體驗或幾個體驗 —— 最快樂的時刻，著迷的時刻，銷魂的時刻，這種體驗可能是由於戀愛，或者由於聽音樂，或者由於突然被一本書或一張畫「擊中了」，或者由於某種巨大的創造契機。首先列出這些體驗，然後請你盡力告訴我，在這種激動的瞬間，你的感覺是怎樣的，你這時的感覺同其他時候的感覺有何不同，在這種時刻，在某些方面你是怎樣一個不同的人。在其他研究對象那裡，問題也可以這樣提出：這時世界看來有什麼不同。

第四章　體驗人生的幸福

事實顯示，沒有一名測試者做出完全的症候報告。我把所有不完全的回答加在一起，得出了一個「完全的」混合症候群。另外，大約有 50 人閱讀了我以前發表的文章後，主動給我寫了信，向我提供了有關高峰經驗的個人報告。最後，我還發掘了大量有關神祕主義、宗教、藝術、創造、愛等許多方面的文獻。

自我實現的人，那些已經達到高度成熟的人、健康的人、自我完成的人，給我們很多有益的經驗，以致有時覺得他們是不同種的人。但是，由於這些如此的新穎，所以它最終的可能性和抱負就是探索人性所能達到的高度，這是艱巨而曲折的任務。對我來說，這個任務包括不斷破除珍愛的公理，不斷處理似乎矛盾的、相互牴觸的和模糊不清的現象。每當那些長期建立起來的、深信不疑的、似乎無懈可擊的心理定律在我頭腦中糾纏時，我也會很傷感。不過，這些東西往往被證明根本不是什麼定律，而只是在輕微的、慢性的心理病理和畏懼狀態下，在發育不全、殘缺和不成熟狀態下的生活常規。這些缺陷我們並不注意，因為他人大都也具有這一類和我們相同的疾病。

在科學理論的創立歷史上，最具有代表性的情況是：在任何科學解決成為可能以前，便有一種對當時缺陷的不安感。換個方式來說，在創立科學理論之前，對未知領域的探索通常是採取一種深感不滿的形式。例如，在我們研究自我實現者時，首先向我提出來的一個問題，就是模模糊糊地察覺到他們的動機生活在一些重要方面不同於我過去學習和知道的那些動機。開始時，我把他們的動機描述為表述的而不是應付的。但是作為全面的表述，這並不是完全正確的。然後我又指出，這是非激發的或超激發的、超越努力的，而不是被激發的。

但是，這個表述是如此嚴重地依賴你所認可的那種動機理論，以致這種表述造成的困惑和它給予的幫助一樣多。我已經對比過成長性動機和缺失性

動機，在這裡是很有幫助的。但是這仍然不是定義性的，因為它並沒有充分區別開形成和存在，必須提出一個新的行動方針轉入存在心理學，它包含和概括了已經做出的三種嘗試，以某種書面方式說明，在動機生活和認知生活方面，充分發展的人和其他大多數人有哪些差異。

存在狀態是暫時的、超激發的、非努力的、非自我中心的、無目的的、自我批准的狀態，是盡善盡美和目標達到時的體驗和狀態。這種分析的形式，首先來自研究自我實現者的愛的關係，其次來自研究其他人，最後來自瀏覽神學、美學、哲學文獻。但最為重要的事卻是區別兩種類型的愛：缺失愛和存在愛。

我在存在愛（為了其他人或物的存在）的狀態中發現了一種特殊的認知，那是心理學知識未曾武裝過的。但是，後來我看到，一些藝術的、宗教的和哲學的作者對這種認知卻曾有很好的描述。我將這種特殊的認知稱之為存在性認知。它同那種由個體缺失性需求構成的認知 —— 我稱之為缺失性認知的那種認知 —— 形成鮮明的對比。存在愛有更敏銳、更透徹的感知力，即他能在親愛的人身上覺察到他人視而不見的現實。

在這裡我以一種獨特的描述方式概括存在愛體驗中的一些基本認知事件的嘗試。存在愛的體驗，也就是父母的體驗，神祕的或海洋般的或自然的體驗，審美的知覺，創造性的時刻，矯治的和智力的頓悟，情慾高潮的體驗，運動完成的某種狀態等等。這些以及其他最高快樂實現的時刻，我將稱之為高峰經驗。

在「實證心理學」或「行為心理學」中，這個問題是未來的一個議題。因為我們論述的是充分發揮作用和健康的人，而不僅僅論述常規的病人，因此，它同「一般人的心理病理」心理學並不是矛盾的；它超越了那種心理學，而且能以一種更廣泛的更綜合的結構體現那種心理學的所有發現。這個更廣泛的理論結構既包括疾病的，也包括健康的；既包括缺失性的，也包括

形成的和存在的。我把它稱之為存在心理學？因為他關心的是目的，而不是手段，也就是說，它關心的是目的體驗、目的價值、目的認知，以信作為目的的人。大多數心理學是研究不具備的而不是研究具備了的東西，是研究努力而不是研究完成，是研究挫折而不是研究滿足，是研究尋求快樂而不是研究達到了快樂，是研究力圖達到那裡而不是研究已存在在那裡。一切行為都是被激發的，這雖然是錯誤的和先驗的公理，然而被普遍地接受了，似乎是不言而喻的。

在高峰經驗中，我們作為世界萬物的代理人，察覺整個世界或它的遺產。只有那時，我們才能察覺世界萬物的價值，而不是我們自己的價值。這些價值我稱之為存在價值。

人性能達的最高高度

在存在認知的過程中，體驗或對象普遍存在著被看成是超越各種關係、可能的利益、方便和目的的傾向。從某種角度來考慮，它似乎就是宇宙中所有的一切，似乎它就是和宇宙同義的全部存在。

這一點同缺失性認知形成鮮明的對照，大多數的人類認知經驗都是缺失性認知。這些經驗只能是部分的和不完全的。

我想起了19世紀的絕對唯心主義，在這種看法中，全部宇宙被設想成是一個單位。由於這個統一體永遠不可能被有限的人容納、理解或認知，所以一切對現實的認知，必然被看成是存在的部分，而它的整體永遠是不能想像的。

在具有存在認知的時候，知覺對象是被充分而完全地注意到的。這個特性可以叫做「總體注意」。在這裡，我試圖描述的特性與迷戀補充完全吸收。在這種注意中，圖形成為全部的圖形，背景實際上消失了，或者至少是

沒有被顯著地覺察到。這時，圖形似乎從所有其他東西中抽出來了，世界彷彿被忘掉了，似乎這時這個知覺對象已變為整個存在。

由於整個存在正在被察覺，如果整個宇宙又可以同時被容納，那麼它所包含的一切規律都會被掌握。

這種知覺與常規知覺有明顯不同。在這裡，注意對象和注意有關的所有其他東西是同時進行的。對象是在它與世界上所有其他東西的關係中，而且是作為世界的一部分被察看的。正常的圖形背景關係是有效的，即背景和圖形兩者都被注意到了，儘管是以不同方式被注意到的。另外，在普通的認知中，對象不是按其本來面目，而是作為類的一個成員，作為更大範疇中的一個範例來看的。我已經把這種知覺描述為「類化的」，而且還要指出，這種常規知覺並不是包括人和物各個方面的完美知覺，而是一種分類、歸類，是為放進這個或那個文件櫃而貼上標籤的。

假如想更清楚地了解我們日常的認知，就要在一個連續統一體上進行，這裡包括自動地比較、判斷和評價，如更強、更少、更好、更高等等。

而存在認知可以叫做不比較的認知，或者不判斷的認知，不評價的認知。我的意思是那種與我們不同的原始人知覺方式。

一個人可以作為他本身來自察，即由他自己來看他自己。他可以被特異地和獨特地察看，彷彿他是他那一類的唯一成員。這就是我們透過獨特的個體知覺所表示的意思，當然，這也是一切診療學家所力求做到的。但是，這是一個非常困難的任務，它比我們平常打算承受的困難要大得多。然而，這樣的知覺是能夠短暫地發生的，而且在高峰經驗中，它已經作為這種體驗的特徵發生了。健康的母親愛戀地感知她的嬰兒，就近似這種個體的獨特知覺。她的嬰兒完全不同於世界上的任何其他人，他是妙極的、完美的、令人銷魂的（至少她能夠把自己的嬰兒從格塞爾常規中分離出來，並能夠與鄰居的孩子進行比較）。

第四章　體驗人生的幸福

　　一個對象整體的具體知覺也包含這種帶著「關懷」看的意思。反過來也是一樣，即「關懷」對象可以引起對它的持續注意。反覆地審視知覺對象的一切方面是非常必要的。母親一再地凝視她的嬰兒，愛人一再地凝視他所愛的人，鑑賞家一再地凝視他的畫，這種精細的關懷肯定會比那種不合邏輯的、一閃即過的、漫不經心的形式化知覺能夠產生更完全的知覺。從這種全神貫注的、入迷的、完全注意的知覺中，我們可以期望獲得細節豐富的、對客體多側面的知覺。這種知覺成果同漫不經心的觀察成果形成鮮明對照，後一種知覺只能提供經驗、對象的裸露骨架，只是有選擇地看到它的某些方面，而且是從「重要」和「不重要」的觀點出發的（一幅畫，一個嬰兒或所愛的人有什麼「不重要」的部分呢？）。

　　存在認知的實際情況是，人的一切知覺在某種程度上是這個人的產物，而且在一定程度上是他的創造。但我們也可以整理出外部對象 —— 作為與人的利害無關的東西，和作為與人的利害有關的東西 —— 在知覺上的一些差異。一般地說，自我實現者通常這樣感知世界萬物：彷彿某個對象不僅在外部事物之中是獨立的，而且它也是獨立於人的。普通人在他最高大的時刻，即在他的高峰經驗的時刻，也是如此。這時，他能比較容易地這樣看待自然，彷彿是從它自身並且是為了它自身來看，它本來就在那裡，而不是作為人的活動場所、為了人的目的而放置在那兒的。他能比較容易地防止把人的目的投射到它上面去。總之，他能按照對象自身的存在（「終極性」）來看待它，而不是作為某種有用的東西，或者作為某種可怕的東西來看待它，也不是按照某個別人的方式對它做出反應。

　　讓我以顯微鏡觀察切片作例子。這架顯微鏡透過組織切片可以發現事物本身的美，或事物的威脅、危險和病態。透過顯微鏡觀察腫瘤的切片，如果我們能夠忘掉它是癌，那麼它就可以被看成是美麗的、複雜的和令人驚異的

組織。如果從蚊子本身的目的看，那麼它就是一隻奇妙的東西。病毒在電子顯微鏡下也是迷人的東西（或至少它們是可以迷人的東西，只要我們能夠忘掉它們與人的關係的話）。

由於存在認知更有可能成為與人毫無關聯，所以，它就能使我們更真實地去查看事物本身的性質。

重複的存在認知看來能使知覺更豐富，這是我在研究存在認知和普通認知中浮現出來的一個差異，但至今我尚未證實。重覆審視我們所愛的面孔和我們讚賞的繪畫，會使我們更喜歡它，而且能使我們在各個方面越來越多地感知它，這個我們稱之為客體內部的豐富性。

但是，重複存在認知的效應與普通的重複體驗的效應（厭煩、熟悉、喪失注意等）相比，則構成更鮮明的對照。我發現了使我稱心如意的事，儘管我並未企圖證實它。即重複陳列我認為是好的畫，會使這些畫看起來更美；然而重複陳列我認為不好的畫，則會使它們看起來更不美。對於好人和壞人（如殘忍卑鄙的人）來說，實際情況也是如此，即重複地審視好人，似乎使他們看起來更完美；而重複地查看壞人，則內心傾向於使他們看起來更壞。

在那種普通的知覺中，通常最初的知覺只是分成有用的和無用的、危險的和沒有危險的類別，重複地觀察會使它變得越來越空虛。基於焦慮或由缺失性動機決定的普通知覺的任務，通常在第一次查看時就完成了。接著，察看需要就消失了，此後，已經分成了類別的人和物，簡直就不再被覺察了。在重複體驗時，貧乏就顯露出來。這樣一來，貧乏也就會越來越突出，越來越多。此外，重複地觀察不僅會造成這種知覺的貧乏，而且會造成持有這種知覺者的貧乏。

同不愛相比，愛能導致對於所愛對象內在本質更深刻的知覺，這裡主要的機制之一就是愛包含迷戀這個所愛的對象，因而「關懷」地重覆審視、

研究、查看、觀察。相愛的人能相互看出潛在性，這一點旁觀者是無能為力的。習慣上我們說「愛是使人盲目的」，然而，現在我們必須承認愛在一定情境中比不了更有知覺能力這種可能性。當然，這裡也包含著可能在某種意義上察覺尚未實現的潛在性的意思在內。這並不像是難以研究的問題。專家手中的羅夏測驗也是探察那些並沒有現實化的潛在性的。在原則上這是一個可以檢驗的假設。

美國心理學，或者更廣泛地說，西方心理學以那種我認為是種族中心主義的方式假定，人的需求、畏懼和興趣必然永遠是知覺的決定因素。知覺的「新觀點」是以認知必定永遠被激發的這種假設為基礎的。這也是古典佛洛伊德主義的觀點。進一步的假設包括，認知是應付現實的工具性機制，以及在很大程度上認知必然是以自我為中心的。設想事物之所以被看到只是由於觀察者的興趣的優勢地位，而且設想經驗必然是以自我為中心或定點而組織起來的。另外一點，這是美國心理學中的一個古老觀點，即所謂的「機能心理學」，它在廣泛流行的達爾文主義的強烈影響下，也傾向於從能力的有效性和「實用價值」的觀點來考慮一切能力。

而且，我把這種觀點看作是種族中心主義的原因，其中之一顯然是由於它作為西方觀點的自然流露而出現的，另一方面是由於它受到東方特別是中國、日本、印度的哲學家、神學家和心理學家的著作的長期忽視，而不提及哥爾德斯坦、墨菲、C·比勒、赫克斯利、索羅金、瓦茨、諾爾斯羅普、安吉爾，以及許多其他的作者。

在自我實現者的正常知覺中，以及在普通人比較偶然的高峰經驗中，知覺可能是相對超越自我的、忘我的、無我的。它可能是無目的的、非個人的、無慾求的、無自我的、無需要的、超然的。它可能是以客體為中心的，而不是以自我為中心的。這就是說，知覺經驗可以圍繞作為中心點的客體組織起來，而不是以自我為基礎組織起來，彷彿他們覺察的是某種獨立的現

實，這些現實並不依賴觀察者。在審美體驗和戀愛體驗中，有可能成為如此全神貫注，並且「傾注」到客體之中去，所以自我自然消失了。

一些討論美學、神祕主義、母性和愛的作者，如索羅金，甚至已經達到這樣的地步，認為在高峰經驗中我們甚至可以說觀察者和被觀察者的同一、兩個事物融合成一個新的更大的整體、一個超級的單位。這使我們想起某些有關神人和自居作用的定義。當然，這也展現了在這方向上進行研究的可能性。

高峰經驗被認為是自我批准的、自我證實的時刻，這種自我證實把自己的內在價值帶給了自己。這就是說，它本身就是同一的，是我們可以稱做目的體驗的而不是手段體驗的東西。它被認為是如此寶貴的一種體驗，是如此巨大的一種啟示，甚至試圖證實它也會脫離它的尊嚴和價值。透過我的研究對象關於他們的愛情體驗、神祕體驗、突然頓悟的報告，表明它是普遍性的證明，尤其是在治療情境中的頓悟時刻，這一點變得更明顯了。由於人會採取防禦手段保護自己避免洞察真情，所以頓悟的根本含意就是痛苦的認可。它的突入意識，有時對人是沉重的打擊。然而，儘管如此，它仍然被普遍報告為是值得的、稱心如意的和長期需要的。看見比看不見更好，即使是在看見傷痛時，也是如此。

事實是這樣的，體驗的自我批准，自我證實的內在價值，使得痛苦成為值得的了。眾多的討論美學、宗教、創造性和愛的作者，同樣也把這種體驗不僅描繪成是有內在價值的，而且把它描繪成在另一方面也是有價值的，即由於它們的偶然出現使得生活成為值得的了。神祕主義者總是斷言，那種在一生中只能偶然兩三次的、崇高的神祕體驗有巨大的價值。

這種高峰經驗與正常生活體驗相對比，差異非常顯著，行為被認為是同達到目的的手段一致的。在許多作者那裡，「行為」這個詞和「工具性的行為」這個詞被看成是同義的，每件事情都是為某個未來的目的，也就是為了

獲得某物而做的。在杜威的價值理論中，這種態度達到了登峰造極的地步。他認為，根本就沒有目的，只有達到目的的手段。甚至這樣的表述也不是完全確切的，因為這裡還包含著有目的的意思。更確切地說，手段是達到其他手段的手段，而這個其他手段反過來也是手段，如此循環，以至無窮。

純真快樂的高峰經驗，即是我的研究對象的終極生活目標和生活的終極證明和證實。心理學家居然無視高峰經驗，甚至官氣十足地沒有意識到它的存在，更糟的是客觀主義的心理學甚至先驗地否定它作為科學研究對象的可能性，這是難以理解的。

在我研究過的所有普通高峰經驗中，都有一種非常獨特的、在時間和空間上定向能力的喪失。確切地說，在這種時候，這個人在主觀上是在時間和空間之外的。例如，詩人和藝術家在創作的狂熱時候，他周圍的事物和時間的流逝對他絲毫沒有影響。當他「醒」過來要判斷過去了多長時間時，幾乎不能做到，通常他只好搖搖他的頭，彷彿剛剛從茫茫然中甦醒，弄不清自己身處何方。

但是，更經常的是，完全忽略了時間的流逝，熱戀中的人尤其如此。在他們的迷戀中，不僅感到時間過得驚人地快，一天可能像一分鐘似的過去，而且形成強烈印象的每一分鐘生活也可能像一天甚至一年那樣長。在一定程度上說，彷彿他們是在另一種世界上生活，在那裡，時間既是靜止不動的，又是以光的速度運動的。對於我們的日常範疇來說，這當然是矛盾的和荒謬的。然而，研究對象的報告確實是這樣的。因此，這是我們必須重視的事實。我看沒有理由說，這種時間的體驗可能經不起實驗研究的檢驗。在高峰經驗中對於時間流逝的判斷，必然是非常不準確的。同樣，對於周圍事物的覺知，與在常規生活中相比，也必然是極不準確的。

從價值心理學的涵義的角度考慮，我的發現是極其令人困惑的，然而又是如此始終一致的，因此，不僅有必要報告這些發現，而且需要有所理解。

讓我們首先從末尾開始，高峰經驗僅僅是善的、合乎需要的，而且從來沒有被體驗為惡的和不合乎需要的。這種體驗本質上就是正當的；這種體驗是完美的、全面的，而且不需要任何其他東西作為補充，它本身就是充分的。從本質上看，它被認為是必然的和不可避免的，它正像它應該成為的那樣，對它的反應是敬畏、驚奇、詫異、謙卑，甚至崇敬、得意和虔誠。神聖這個詞偶爾也被用來描繪人對高峰經驗的反應。在存在的意義上而言，它是快樂和歡欣的。

在這裡，哲學的蘊涵是驚人的。如果為了辯論，我們承認在高峰經驗時可以更清楚地看到現實本身的性質，更深刻地看透現實的本質，那麼，這就和很多哲學家和神學家所說的幾乎沒什麼兩樣。他們斷言，當從其最佳狀態和崇高的觀點來看時，整個存在僅僅是中性的或善的，而邪惡、痛苦、威脅等只是一種局部現象，一種不看宇宙的完整和統一，只從自我中心的或過於卑劣的觀點來看它的產物。當然，與其說是否認邪惡、痛苦和死亡，倒不如說是與它們的一種和解，是對它們的必然性的一種理解。

另一種觀點是把高峰經驗與包含在許多宗教之中的「上帝」概念作比較。由於「上帝」能注視和包容整個存在，從而也就理解了它，因此「上帝」必定把存在看成善的、恰當的、必然的，必定會把「邪惡」看成是侷限的和自私的看法和理解的產物。從這個意義上講，假如我們能像神那樣，那麼，出於對普遍性的理解，我們也就不會一味地申斥或譴責、失望和震驚了。如果這一假設成為可能的話，對於別人的短處我們只會有憐憫、寬容、仁慈的情緒，或者也許還會有悲哀或存在性幽默的情緒了。毫無疑問，這恰恰是自我實現者時常對外界的反應形式，這恰恰是所有心理治療家在對他們的患者做出反應時所力求做到的方式。然而，我們必須承認，達到這種像上帝般的、普遍寬恕的、存在性幽默的和認可存在的態度是極端困難的；甚至從純粹形態上看是不可達到的。可是，我們應該能意識到這是個相對性的問

題，而且我們能夠或多或少地接近它。但如果因為它來的很少、很短暫、很不純粹，就簡單地否認這個現象，那將是愚蠢的。儘管我們永遠不會成為純粹意義上的「上帝」，可是，我們能夠或多或少地經常地像「上帝」那樣。

　　總之，這種存在認知與我們的日常認知和反應有很明顯的區別。我們的日常認知是在手段價值的支持下進行的，對於我們的目的是否有益、是否合乎需要、是好是壞的考慮下進行評價、控制、判斷、譴責或者讚許。例如，我們是為什麼而笑，或是跟著一起笑。我們從個人角度和經驗作判斷，我們是在與我們的自我和我們的目的的關聯中來察覺世界萬物的，因此，我們僅僅把世界萬物作為達到目的的手段來看待。這與超然於世界是對立的。反過來說，這就意味著我們並沒有真實地察覺世界，而只是在察覺世界中的我們自己或我們自己中的世界。這時，我們是以缺失性動機的方式感知的，因此，我們能察覺的只是世界萬物滿足缺失的價值。從這一點來講，二者是截然不同的。在高峰經驗中，我們作為世界萬物的代理人，察覺整個世界或它的遺產。只有那時，我們才能察覺世界萬物的價值，而不是我們自己的價值。這些價值我稱之為存在價值。這些存在價值類似於哈特曼的「內在價值」。

　　我可以列舉出來的這種存在價值有：完整、完善、完成、正當、有活力、豐富性、單純、美、善、獨特性、不費力、樂趣、真實、純正、現實、自足。顯然，這些存在價值並不是相互排斥的，它們不是彼此分離或性質截然不同的，而是混在一起或相互覆蓋的。最終，它們是存在的各個側面，而不是它的各個部分。這些各式各樣的側面，暴露了它們的作用，都會進入認知的前景。例如，感知優美的人或美的繪畫，體驗完美無瑕的性感和愛情，頓悟，創造性，生產（分娩）等等。

　　這種存在價值的完美程度還不僅如此。古老的真、善、美三位一體，表

現了融合和統一，但是，存在價值要比這個多得多。在我們制度下的一個普通人身上，真、善、美僅僅是達到了還算好的相互關聯；而在神經病患者身上，甚至這樣的程度也沒有達到。存在價值的統一隻存在於發展了的和成熟了的人身上，也就是說，只在自我實現的、充分發揮作用的人身上存在這種高度融合。因為種種實踐的目的已經高度連繫起來了，也可以說它們融合成了一個整體。現在，我要進一步說，其他人在他們的高峰經驗的時刻的實際情況也是這樣的。

如果這個發現被證明是正確的，那麼，它們就會同一個指引一切科學的基本公理發生直接的矛盾，換句話說，知覺越是客觀和不受個人影響，它也就越超然於價值。事實和價值幾乎總是被看作反義詞和相互排斥的。但或許相反的情況才是正確的，因為當我們審查最背離自我、最客觀、最無動機、最被動的認知時，我們卻發現這種認知要求直接覺察價值，價值不可能和現實割裂，對「事實」最深刻的覺知將導致「是」和「應當」的融合。在這種時候，現實染上了驚奇、讚美、敬畏和滿意的色彩，即染上了價值色彩。

常規的體驗嵌在歷史和文化中，也嵌在人的轉變著的、相對的需求中。它是按照時間和空間的方式組織起來的。它是更大整體的組成部分，因此，對這些更大整體和參照系來說，它是相對的。因為不論實際情況如何，這種常規體驗都被認為是依存於人的，如果人消失了，它也就會消失，所以，組織的參照系就從人的興趣轉移到環境的要求方面；就從現在轉移到過去和將來，從這裡轉移到那裡。在這個意義上說，體驗和行為是相對的。

從這個角度考慮，高峰經驗就有較多的絕對性和較少的相對性。從我前面指出過的意義上看，它們不僅是沒有時間和空間的；不僅是脫離背景而更多的以它們自身被感知的；不僅是相對非激發的、超越人的私利的。而且，我們對它們的感知和反應，它們彷彿是在自身之中，是在我們「之外的某

處」，彷彿它們是我們對於一種不依賴於人的現實的覺知，而這種覺知是超越人的生命長久存在的。在科學上談論相對和絕對肯定是困難的和危險的。而且我意識到，這是一個語義學上的泥潭。然而，我的研究對象談到這種區別的許多內省報告降服了我，正如我們的心理學家最終會同意我們的看法那樣。研究對象在描述那些本質上不可言喻的體驗時，他們使用了「絕對的」、「相對的」這些詞。

我們自己也一再對這些詞發生興趣。例如，在藝術領域中，中國花瓶本身可能是完美的，同時可能是 2000 多年前的老古董，然而在這個時候是新的，是全世界的而不只是中國的，從這些感覺考慮，至少是絕對的。但是，對於時間、它原初的文化以及持有者的美學標準來說，同時又是相對的。各種宗教、各個時代、各種文化的人們幾乎用同樣的詞進行描繪神祕的體驗，這也不是沒有意義的。毫無怪異之處，赫克斯利把它稱作「持續不絕的哲學」。偉大的創造者，如由吉塞林編入選集的那些人，儘管他們是各式各樣的詩人、化學家、雕塑家、哲學家和數學家等，幾乎都用同樣的術語描繪他們的創造時刻。

絕對這個概念在一定程度上造成理解的困難是由於它幾乎總是被靜態的汙點滲透。從我的研究對象的體驗來看，這一點現在已經清楚了，靜態並不是必然的或不可避免的。感知一個美的東西、可愛的面孔或美好的理論，是一個波動的、轉移的過程，但是，注意的起伏嚴格地限制在這個知覺之內。它豐富的內容可以是無限的，注視的角度可以從一個方面轉到另一個方面，此刻集中注意它的這個方面，隨後集中注意它的那個方面。一幅美的繪畫有許多結構，而不僅是一個結構，因此，由於觀看不同的方面就能夠不斷地有波動的快樂。我們沒有必要在它究竟是絕對的還是相對的問題上進行搏鬥，它可能是二者兼有。

　　平常的認知是非常積極的過程，其特點是，它是認知者的一種塑造和選擇。他選擇他要感知的東西和不要感知的東西，他把它們同他的需求、畏懼和興趣連繫起來，他給它們以結構，整理它們，進一步整理它們。總之，他在它們上面做工作。認知是消耗精力的過程，它包含警覺、戒備和緊張，因此，它是使人疲勞的。

　　存在認知與平常認知相比要被動得多，接受性更多，自然，它永遠不可能完全被動、完全接受。我發現，東方的哲學家對於這種「被動認知」的描述是最好的，特別是來自老子和道教哲學家。克里士納默特對我的資料有一個極好的描述，他把它稱之為「沒有選擇的覺知」。我們也可以稱它為「沒有欲求的覺知」。道教「聽其自然」的概念也說的是我力圖去說的東西，即知覺可能是無所求的，而不是有所求的；是沉思的，而不是強求的。它在體驗面前可能是恭順的、不干預的、接受的，而不是強取的，它能讓知覺成為其自身。在這裡，我想起了佛洛伊德對「自由飄浮的注意」的描繪。而且，這種知覺是被動的而不是主動的，是無自我的而不是自我為中心的，是輕鬆的而不是警惕的，是容忍的而不是不容忍的。它對體驗是注視而不是打量它，或向它投降和屈從。

　　我也發現，區分被動的聽和主動的聽之間的差異是有意義的。優秀的治療家以便能夠聽到實際說的是什麼，而不是聽到他期望聽到的或他要求聽到的東西，必須能在接受的意義上而不是獲取的意義上。他必須不對自己施加影響，而是讓話自然地流到他的耳朵中來。只有如此，他的定形和模式才能是吸收性的，不然，他就只能聽到他自己的理論和預期。

　　實際上我們可以說，劃分任何學派優秀的和蹩腳的治療家的標準，就是能否成為接受的和被動的。好的治療家能夠根據每一個人自己鮮明的實際情況感知他們，而並不強求類化、成規化和分等級。蹩腳的治療家只能在一生

的醫療經驗中發現從他的事業開始所學到的那些理論的重複確證。這個情況表明，一個治療家可能在 40 年間重複同樣的錯誤，隨後又說這「豐富了醫療經驗」。

傳送這種獨特的存在認知感，可以有一種完全不同的，雖然也是同樣古老的方式，就是把它稱為非意志的而不是有意志作用的，像勞倫斯和其他浪漫主義者所說的那樣。普通認知是高度注意的，所以是有所求的、預定的、先入為主的。在高峰經驗的認知中，意志沒有干預，它被暫時抑制了，所以是接受而不是要求。對於我們來說，我們不能指揮高峰經驗，它是偶然發生的事情。

高峰經驗時的情緒反應具有特殊的驚異、敬畏、崇敬、謙卑、降服的色彩，在這種體驗面前就好像在某種偉大事物面前一樣。有時，這種體驗有點害怕會被壓倒，雖然是愉快的畏懼。我的研究對象用這樣一些短語表明這一點，「這對我來說太多了」，「它超過了我的承受能力」，「這太驚人了」等等。高峰經驗可能具有某種辛辣和尖刻的特質，這種性質可以引起流淚和大笑，或者二者都出現。反之，高峰經驗也可能近似於痛苦，儘管這是一種稱心如意的、通常被描述成「甜的」痛苦。這種高峰經驗可以走到如此遙遠的程度，能以一種罕見的方式包含了死亡觀念。

不僅是我的研究對象，而且許多討論各種高峰經驗的作者，都把這種體驗和死的體驗，即一種渴望的死亡進行比較。典型的措詞可能是：「這簡直太奇妙了，我不知道我怎麼能夠承受得了。我可以現在就死，那也很值得。」也許在一定程度上，這是想緊緊抓住這種高峰經驗，不願從這個巔峰返回到普通生活的深谷的緣故；也許在一定程度上，這是在高峰經驗的偉大面前極度謙卑和深感自身渺小和無價值的一種表現。

在這上面我還必須處理另一種矛盾現象，雖然這很困難。在觀察世界方

面相互牴觸的報告中，這個矛盾被發現了。在一些報告中，特別是關於神祕體驗、宗教體驗、哲理體驗的報告中，整個世界被看作是統一體，像一個有生命的豐富多彩的實體那樣。在其他高峰經驗中，尤其是在戀愛體驗和美感體驗中，世界中一個很小的部分這時卻被感知為似乎它就是整個世界。在這兩種情況下，知覺都是統一的。對一幅畫、一個人或一個理論的存在認知，擁有屬於整個存在的一切屬性，即擁有存在價值，這個事實很可能是由另一個事實派生出來的，即在高峰經驗中，彷彿這個體驗就是那時存在著的一切。

抽象的、類化的認知與具體的、樸素的、特殊東西的鮮明認知，有著實質性的差異。這就是我使用抽象的和具體的這些術語的意思。從哥爾德斯坦的術語來看，它們是極為不同的。我們的大多數認知（注意的、感知的、記憶的、思維的和學習的）是抽象的而不是具體的。這就是說，在我們的認知生活中，我們主要的是進行類化、圖式化、分類和抽象。我們並沒有按著世界萬物實際存在的樣子來認知世界萬物的本性，我們的大多數體驗都經過了我們的範疇、結構和成規體系的過濾。

我把這個差異用於研究自我實現的人，在他們身上發現，既有不拋棄具體性的抽象能力，又有不拋棄抽象性的具體化能力。這樣，就在哥爾德斯坦的描述上增添了一點新東西，因為我不僅發現向具體東西的縮減，而且我也發現向抽象東西的縮減，即降低了認知具體東西的東西。從那時以來，我已在優秀的藝術家和診療家身上發現察覺具體東西的這種特殊能力，儘管他們並不是自我實現者。我在普通人的高峰經驗時刻發現了同樣的特殊能力。這時在具體的、特異的性質上講，他們都能把握知覺對象。

因為這種獨特的具體覺知通常被描繪成是審美感知的核心，所以它們幾乎已經成了同義語。對於大多數哲學家和藝術家來說，按著這個人內在的獨特性具體地感知他，就是審美地感知他。我更喜歡這個更廣泛的習慣用法，

而且我認為我已經證實，這種關於對象獨特本性的知覺是一切高峰經驗的特徵，而不只是美的高峰經驗的特徵。

把發生在存在認知時的具體感知理解為一種同時或連續地對有關對象的一切方面和一切屬性的感知，這是有益的。從實質上來講，抽象就是只選擇出對象的某些方面，即那些對我們有益的方面，那些對我們有威脅的方面，那些我們熟悉的方面，那些符合我們語言範疇的方面。抽象，即使它們是有益的，但它們仍然是不真實的。

總之，抽象地察覺一個對象並不意味著察覺到了它的一切方面。抽象顯然包含挑選某些特性，而拒絕其他特性，並創造或者歪曲其餘的特性，我們把它製造成為我們所希望的那個樣子。我們創造它，我們製造它。而且，在抽象中把對象的各個方面與我們的語言體系連繫起來的強烈傾向是極端重要的。這個傾向造成了特殊的麻煩，因為按照佛洛伊德的觀點，語言是二級過程而不是原初過程，因為它論述的是外部現實而不是精神的現實，是有意識的而不是無意識的。實際上，在詩人的語言和狂人的語言上，這個不足可能在一定程度上得到矯正了。但是，在許多體驗的最終分析上是不能用語言表達的，而且可能被投入根本沒有語言的狀態。

讓我舉感知一幅畫或一個人為例。為了完善地認知它們，我們必須跟我們的分類、比較、評價、需要和使用的傾向作鬥爭。當我們說這個人是一名外國人時，我們就已經給他歸了類，完成了一個抽象動作，而且在一定程度上，把他看成是獨特的人和完整的人的可能性就已被排除了，他已不再是不同於世界上任何別人的人了。在我們看牆上的一幅畫並讀出畫家名字的時候，按照這幅畫的獨特性以完全新穎的眼光看它的可能性就被輕易地排除。在一定程度上，我們稱之為認識的事情，即把一個經驗放在概念、詞或連繫系統中去時，就排除了完全認知的可能性。裡德指出，兒童有「天真的眼睛」，有看某種東西彷彿他是第一次看它的能力（他的確經常是第一次看

它）；他能以驚異的目光凝視它，考察它的各個方面，接受它的全部屬性，因為對於在這種情境中的兒童來說，陌生對象的一種屬性並不比任何其他屬性更重要。他並不組織它，他只是凝視它，體會這個經驗的特性。在類似的情況下，對於成人來說，只要我們能夠阻止抽象、命名、分類、比較和連繫，我們就能越來越多地看到人和繪畫的更多的方面。我們特別應當強調察覺不可言喻的、不能翻譯成詞的東西的那種能力。努力把這種東西翻譯成詞就改變了它，使它成了某種非它的其他東西，成了某種像它的其他東西，成了某種類似它然而與它本身不同的東西。

這就是越出局部而感知整體的能力，這種能力是各種高峰經驗時認知的特性。只有如此，我們才能在人這個詞的最完全的意義上了解人。自我實現者在他們感知人時，在他們洞察一個人的核心和本質時是如此高度敏銳，這沒有什麼可奇怪的。這也是我確信這一點的原因，即理想的治療家，大概是由於專業的需求，他應該能在沒有預先假定的情況下，從另一個人的獨特性和整體性上，至少是從這個人是一個還算健康的人的角度來理解他。我堅持這一點，儘管我願意承認在這種知覺狀態中有未加說明的個體差異。願意承認治療經驗自身也能成為一種存在認知訓練，即真正理解另一個人的訓練。這也說明，為什麼我認為一種審美認知和創造能夠成為診療訓練的非常合乎需要的一個方面。

在人更高的成熟水準上，二歧式被融合了，兩極被超越了，衝突被消除了。自我實現者既是自私的又是無私的，既是狂歡的又是具有古典美的，既是與別人融合在一起的又是與別人分離的，既是理性的又是非理性的等等。我曾設想過的那個線性的、它的兩極彼此相反和盡可能分離的連續統一體，已證明更像是圓圈和螺旋，在這裡，兩個極端匯合在一起，成為一個融合的統一體。在完美地認知客體時，我也同樣發現了這種強烈的傾向。我們對於存在的整體理解得越多，我們也就越能容忍和知覺不一致、對立、直接牴觸

的同時存在。這些對立看來是不完全認知的產物，隨著對整體的認知，它們就消失了。從完美的優勢地位察看神經病患者時，就能把他看成是一個奇妙的、復合的、甚至是美麗的過程的統一體。我們平常看成是衝突、矛盾和沒有連繫的東西，這時就會被理解為是不可避免的、必然的、甚至是命中注定的東西。換句話說，如果任何東西能夠被充分地理解，那麼，它就會進入其必然的位置，而它就能被審美地感知和鑑賞，甚至疾病和健康的概念也可以融合起來而變得界線不清。如果我們把症狀看作是朝向健康的壓力，或把神經病看作是此時對個人問題最有利於健康的解決，就會出現這樣的變化。

處在高峰經驗時刻上的人，不僅在上面我提到的那些意義上是像堅賢那樣的人，而且在某些其他方面也是一樣的，特別是在完全地、熱愛地、同情地，以及自娛地認可世界萬物和人的方面更是如此。儘管在日常生活中他可能顯得不盡如人意。神學家在不可能完成的課題上曾進行過長期的奮鬥。也就是說，神學家把世界上的罪孽、邪惡、痛苦和全能、全愛、全知等概念結合起來，花費的時間絕不是幾個小時或幾天。一個附帶的困難是試圖把獎善懲惡的必要性和這種愛一切人、寬恕一切行為的概念協調起來作為一項任務造成的。他必須以某種方式，既懲罰而又不懲罰，既寬恕而又譴責。

我認為從研究自我實現者對這個二難推理的自然主義解決中，從所討論的兩個廣泛不同的認知類型——存在認知和缺失認知的比較中，我們可以學到某種東西。存在知覺通常是暫時性的東西，它是一個巔峰、一個制高點、一個間或達到的成就。看來，人在大多數場合是以缺失方式感知的，也就是說，他們比較，他們判斷，他們批准，他們使用，他們連繫。這就意味著，我們能夠在兩種不同的方式，兩者挑一地感知另一個人；有時以他存在的方式，彷彿他眼下是宇宙的整體；然而更為經常的，則是我們把他感知為宇宙的一部分，而且用許多複雜方法把他同宇宙的其餘部分連繫起來。當我們存在地感知他時，這時我們可以是博愛的、完全寬恕的、完全認可的、完全羨

慕的、完全理解的、以存在自娛的、愛好自娛的。但這些恰恰是指定給上帝概念的屬性（娛樂除外 —— 在大多數上帝概念中，不可思議地缺少這個特質）。在這樣的時刻，在這些特質上，我們就像偉人似的。

例如，在治療的情境中，我們可以用這種熱愛的、理解的、認可的、寬恕的方式，把我們自己同各種這樣的人連繫起來，而這些人我們平常是畏懼的、譴責的、甚至是憎恨的，如謀殺犯、雞姦犯、強姦犯、剝削者、懦夫等等。所有的人都不時地表現出似乎他們都希望成為存在認知的人，他們對於成為被分類的、類化的、成規化的人是不滿意的。把人標上侍者、警察或「夫人」的標記而不是把他看作一個個體，通常是觸怒人的。我們全都希望我們的成熟性、複雜性、豐富性受到賞識和認可。如果這樣的認可者在人世間不可能找到，那麼就會出現非常強烈的投射傾向，並且會創造一個上帝的形象，有時是一個人的形象，有時則是超自然的形象。

對「邪惡」問題的另一種答案以這樣的方式提出來了，即我們的被試依據現實本身的存在，按照現實本身的權力「承認現實」。現實本身是非人格的，它既不是為了人，也不是反對人。毀滅性大地震僅僅對於某種人才提出了一個調和的問題，這種人需要一個人格高尚的榜樣，他既是博愛的，同時又是一本正經的、全能的，並且是創造世界的。對於能夠自然的、非人格的和作為永存的東西感知和承認地震的人來說，地震是沒有倫理或公理問題的，因為它並不是為了打擾他而爆發的。如果罪惡以人為中心下定義的話，那麼他也只是像他承認季節和風暴那樣來承認地震。從原則上說，在洪水猛獸殺傷人之前，讚賞它們的美，甚至認為它們是有趣的，這是可能的。當然，如果在有損於人的人類活動方面採取這樣的態度，那麼就不是很容易了。但是，這有時也是可能的，而且人越成熟，這種可能性也就越大。

在高峰經驗時刻，知覺強烈地傾向於獨特的和非類化的。無論是對一個

人的，還是對世界的，無論是對一棵樹的，還是對一件藝術品的，所有的知覺都傾向於被看作是獨特的事例，看作是它的類別中的獨特成員。這與我們日常根據法規掌握世界的方法是對立的。實質上，日常的方法是停留在一般化上，停留在亞里斯多德式的 —— 把世界萬物分成各種類別上。對於類來說，對象只是實例和樣品。整個類概念依靠一般的分類，如果沒有類別，相似、相等、類似和差異的概念就會變得毫無意義和作用。我們不能比較兩個完全沒有共同性的對象，而且對於具有某種共同性的兩個東西來說，例如具有紅、圓、重等這樣的共同性質，必然意味著抽象。但是，如果我們不是抽象地感知一個人，如果我們堅決要求一起察覺他的一切屬性，並且認為這些屬性彼此之間是相互需要的，那麼我們就不再有可能分類。從這種觀點來看，每一個人，每一幅畫，每一隻鳥，每一朵花，都會變成類的獨特成員，因此必須獨特地感知。這種心甘情願地察看對象的一切方面，意味著知覺的更大效力。

　　高峰經驗的一個方面是完全沒有畏懼、焦慮、壓抑、防禦和控制，拋棄了克制、阻止和管束，儘管這是暫時的。崩潰和消亡的畏懼，被「本能」壓倒的畏懼，死亡和精神錯亂的畏懼，以及害怕產生放縱性愉快情緒等等，暫時都傾向於消失或中止了。這就更大地解放了被畏懼弄得不正常的知覺了。

　　這一點可能被看作是純粹的滿足，純粹的表現，純粹的得意洋洋和快樂。但是，因為它「到底」了，所以它體現了佛洛伊德的「快樂原則」和「現實原則」的融合。因此，這仍然是在心理機能的高級水準上解決普通二歧式概念的又一實例。

　　因此，在共同具備這種體驗的人那裡，可以預期某種「滲透性」，一種對無意識的靠攏和開放，一種對無意識的相對的無畏懼。

　　在這些各式各樣的高峰經驗中，我們已經看到，人傾向於成為更一體

化、更個體化、更自發、更表現、更安詳、更勇敢、更強有力等等。

　　但是，這些全都是類似的，或者幾乎是一樣的。在這裡似乎是一種內部和外部的、動態的平行性或同型性。換個方式說，這個人感知到了世界的本質存在，這樣，他也就同時更接近了他自己的存在（他自己的完善，更完善地成為他自己）。這個相互作用的後果看來在兩個方向上。不過由於某些原因，卻使他更接近了他自己的存在或完成，因此，也使他更容易看到世界的存在價值。由於他變得更統一了，他也更有可能看到世界更多的統一性。由於他懂得存在性歡樂，因此使他更能看到世界的存在性歡樂。由於他變得更強大了，因此，他更能看到世界的強大力量。這個造成了那個的更大可能性，正如壓抑使世界顯得更不好一樣，反之則亦然。他和世界變得更相像了，因為二者都在向著至善盡美運動，或者說，二者都在向著失去至善盡美的方向運動。

　　也許，這就是愛者融合所表示的部分意思。在宇宙的體驗中，與宇宙相稱的一個人，感到成了這個統一體要素的一個人，以巨大的哲學洞察力進行感知。也有一些（不充分）有關的資料指出，一些形容「優秀繪畫」結構的性質也能用來描繪優秀的人，如存在價值的整體性、獨特性、生氣勃勃等等。顯然，這是可以檢驗的。

　　如果現在我試圖把這一切放到另一種許多人都熟悉的心理分析參照系統中去，那對一些讀者是有幫助的。處理無意識和潛意識之外的現實世界是二級過程的任務。邏輯、科學、常識、良好順應、文化適應、責任心、規則、理性主義等，全都是二級過程的方法。原初過程最初是在神經病和精神病患者身上，隨後是在兒童身上，只有在健康的人身上才發現。在夢中可以很清楚地看到無意識活動的規律。欲望和畏懼是佛洛伊德機制的原動力。順應良好的、負責的、有常識的人，在現實世界上生活很好的人，他們做到這些，通常必須在一定程度上返回他們反對、否定和壓抑他們的無意識和潛意識上去。

我曾強烈地意識到，我們必須面對我選出的自我實現被測試者的實際情況。因為他們既是非常成熟的，同時又是很孩子氣的。我稱它為「健康的兒童性」或「第二次天真」。自我心理學家的「復歸到自我的幫助」，不僅在健康人身上發現了，而且最後被認為是心理健康的必需品。愛也已經被認為是復歸（即不能倒退的人就不可能愛）。最後，分析學家贊成靈感和重大的（基本的）創造部分地出自無意識，即一種健康的倒退（復歸人一種暫時離開現實世界的向後轉）。

在這裡我所描述的東西可以看作是一種自我、超自我和自我理想的融合，意識、潛意識和無意識的融合，原初過程和二級過程的融合，一種快樂原則和現實原則的綜合，一種在最高成熟性幫助下無畏懼的健康的倒退，一種在所有水準上個人的真正整合。

在任何高峰經驗時，任何人都暫時具有了我在自我實現個體中發現的許多特徵。換句話說，這時他們變成了自我實現的人。

自我實現者的性格特徵

在任何高峰經驗時，任何人都暫時具有了我在自我實現個體中發現的許多特徵。換句話說，這時他們變成了自我實現的人。如果我們願意的話，我們可以認為這是一時的性格上的變化，而不僅僅是情緒與認知的表現狀態。在這時，不僅是他最快樂和最激動的時刻，而且也是他最成熟、最個體化、最完美的時刻 —— 簡而言之，是他各個方面最健康的時刻。

這樣，為了使它較少具有那種只有極少數人直到 □□ 歲才能進入的、有點全或無的神殿意味，我們就可能消除自我實現的靜力學和類型學的缺點，來給它重新下定義。我們可以把自我實現定義為一種插曲或一種迸發，在這種迸發中，這人的能力以特別有效的和劇烈快樂的方式一造成來了，這時，

便是更多整合而較少割裂的，對體驗是更坦率的，更有特異性的，更完全表現或自發的，或充分運行的，更有創造性的，更幽默的，更超越自我的，更獨立於他的低級需求的等等。在這些插曲中，他更真正地成了他自己，更完善地實現了他的潛能，更接近他的存在核心，成了更完善的人。

從理論上說，在任何人一生的任何時刻，這樣的狀態和插曲都可以到來。因此，區分出我稱之為自我實現的人的東西，是在他們身上這些插曲比普通人來得要頻繁得多，而且強烈得多，完善得多。這樣，就使得自我實現成了程度的問題、頻率的問題，而不是全有和全無的問題，因而使它能夠經受通用的研究程式的檢驗。我們不必再侷限於研究那些在大多數場合實現了他們的自我的那些極端研究對象了。至少在理論上說，我們也可以研究任何人的生活史了，特別是那些藝術家、知識分子和其他有特殊創造力的人的，虔誠信教的人的，以及在心理治療或其他重要成長經歷中體驗過巨大頓悟的人的生活史了，以便更清楚地研究自我實現。

個人的成長要求勇氣、自信，甚至大膽；從雙親和夥伴那裡沒有得到愛，就會引起相反的後果，自我懷疑、焦慮、無價值感和怕受嘲笑等，所有這些都是成長和自我實現的抑制因素。

客觀生存的有效性問題

我描述主觀的體驗幾乎都是運用經驗主義的方式。它對外部世界的關係完全是另一種情況，僅憑覺察者自己相信他更真實地、更完整地覺知了，並不是他確實達到這一步的證明。判斷這個信念的效度的標準，存在於被察覺的對象或人身上，或者存在於所創造的產物上。因此，從原則上看，它們只是相關研究的簡單問題。

可是，把藝術說成知識是在什麼角度考慮的呢？審美知覺肯定有其內在

的自我證實，它被認為是一種寶貴的和奇妙的體驗。但是，一些幻想和幻覺也具有同樣的情形。此外，你可以被我不予理會的一幅畫激發起美感體驗。即使我們達到超越個人的境地，效度的客觀標準問題仍然是存在的，正如它在所有其他知覺問題方面也存在一樣。

對於愛的知覺、神祕的體驗、創造性的時刻，以及頓悟的閃現，同樣也可以這樣說。

相愛者在他所愛的人身上看到的東西，其他人是沒有看到的可能的，再者，對於他的內部體驗的內在價值，對於他、他所愛的人以及世界上的人的許多良好後果，是毋庸置疑的。假如我們舉一位母親疼愛嬰兒的例子，情況甚至就更明顯了。愛不僅使她覺察到了潛在性，而且也使它們現實化。沒有愛肯定會抑制潛力，甚至會扼殺潛力。個人的成長要求勇氣、自信，甚至大膽；從雙親和夥伴那裡沒有得到愛，就會引起相反的後果，自我懷疑、焦慮、無價值感和怕受嘲笑等，所有這些都是成長和自我實現的抑制因素。

人格學的和心理治療的經驗是這種事實的證明，愛能促使潛力實現，不愛則使潛力無效，不論是否值得，結果都是如此。

在這裡，產生一個複雜而循環的問題：「在怎樣的程度上，這個現象才是自我實現的預兆呢？」正如默頓所設想的，丈夫確信其妻子是漂亮的，妻子確信其丈夫是勇敢的，在一定程度上就創造出了美和勇氣。這與其說是對於已存在的事物的覺知，倒不如說是由於信念而導致存在。也許我們可以把這看作是知覺到潛在性的例子。因為每一個人都有成為美麗的和勇敢的可能性。如果是這樣的話，那麼這就與覺察某人可以成為偉大的小提琴家這種真實的可能性有所不同，因為後一種可能並不是普遍的可能性。

然而，除了存在這種複雜性之外，對於那些希望最終把這些問題拖到公開的科學領域中來的人來說，還有潛伏的懷疑存在。出現最普遍的情況是，愛給另一個人帶來幻覺，也就是說，愛可以使人感知到那種並不存在的潛

力，因此，這並不是真實的感知，而是持有者心中的創造。這種創造基於他一系列需要、壓抑、克制、投射和文飾。如果說愛比不愛更有洞察力的話，那麼也可以說它可能是更盲目的。不斷困擾我們的研究的是哪些問題呢？我們怎樣才能挑選出更敏銳地知覺真實世界的事例呢？我已經報告了我在人格學水準上的觀察，對這個問題的答案是：在於察覺者心理健康的變量，心理越是健康，就越能敏銳深入地知覺世界上所有其他東西。由於這個結論是無控制觀察的產物，所以，它應該僅僅作為一個有待控制研究的假設提出來。

一般來說，在藝術和智力的創造性迸發時，在頓悟的體驗中，我們都會碰上類似的問題。在這兩種情況下，體驗的外部有效性與現象學的自我證實並不是完全相關的。巨大的頓悟有可能是錯誤的，偉大的愛會消失。在高峰經驗時創作的詩，可能後來由於不滿意只好拋棄。一個經得起檢驗的創作和一個後來在冷靜、客觀的批判審查下放棄的創作，在主觀上的感受是相同的。經常創作的人對於這一點是很清楚的，他們預見到，只有一半深刻頓悟的時刻還不宜動手創作。所有高峰經驗的感覺都像存在認知一樣，但並不是所有高峰經驗都真的如此。然而，我們不敢忽略這些明顯的暗示，即至少有時認知的更大清晰性和更高效能可以在更健康的人身上和更健康的時刻發現，也就是說，有些高峰經驗確實是存在認知。

我以前指出過，如果自我實現的人能比其他人更有效地、更完善地和較少動機地汙染覺知現實，那麼我們就可以把他們作為生物學鑑定使用。透過他們的超乎尋常的感受和知覺，我們就能獲得比透過我們自己的眼睛獲得的更要好的現實情況的報告，正如金絲雀可在不太敏感的人之前嗅出礦井中的瓦斯一樣。與此相似的是，我們可以利用我們的最敏感的時刻，我們的高峰經驗。這時我們是自我實現的，所以給予我們的關於現實的報告比我們平時所能得到的要更真實。

我所描述的認知體驗不能代替常規懷疑論和謹慎的科學程式。雖然這些

認知可能是富有成果的、敏銳的，而且完全承認它們可能是發現某些真理的最好方法或唯一方法，然而檢驗、選擇、否決、確定和（外部）證實的問題，在我們的頓悟閃現之後仍然繼續存在。不管怎樣，把二者放到對抗排他的連繫中是愚蠢的。現在這一點很明顯了，在大致相同的程度上，它們是相互需要和相互補充的，像邊疆居民和開拓者之間的關係一樣。

從理論上而言，強調不力求式無需要方面，並且把它作為我們正在研究的同一性的中心點。處於高峰經驗中的人透過某些途徑變得無動機或無驅力了，特別是從缺失性需求的角度來看，更是如此。

高峰經驗時的同一性問題

當我們探求同一性的定義時，我們必須記住，這些定義和概念並不是現已存在於某個隱蔽的場所正等待著我們發現。事實上，它們某部分確實需要我們發現，但另一部分卻需要我們自己創造出來。在一定程度上，同一性就是我們所說過的那種東西。當然，在這之前，我們應當注意到這個詞已有的各種意義。這樣，我們馬上就會發現，各式各樣的著作者是用這個詞說明各種不同的資料、各種不同的作用。隨後，我們就應從這些作用中找出某種東西，以便理解這個作者在使用這個詞時，他指的是什麼意思。對於形形色色的治療家、社會學家、自我心理學家、兒童心理學家來說，他們指的是某種不同的東西，儘管所有這些人說的也有某種類似的地方或重疊的意義。也許這個類似性就是同一性所表示的意思。

另外我有一種關於高峰經驗的想法。在這種體驗中，「同一性」有各種真實的、感覺得到的和實用的意義。但是，我沒有權利提出，這些就是同一性最恰當的意義，而且在這裡我們有另一種角度。我覺得，人們在高峰經驗時有他們最高程度的同一性，最接近他們真正的自我，最有特異性。因此可

以說，在這裡，發明減少到了最低限度，而發現則增長到了最高限度。

顯然，對於讀者來說，下述所有「分離的」特性實際上根本不是分離的，而是以各種各樣的方式彼此關聯的，例如以詞的重疊方式表明同一個東西，而在隱喻上則包含相同的意思等等。我將以整體論的方式進行敘述，但不是透過把同一性分割成完全分離的、彼此排斥的各個部分，而是把它在手上翻過來倒過去地注視它的不同側面，或者說像一名鑑賞家注視一幅好畫那樣，一會兒看它的這個結構（作為一個整體），一會兒又看它的那個結構。從某種意義上講，這裡所論述的每一個「方面」，可以認為在一定程度上也闡明著每一個其他「方面」。

人在高峰經驗時比在其他時候感覺是整合（一元化的、完整的、成套的）。對於觀察者而言，他在各個方面顯得是更整合的，如更少割裂或分裂，較少自己同自己鬥爭，更多的是和諧，自我體驗和自我觀察較少分裂，更多的是一個指向、結構協調、更有效地組織起來，它的所有成分彼此非常和諧地活動，是更協作的，至少內部摩擦非常少等等。

治療家對此特別感興趣，這不僅是由於整合是所有治療的一個主要目標，而且是由於迷人的問題包含在我們可以叫做「治療的分裂」中。要從頓悟中得到治療，有必要同時進行體驗和觀察。例如，完全陷入體驗而對觀察他的體驗不夠超然的精神病患者，是不能被這個體驗改善的，即便是他在隱蔽的無意識中已經得到糾正時也一樣。

但這也是實際情況，治療家必須在同等荒謬的程度上是分裂的，因為他必須既認可患者又不認可患者；即一方面他必須給予患者「無條件的積極關心」，為了理解疾病，他必須與他們同一，他必須把所有的批評和評價放在一邊，他必須體驗患者的世界觀，他必須以交朋友的方式與患者融合，他必須用寬宏的上帝愛世人般的愛來愛患者等等。

然而，在另一方面，他也有內含的不贊同、不認可、不同一。因為他力求改善患者，使他比一般情況更好，這就意味著要求他得到現在還沒有的某種東西。這些治療學上的分裂，顯然是多伊奇和墨菲療法的基礎。

　　但是，這和雙重人格的問題一樣，治療的目的仍然是把它們融合成一個不分裂的和諧的統一體，在患者和治療者雙方都一樣，我們也可以把這說成是越來越變成一個純粹在體驗著的自我了，這時自我觀也許作為潛意識的可能性始終是有效的。在高峰經驗中，我們變成更純粹地在體驗著的自我了。

　　當他達到更純粹、更個別化的自我時，他也就更能夠同世界融合在一起，同從前的非自我融合在一起。也就是說，它將只對自己沒有壓抑、壓制、否認、抑制、有畏懼自己的高峰經驗的人有意義。但是，我認為這也可能對非高峰經驗者有意義，不過要說明這一點比較困難也太冗長。

　　例如，相愛者親密地構成一個單位而不是兩個人，同一論變得更有可能了；創作者與他正在創作的作品變成一個東西了；母親和孩子覺得是一個人了；鑑賞家變成音樂、繪畫和舞蹈了（或者它成了他）；天文家和星體一起出現在那裡（而不是中間隔開望遠鏡筒分別地出現）。

　　簡而言之，同一性、自主性、自我中心的最大成就是在有自身的同時也有超自身，一種在自我中心之上和之外的狀態。這時，人能變得相對的沒有自我。我認為，把它稱之為完全喪失自我意識、自我覺知、自我觀察，就能相當容易地傳達出來這個意思。這種自我意識我們日常都有，但是，我們覺得它低於任何專注、興趣、專心、發狂、「超越自我」，無論是在高峰經驗的高水準上，還是在對電影、小說、足球運動發生興趣這樣的低水準上，都會變得忘記了自我、自己較小的痛苦、自己的外表、自己的煩惱等等。實際上，總覺得超越自我是種愉快的狀態。

　　高峰經驗時的人一般都覺得他處在自己能力的巔峰，覺得能最好地和最

完善地運用自己的全部智慧。用羅傑斯的漂亮措詞來說，他覺得他是「充分發揮作用的」。他覺得此時比其他時候更聰明、更敏感、更有才智、更強有力或更優美。他處在他的最佳狀態，他的和諧一致的狀態，他競技狀態的巔峰。這一點不僅可以被主觀地感覺到，而且也能被觀察者看到。他不再在限制自己中、在自我戰鬥中消耗精力，體內不再有力量的角鬥。而在平常的情況下，我們只有一部分智慧用於活動，另一部分智慧則用在管束某些同樣的智慧上。現在，在高峰經驗的時刻，這種浪費沒有了，全部智慧都可以用於活動了。他變得像一條沒有水閘的河流，可以自由流淌了。

充分發揮作用還有另外一層含義，即當一個人處在他的最佳狀態時，活動變得不費力和容易了。在其他時候需要經過努力、緊張和奮鬥的事，現在覺得不需任何爭取、工作或勞動，就自然而然地完成了。同這一點緊密連繫的是經常感覺優美並顯得優美。在任何事情進行得順利、得心應手、超速運行的時候，這種優美才會悄然出現，而且是和平穩、容易、不費力的充分發揮作用一造成來的。

從外表上看，這個人這時是鎮靜的、有把握的和正常的，似乎他確切地知道他正在做的事情，並且是全心全意地幹這件事，沒有疑惑、含糊、猶豫或部分撤退。這是對於目標不是一問即過或輕輕地一擊，而是完全擊中的。偉大的體育家、藝術家、創造家、領導者和行政官員，當他們的活動處在他們的最佳狀態時，都顯示出這樣的行為特質。

雖然，這一點與以前各點相比，與同一性概念的關係較少，但是，我認為，它應當作為「成為一個真正的自我」的副現象包括在內。因為它是可供研究的足夠客觀和普遍的特徵。我認為，對於完全理解那種似神的快樂——幽默、玩笑、憨態、嬉戲、大笑等，也需要它。我認為，這種特徵是同一性最高級的存在價值之一。

第四章　體驗人生的幸福

與其他時候相比，人在高峰經驗時更覺得他自己在他的活動和感知中是負責的、主動的，是創造的中心。他覺得他自己更像一個原動力，更能自我決定而不是被引起的、被決定的、無助的、依賴的、被動的、軟弱的、受擺布的。他覺得自己是自己的老闆，是完全負責的，是完全隨意的，是自己命運的主人。他覺得自己比其他時候有更多的「自由意志」。

在旁觀者看來，他也是同樣的情況。例如，他變得果斷了，看起來更強有力，更專心致志，更善於嘲弄或壓倒對立面，更堅定地確信自己，能給別人留下這種印象──企圖阻止他是徒勞的。而且，他似乎絲毫不懷疑他自己的價值，不懷疑他做自己決定的事情的能力。對於旁觀者來說，他顯得更值得信賴，更可靠，是一個更有利的打賭對象。在治療中，在成長中，在教育中，在婚姻生活中，發現這個偉大的時刻──變得負責的時刻──一般是可能的。

在高峰經驗時，他擺脫了價值感、自我承認、自愛、自尊的消極方面──阻礙、抑制、謹慎、畏懼、懷疑、控制、保留、自我批評。這個特點不但是主觀現象，也是客觀現象，而且可以進一步從主客觀兩個方面描述。當然，這個特點不過是已經列出的特點和下面將要列出的那些特點的不同「側面」。

雖然，這些事件原則上是可檢驗的，因為這些事件在客觀上是力量和力量的搏鬥，而不是力量和力量的協作。

行動是更自發的、更表現的、更單純的（坦率的、天真的、誠實的、耿直的、真摯的、赤子般的、不矯揉造作的、不設防的、無抵禦的），更自然的（簡單的、從容的、不猶豫的、樸素的、篤實的、真誠的、在特定意義上原始的、直接的），更無控制和自由流露的（自動的、衝動的、反射式的、「本能的」、無拘束的、無自我意識的、無思想的、無意識的）。

　　真正同一性的這個側面是如此重要，有如此多的折光色彩，要描繪和傳達它是如此困難，我認為在下述不完全同義的詞中有重疊的意義：非故意的，自願的，自由的，非強迫的，不加思量的，不審慎的，魯莽的，無保留的，無抑制的，自我泄露的，坦白的，不掩飾的，開放的，不假裝的，不虛構的，直截了當的，無邪的，非人工的，無焦慮的，信賴的。在這裡我暫不談「良知」、直覺、存在認知問題。

　　在特定的意義上，他是更有「創造性的」。由於有更大自信且無懷疑，他的認知和行為就能夠以不干預的方式、道教的方式，或以格式塔心理學描述過的靈活方式，按照它內在的、「顯露出來的」條件（而不是根據自我中心、自我意識的條件），按照任務、責任（弗蘭克語）或由工作自身性質提出的條件，把自身塑造成有問題的或無問題的狀態。因此，他的認知和行為是更即興的、即席演奏的、臨時的、更不是由什麼事物引起的，是更突然的、新奇的、新鮮的、不陳舊的、不圓滑的、非出於教導的、非習慣性的。它也是較少準備的、較少規則的、較少設計的、較少預謀的、較少練習的、較少預想的。因此，這些認知和行為都是相對非尋求的、無慾念的、非需要的、無目的的、非追求的、「無動機的」、或無驅力的，因為這些認知和行為是自然發生的，是新創造的，而不由以前引起的。

　　從另一種角度考慮，所有這一切還能夠描述為極端的唯一性、個體性或特異性。如果說所有人大體上都是彼此不同的，那麼，在高峰經驗時，他們有了更純粹的差別。如果說，人們在許多方面（在他們的角色上）是可以替換的，那麼在高峰經驗時角色就消失了，人們變得極少有互換性了。無論「獨特的自我」意味著什麼，以及它的起因是什麼，反正它在高峰經驗時總是更為獨特的。

　　從各種意義上來講，個人在高峰經驗時，最有此時此地感，最能擺脫過

去和未來，最全神貫注於體驗。例如，這時比其他任何時候都更能傾聽。由於他這時最少成規和預期，所以他能夠完全傾聽，而沒有被拖入以過去的情況為基礎的預期（過去情況不可能和現在情況完全一樣），也沒有被拖入以規劃將來為基礎的憂慮，這樣就意味著，只是把當前作為達到未來的手段，而不是把現在本身作為目的。而且，由於他這時超越了欲望，所以，他也無需依據畏懼、怨恨或希望形成任何生活的成規。另外，他也不需要憑藉比較此時此地有什麼東西和沒有什麼東西，才能做出評價。

高峰經驗時刻的人，成為一個更純粹精神的而較少世故的人。也就是說，在高峰經驗時，他的改變更多的是由內在精神的法規決定，而不是被非精神的現實法則決定。這聽起來似乎是矛盾的或者是荒謬的，然而並不矛盾。而且，即使是矛盾的也會得到公認，因為這具有某種意義。在既不干預自我也不干預「其他」的時候，對於「其他」的存在認知最有可能；尊重並熱愛自我和尊重並熱愛「其他」，二者相互容許、相互支持和相互加強。

我之所以能夠最好地掌握非自我，靠的是非掌握，也就是依靠讓它成為它自己，任其自然，允許它按著它自己的、而不是按照我的規律生存。正如我成為最純粹的我自身的時候，我就從非我中解放了我自己，拒絕讓它控制我，拒絕按照它的規律生活，堅決要求按著我內在的規律生活一樣。這種情況產生的結果是，精神內（我）和精神外（其他）就不再是極端不同，肯定不再是真正對抗性的了。另外，也產生了這樣的結果，即兩套法則都變成令人快樂和感興趣的了，甚至它們二者能夠整合或融匯在一起。

可以幫助讀者理解這個語言迷津的最好例子是兩人之間的存在愛關係。當然，任何其他高峰經驗也都可以作為範例。顯然，在這種理想交往（我稱之為存在範疇的水準上，自由、獨立、掌握、不干預、信任、依靠、現實、別人、分離等詞，全都是在非常複雜、非常豐富的意義上使用的，在日常生

活的缺乏、需要、要求、自我保存，以及兩歧式、兩極性、分裂的缺失範疇中）中，這些意義是沒有的。

從理論上而言，強調不力求式無需要方面，並且把它作為我們正在研究的同一性的中心點。處於高峰經驗中的人透過某些途徑變得無動機或無驅力了，特別是從缺失性需求的角度來看，更是如此。在論述這個高峰經驗時，把最高、最可信賴的同一性描述為不力求的、無需要的、非希望的，即描述為超越了日常的需求和驅力的，也有類似的意思。他只是存在著。快樂已經達到，而這對於追求快樂來說，則意味著達到了暫時的目的。

已對自我實現的人做過類似的描述。現在，事事都是自願地、傾瀉式地、沒有意志地、不費力地、無目的地到來的。此時，他的行動不是為了體內平衡或降低需要，不是為了避免痛苦、不愉快或死亡，不是為將來進一步的目的，不是為了自身之外的任何其他目的，即他的行動是絕對的，而且沒有匱乏動機。此時，他的行為和體驗成了本質的東西，是自我證實的，是目的行為和目的體驗，而不是手段行為和手段體驗。

因為他們覺得沒有需要和要求，沒有缺失，不缺乏什麼東西，他們在各個方面都是滿足的，所以我把這個水準上的人叫做超絕的人。他們這種「崇高的」、「極佳的」、超凡的特點，特別是他們的這種行動，已被推斷出是以無所求為基礎的。我覺得，這些推論在理解人的這種活動上（他們當時的行動是無所求的）是很有啟發作用的。例如，我覺得它對於理解超凡的幽默和娛樂理論、厭煩理論、創造性理論等，都是很有啟發的。人的胚胎也是沒有要求的這種事實，是高級涅和低級涅易於混淆的根源。

在高峰經驗的時刻，他們通常傾向於成為詩一般的、神祕的和狂喜的表達和交流，似乎這是表現存在狀態的一種自然而然的語言。我只是在我的研究對象和我自己身上察覺到這種語言，因此，對於這一點談不了多少。同一

性的言外之意是，真正的人正因為他是真正的人而可以變得更像詩人、藝術家、音樂家和先知。

　　一切高峰經驗都可以有效地理解為利維的完滿動作，或格式塔心理學的閉合，或者賴希的完全興奮型，或者完全的釋放、發洩、極點、高潮、盡善盡美、傾盡、完成等等。與此形成鮮明對照的是未完成課題的持續活動、部分表露的心情、內部不完全通暢的運動、沒有痛哭出來的悲哀、限食者的半飢餓狀態、永遠達不到完全整潔的廚房、有保留的性交、必須不表現出來的憤怒、得不到練習的運動員、牆上不可能改正的扭曲圖畫、不得不吞嚥的愚蠢、不稱職、不公平等等。從這些例子中，任何讀者都應該能從現象的邏輯中理解到完滿是多麼重要，以及為什麼這個觀點有助於增進對於非力求、整合、放鬆等等的理解。完滿被看作完善、公正、美，被看作是目的而不是手段。在某種程度上而言，自從外部世界和內部世界有了同型性和辯證關係（互為「因果」）的時候起，我們就接觸到美好的人和美好的世界怎樣彼此創造這個問題了。

　　同一性會受到怎樣的影響呢？在某種意義上說，真正的人本身很可能就是完善的和最終的；肯定他不時地體驗到了立體的定局、完滿和完美。最後，卻產生兩種不同的結果：達到巔峰的人能夠達到完全的同一性；而沒有達到巔峰的人必然總是保留有不完全的、缺失的、力求的某種東西，他生活在手段之中，而不是目的之中。如果這個相關被證明不是完全相關，那麼，我至少可以肯定，真實性和高峰經驗之間是正相關。

　　當我們考慮肉體的和精神的緊張以及持續不絕的不完全性時，它們不但同安詳、平和、心理健康不相容，而且它們也可能同肉體健康不相容，這看起來是合乎道理的。而且，我們也有了理解這個迷惑人的發現的線索，即許多人報告，他們的高峰經驗似乎莫名其妙地近似（美妙的）死亡，似乎在最

強烈的生活之中也具有與其矛盾的渴望或意願。也許,任何盡善盡美的完成或終結,在隱喻、神話或古語上就是死亡。

我極強烈地感覺到,某種愛開玩笑的心境是存在價值之一。一個最重要的理由是,它是高峰經驗時相當經常的報告,而且,研究者也可以從報告者的外部行為觀察到這一點。

描述這種存在性愛開玩笑是很不容易的,因為英語在這方面非常貧乏。一般地說,英語不能描繪「較高級的」主觀體驗。它具有廣闊無垠的或超凡的好脾氣的特質,當然是超越了任何敵意的性質。同樣,它可以容易地被稱之為幸福的快樂,興趣盎然或興高采烈。它具有由於豐富或過剩而溢出的性質(不是缺失性動機的)。在這種意義上說,存在主義對於人的渺小(軟弱)和偉大(強有力)都感興趣或者高興,而超越了統治和從屬的兩極性。它有某種凱旋性喜悅的性質,有時它可能也有寬慰的性質,它既是成熟的又是幼稚的。

在馬庫斯和布朗所描繪的意義上說,它是最終的、尤賽琴的、優美精神的、超然的,它也可以稱之為是尼采哲學的。

作為規定的要素,它內在地包含有從容、不費力、優美、好運氣、擺脫抑制的寬慰、約束與懷疑,和存在認知在一起的樂趣,它超越了自我中心和手段中心,它超越了時間、空間、歷史和地域的觀念。

在談論它時,所用的方法和談論美、愛、創造性智力一樣,使用整體性法則。這是在這種意義上說的,它是二歧式的解決者,解決了許多難以解決的問題。它是人的處境的一種良好解決途徑,它教給我們一種解決問題的好方法,這就是對問題本身感興趣。它能夠使我們既生活在缺失王國裡,又生活在存在王國裡,既是唐·吉珂德,又是桑喬·潘薩,像塞萬提斯那樣。

人們在高峰經驗的時刻,以及在這之後,特別地覺得幸運、僥倖、恩

遇。一個並非罕見的反應是：「這不是我應該得到的。」高峰經驗不是由設計安排帶來的，它們是偶然發生的。我「被」快樂驚呆了，而最為直覺的是驚愕、出乎意料、愜意的「認知震動」。

感恩感是一個普遍而獨特的結果。信教的人是對他信仰的神感恩，其他人是對命運、對大自然、對人、對歷史、對父母、對宇宙、對可能有助於造成這個奇蹟的任何東西感恩。感恩可能轉化為禮拜，表示感謝、崇拜，給予讚揚、供奉，以及其他某些很容易成為宗教格局的反應。顯然，任何宗教心理學，無論是超自然的還是自然的，都必定考慮這些事件，此外，也必定重視宗教自然主義起源論。

這種感恩感非常普遍地表現為或者引導到對每一個人或每一件事的包容一切的愛，覺得世界是美好的。這種感恩感或者是為世界做某種好事的衝動，經常引起一種報答的渴望，甚至會引起一種責任感。

對於我們所描述的自我實現的人或真正的人的謙卑和驕傲，完全可能有理論上的連結。無論是敬畏的人，還是感激的人，幸運的人對他的好運氣都很難充分信任。他必然向他自己提出這樣的問題：「我配得到這種幸運嗎？」這些人透過把驕傲和謙卑融合為一個復合的、超級的統一體，即透過成為在一定意義上的自豪和恭順來解決它們之間的二歧式。驕傲並不是傲慢或偏執狂，而是帶有驕傲色彩的謙卑。若不二歧化它們，它們絕不會病態化。存在性感恩能夠使我們把英雄和謙卑整合到一個外殼之內。

強調一個我已經論述過的主要矛盾，即使我們並不理解這個矛盾，但我們必須處理它。同一性、自我實現、自主、個別化、霍尼的真正自我、真實性的目標，看來既是一個終極目標，又是一個過渡性目標——過渡的儀式、通向超同一性道路上的一步。這似乎就是說，它的功能就是消滅它自身。從其他方面來說，如果我們的目標是東方式的——超越自我和消除自我、忘掉

自我意識和自我觀察，同世界融合併與它同化，那麼，多數人達到這個目標的最好途徑，就是經由完成同一性，經由完成一個堅強的真正的自我，以及經由基本需求的滿足，而不是透過禁慾主義。

在高峰經驗時刻，我的年輕的研究對象傾向於報告的兩種肉體反應：一是激動和高度緊張、覺得發狂，喜歡奔上奔下，喜歡高聲呼喊；另一個反應是放鬆、平和、從容、寧靜感。例如，美妙的性體驗、美感體驗，創造狂熱之後，兩種反應都是可能有的；或者是繼續高度的激動，不能入睡，不想去睡，甚至沒有食慾、便祕等等；或者完全的放鬆，遲鈍，深深的睡眠等等。也許這一點與這個理論有某些連繫，但我卻不清楚其中的意思。

現在已經清楚意識到，必須把患者看作一個獨特的人，而不是作為某一類別的一分子，也就是說，如果主要目的是心理治療的話，就必須這樣做。理解一個人和給一個人歸類或類化並不是一回事，而理解一個人則是治療的絕對必要的條件。

還生存個體以本來面目

在佛洛伊德的概念體系中，抗拒與壓抑的保持有關。但是，沙赫特已經證明，在產生有意識概念方面的困難中，除了壓抑這種根源之外，還可能有其他的根源。孩子可能有過的一些感知，可以說在成長過程中就已經「忘掉了」。我也試圖在軟弱者抗拒無意識和潛意識的原初過程認知和堅強者抗拒被禁止的衝動、驅力與希望之間進行區分。這些發展以及其他的發展都表明，擴展「抗拒」概念的意義是合乎需要的，抗拒近似達到頓悟的困難，不管這些困難的起因如何。

這裡想要說明的是，在治療的情境中，「抗拒」的另一個根源可能是患者對於被類化或臨時歸類有一種健康的厭惡，即厭惡他的個別性、他的獨特

性、他與一切其他人的差異、他的特殊同一性等等遭到剝奪。

　　我以前把類化描述為認知的廉價形式，實際上是兩種非認知的形式，一種迅速地、容易地編目，它的作用是使應有的努力成為不必要的，這種努力是更審慎的、對個體特徵的認識和思考所要求的。把一個人安置到一個體系中去，比按著他的實際情況了解他所需要付出的精力要少，因為在前一種情況下所覺察的一切是一個人的抽象屬性，這些特性表明他所從屬的種類，如嬰兒、侍者、瑞典人、精神分裂症患者、婦女、將軍、護士等等。類化時強調的是這個人從屬的種類，對這個種類來說，他只是一個樣品，而不是一個人，是類似性而不是差異性。

　　但應注意到有關類化的一個重要事實，即一般來說對人的類化是冒犯性的，因為類化否定他的個體性，或沒有注意他的個人性質，他的分化的、獨一無二的同一性。正如詹姆斯 1902 年所發表的著名表述：

　　智力在一個對象上所做的第一件事，就是把它和某個其他東西歸入一類。但是，任何對象對於我們有無限重要性的、並且也能喚醒我們專注的東西，似乎是它應當是自成一類的和獨特的。很可能，一隻蟹如果能夠聽到我們毫不費力地、也不道歉地把它歸入甲殼綱，而且就這樣處理了它，那麼，它也許會充滿人身攻擊感，它會說：我不是這種東西，我是我自己，我僅僅是我自己。

　　一個說明對人進行類化能引起怨恨的例子，可以從墨西哥和美國研究男性、女性概念的著作中援引出來。美國大多數婦女，在第一次到達墨西哥之後，都覺得這裡是令人很愉快的，她受到像對男人那樣高的尊重，無論她走到哪裡都會引起一陣口哨聲、呼嘯聲，並受到各個年齡的男人們的熱切追求，認為她是美麗的和寶貴的。這對於許多經常有心理矛盾的美國的婦女來說，可能是非常滿意的和治療性的體驗，因為這使她們覺得做女人真好，更準備享受女性，反過來這又使她們顯得更加女子氣。

但是，隨著時間的流逝，她們（至少是她們之中的一些人）發現，這絕不像她們想像的那樣完美。她們覺察到，對墨西哥的男人來說，任何婦女 —— 老年婦女和青年婦女，漂亮的和不漂亮的，聰明的和不聰明的 —— 都是寶貴的，彼此之間的區別待遇很小。而且，她們發現，與美國男子明顯不同的是，墨西哥的男子能平靜地對待拒絕，簡直太平靜了。看來，他並沒有把她放在心上，而且會迅速地轉向另一個婦女。這種情況意味著對於單獨的一個婦女個體，對他不是特別寶貴的；而且也意味著，他的一切努力是指向婦女的，而不是單獨地指向她的。這就包含這種含義：一個婦女與另一婦女幾乎沒有什麼差別，並且她是可以由其他婦女代替的。她發現，她不是寶貴的，寶貴的是婦女這個類。最後，她感覺被侮辱了，而不是被奉承了。因為她要求的是作為一個人，作為她自己，而不是作為她的類別，而成為可寶貴的。當然，女性是比個人性占優勢的，它要求優先的滿足，然而它的滿足就使得個人性的要求在動機系統中占據了突出的地位。持久熱烈的愛情、一生一婚制和婦女的自我實現，全都能夠由尊重特定的人造成，絕不會因尊重「婦女」這個類而造成。

不滿意被類化還有一個極普通的事例。如果對青少年說「唉呀！這只是你經歷的一個階段，你最終會長大」，就會普遍引起他們的憤怒。對這個孩子是悲劇性的、真實的、不平凡的一切事情都不能一笑置之，哪怕這是對其他千百萬人是已經發生過的和將要發生的事情。

一個最終的解釋是：一個精神病學家結束與求診者第一次短暫而匆忙的交談中說「你的麻煩，粗略地說，就是你的年齡所特有的」，這個潛在的患者變得非常憤怒，他後來報告說，覺得被丟棄了和被侮辱了。他覺得彷彿他被當作一個孩子了：「我不是一個樣品，我是我，而不是任何其他人。」

這種考慮也有助於把我們的抗拒概念擴展到經典的心理分析中。因為抗

拒通常只看作是精神病患者的防禦，是抵制那些很可能聽到或感知到的令人不快的真實情況。因為它通常被看成是某種不合乎需要的東西，某種需求克服和分析掉的東西。但是，正如上述例子已經表明的那樣，被看成疾病的東西有時可能是健康的，或者至少不是疾病的。治療者在他的病人身上感到的困難，即他們拒絕承認某種解釋，他們的憤怒和回擊，他們的執拗等等，在某種意義上說，這一切幾乎必定是由拒絕被類化引起的。因此，這樣的抗拒可以看成是維護個人的獨特性、同一性和個性，是反對攻擊和蔑視。這種反應不僅維護了個人的尊嚴，而且也幫助他抵禦了不好的常在診斷，即把個人的病情歸入一定的類型。但是，經驗告訴我們，診斷與其說是一種治療的必要程式，不如說是一種法律上和管理上的必要程式。甚至在精神病醫院裡，這一點也變得日益清楚了，沒有什麼人是教科書上的那種病人，診斷說明更長、更豐富、更複雜了，簡單貼標籤已經很少生效。

　　現在已經清楚意識到，必須把患者看作一個獨特的人，而不是作為某一類別的一分子，也就是說，如果主要目的是心理治療的話，就必須這樣做。理解一個人和給一個人歸類或類化並不是一回事，而理解一個人則是治療的絕對必要的條件。

還生存個體以本來面目

人性能達到的境界：

病態人格、自我實現、社會感情、需求層次，馬斯洛的人類心理學

作　　者：[美] 馬斯洛（Abraham Harold Maslow）

翻　　譯：垢文濤、馬良誠

發 行 人：黃振庭

出 版 者：崧燁文化事業有限公司

發 行 者：崧燁文化事業有限公司

E-mail：sonbookservice@gmail.com

粉 絲 頁：https://www.facebook.com/sonbookss/

網　　址：https://sonbook.net/

地　　址：台北市中正區重慶南路一段六十一號八樓 815 室

Rm. 815, 8F., No.61, Sec. 1, Chongqing S. Rd., Zhongzheng Dist., Taipei City 100, Taiwan

電　　話：(02)2370-3310

傳　　真：(02)2388-1990

印　　刷：京峯彩色印刷有限公司（京峰數位）

律師顧問：廣華律師事務所 張珮琦律師

國家圖書館出版品預行編目資料

人性能達到的境界：病態人格、自我實現、社會感情、需求層次，馬斯洛的人類心理學 / [美] 馬斯洛（Abraham Harold Maslow）著，垢文濤、馬良誠 譯 . -- 第一版 . -- 臺北市：崧燁文化事業有限公司，2023.01

面；　公分

POD 版

譯　自：The farther reaches of human nature.

ISBN 978-626-332-900-3(平裝)

1.CST: 人本心理學

170.18　111018493

定　　價：480 元

發行日期：2023 年 01 月第一版

◎本書以 POD 印製

電子書購買

臉書